O LIVRO DOS MILAGRES

Kevin Belmonte

O LIVRO DOS MILAGRES

O poder extraordinário de Deus atuando ao longo da História

Tradução de Giuliana Santos

Thomas Nelson
Brasil®
Rio de Janeiro, 2015

Título original: *Miraculous: a Fascinating History of Signs, Wonders, and Miracles*

PUBLISHER	*Omar de Souza*
EDITORES	*Aldo Menezes* e *Samuel Coto*
COORDENADORA DE PRODUÇÃO	*Thalita Aragão Ramalho*
PRODUÇÃO EDITORIAL	*Luiz Antonio Werneck Maia*
COPIDESQUE	*Thiago Braz*
TRADUÇÃO	*Giuliana Santos*
REVISÃO	*Allex Machado* e *Francine Ferreira de Sousa*
ADAPTAÇÃO DE CAPA	*Douglas Lucas*
DIAGRAMAÇÃO E PROJETO GRÁFICO	*Carmen Beatriz Silva José*

As citações bíblicas são da *Nova Versão Internacional* (NVI), da Biblica, Inc., a menos que seja especificada outra versão da Bíblia Sagrada.

CIP-BRASIL. CATALOGAÇÃO-NA-FONTE
SINDICATO NACIONAL DOS EDITORES DE LIVROS, RJ

B389L Belmonte, Kevin
O livro dos milagres : O poder extraordinário de Deus atuando ao longo da História / Kevin Belmonte ; tradução Giuliana Santos. - 1. ed. - Rio de Janeiro : Thomas Nelson, 2015.
304 p.

Tradução de: Miraculous: a fascinating history of signs, wonders, and miracles
Inclui bibliografia

ISBN 9788578604875

1. Confiança em Deus. 2. Vida cristã - Família. I. Título.
15-19350 CDD: 248.4
CDU: 248.14

Thomas Nelson Brasil é uma marca licenciada à Vida Melhor Editora S.A.

Rua Nova Jerusalém, 345 – Bonsucesso
Rio de Janeiro – RJ – CEP 21042-235
Tel.: (21) 3882-8200 – Fax: (21) 3882-8212 / 3882-8313

www.thomasnelson.com.br

A Joel Miller, pelo privilégio de ter escrito este livro;
a meus pais e a todos os meus amigos de Oxbridge

Impossível exprimir quão doce, a língua não o pode expressar —

Tu és relâmpago e amor [...]

— GERARD MANLEY HOPKINS[1]

Pois tu, ó Senhor, enviaste, em todas as épocas, testemunhos do céu [...] milagres de poder e misericórdia.

— JEREMY TAYLOR[2]

De minguante fonte

pode jorrar água abundante, como pôde secar um mar profundo,

quando o milagre os sábios deste mundo tinham por impossível.

— WILLIAM SHAKESPEARE[3]

Sumário

Prefácio

O mais incrível a respeito dos milagres é que eles acontecem.

— G.K. CHESTERTON[1]

Recorram ao SENHOR *e ao seu poder; busquem sempre a sua presença. Lembrem-se das maravilhas que ele fez, [e] dos seus prodígios.*

— SALMOS 105:4-5

Definições são importantes. É com elas que começamos a entender melhor as coisas pelas quais temos interesse, mas sobre as quais talvez não saibamos muito.

Milagres, citando um exemplo característico, são um assunto que gera grande fascínio. Apesar disso, muitas pessoas podem não saber o que eles realmente são.

Voltemos nossa atenção aqui para um célebre estudioso, cujos escritos têm sido uma fonte de bênção para a Igreja há muito tempo. O dr. Walter Elwell escreveu que "o milagre é um acontecimento extraordinário [...] realizado por Deus como sinal de alguns de seus propósitos".[2]

Billy Graham, pastor nos Estados Unidos, disse ainda mais. "Um milagre", escreveu, "é um acontecimento que produz resultados além do poder de qualquer lei física conhecida; é uma ocorrência espiritual produzida pelo poder de Deus, um prodígio, uma maravilha."[3]

"Milagres", já disse alguém, "são uma característica evidente da Bíblia."[4] E são mesmo. No Antigo Testamento, por exemplo, Deus realizou muitos milagres durante a época em que Moisés liderou os israelitas. No

Novo Testamento, os milagres realizados por Jesus foram sinais para um mundo observador. O propósito deles, tanto naquele tempo quanto agora, é mostrar que Jesus "é o Cristo, o Filho de Deus e, crendo, [tenhamos] vida em seu nome" (João 20:31).

Nossa palavra para milagre vem do termo latino *mirari*, "maravilhar-se". E nós realmente nos maravilhamos ao considerar a natureza dos milagres e o propósito deles. As Escrituras ensinam que a ênfase está sempre no que Deus revelou por meio dos milagres que concedeu à humanidade.[5] Eles dizem respeito somente a Deus, e o que ele revelou é extraordinário.

"Em toda a Escritura, nada há além de Cristo. Ele é o sol e a verdade nela."[6] Essas são palavras de Martinho Lutero, as quais confirmam um dos maiores milagres encontrados nas Escrituras — e considerado por alguns como o maior de todos. Há 66 livros na Bíblia, redigidos por cerca de quarenta autores diferentes durante um período de quinze séculos. Entre eles, houve reis, pescadores, coletores de impostos, pastores, profetas e um médico, constituindo uma diversidade incrível de escritores. Mesmo assim, cada um dos livros aponta para Cristo.[7]

Nos capítulos a seguir, veremos milagres grandes e representativos do Antigo e do Novo Testamento. Porém, no início, é extremamente importante manter em vista a verdade central declarada acima. Citando Lutero mais uma vez, "a Escritura inteira trata somente de Cristo".[8] Ele é o cerne da história mais grandiosa já contada.

Também é possível dizer que os milagres possuem uma história absolutamente importante. Desde os tempos antigos até o presente, coisas impressionantes aconteceram. Em uma época de constantes inovações, de avanços tecnológicos e da triste tendência de nos considerarmos donos do próprio destino, podemos ser tentados a reservar pouco tempo para os milagres ou dar-lhes pouco crédito. No entanto, viver sem o senso do miraculoso é viver uma vida empobrecida.

É claro, ninguém pode alegar ter a última palavra sobre este assunto, e nenhuma definição satisfaz a todos. Alguns consideram milagres como questões que se desenrolam durante a vida; outros, como acontecimentos concentrados em uma janela de tempo bastante estreita. Alguns enxergam os milagres como fenômenos que moldam o destino das nações; outros os percebem como momentos de natureza profundamente pessoal. Há opiniões divergentes, e tudo isso é prontamente admitido. O melhor que podemos fazer é consultar fontes amplamente reconhecidas e procurar ser justos e sensatos ao falar delas.

Tais métodos serviram como diretrizes para este livro. Entre a capa e a quarta capa, encontram-se alguns dos melhores e mais eloquentes pensamentos sobre milagres já recebidos por nós. Durante minha pesquisa, tive o privilégio de me aproximar e aprender de algumas das mais excelentes pessoas cujas palavras adornam as páginas da História cristã. Meu desejo é que ao menos parte da graça e da sabedoria que estiveram presentes nos caminhos delas também seja nossa, e que nós, assim como elas, venhamos a enxergar algo mais na bênção e na riqueza que fluem de um entendimento mais profundo a respeito da natureza dos milagres.

Perguntar o que são milagres inspira o início de uma jornada fascinante, uma peregrinação diferente de todas as outras. Nas páginas deste livro, uma conversa grandiosa e memorável nos atrai, uma conversa que não deixa dúvida alguma de que Deus tem sido nosso auxílio em tempos passados e que ele é nossa esperança para os anos vindouros. Este livro pretende juntar-se a essa duradoura conversa e contribuir com ela de maneira significativa. Em suma, espero que a conversa possa continuar.

Eu gostaria apenas de acrescentar mais uma observação. Uma vez que este texto procura ser abrangente — mas não exaustivo —, discussões acerca de ensinamentos de milagres sob o ponto de vista das principais tradições cristãs — protestante, católica e ortodoxa — serão levadas em conta. Ao fazê-lo, procurei ser guiado pelos melhores elementos do "cristianismo puro e simples", ou seja, tentei escrever respeitosa, benigna e proveitosamente acerca de tradições diferentes da minha, que é a tradição protestante. Tenho familiares e amigos que fazem parte de comunidades católicas e ortodoxas, e o amor e a devoção deles a Deus têm sido fonte de bênçãos para mim. Espero retribuir este favor, ao menos um pouco, com o que segue neste livro.

PARTE I

MILAGRES DA PALAVRA ANTIGA

"Os céus", diz a Escritura, "declaram a glória de Deus" (Salmos 19:1).

Olhe para o céu noturno, coberto por uma manta azul-escuro, salpicado de inúmeras estrelas. Cada uma delas é um ponto de luz, um fragmento celestial da glória que oferece vislumbres do eterno.

Os milagres são como estrelas. Eles nos ajudam a vislumbrar o eterno e, como os céus, declaram a glória de Deus.

Contemplar os milagres no Antigo e no Novo Testamento é observar a grande trama da redenção, as cenas e as vidas tocadas pela eternidade, os cenários de declarações portentosas e os momentos marcados por livramento, misericórdia ou revelações do propósito santo de Deus.

Criação. O nascimento da humanidade. A Queda e a inigualável promessa de redenção futura. O relacionamento de Deus com Noé, Abraão, Moisés e Eliseu. A Encarnação. Os milagres de Jesus. Sua morte e sua ressurreição. O triunfo e a aquisição da nossa redenção. A conversão de um apóstolo. O advento da Igreja. Aprender sobre tais acontecimentos e pessoas santas — e, acima de tudo, contemplar o Salvador — é ver o poder de Deus e a maneira como ele sempre procurou nos atrair para si. Ele é o nosso lar eterno, e os milagres apontam o caminho para lá.

Capítulo 1
No começo: o milagre do nosso mundo

Tu nos trouxeste à existência a partir do nada.

— Da Liturgia de São João Crisóstomo[1]

Deus chama coisas que não existem, e elas vêm.

— William Cowper[2]

"Onde estão todas as suas maravilhas que os nossos pais nos contam [...]?" (Juízes 6:13). Tanto para judeus quanto para cristãos, a resposta para essa pergunta antiga feita no livro de Juízes deve ser buscada até a origem do próprio mundo.

Qual foi o primeiro milagre? Deus criou os céus e a terra. Tudo o que conhecemos — este mundo e o universo no qual ele reside — foi trazido à existência por meio de uma palavra poderosa, ímpar.

"Disse Deus: 'Haja...'" (Gênesis 1:3). Esse foi o refrão ressoante que um Deus onipotente deu ao cântico da Criação. Cada vez que era entoado, algo do mundo que conhecemos tornava-se realidade: a luz, os céus e a terra, a flora, a fauna e a própria humanidade. Tudo tem sua origem em Deus.

Conforme já vimos, cada milagre é "realizado por Deus como sinal de alguns de seus propósitos"[3]. O primeiro milagre revela que Deus é o Rei da Criação, e que os céus e a terra são seu decreto real. Eles declaram sua glória.

O salmista nos disse isto: "Os céus declaram a glória de Deus; o firmamento proclama a obra das suas mãos. [...] A sua voz ressoa por toda a terra e as suas palavras até os confins do mundo" (Salmos 19:1,4).

O autor do salmo 93 ouviu esse hino celestial de louvor, o que gerou reflexões comoventes nas quais viu Deus, o Rei da Criação, vestido "de majestade [...] [e] poder" (v. 1).

É assim que devemos ver Deus no primeiro milagre de todos. Esse milagre anuncia que ele é o Criador majestoso, o Deus doador que decretou a existência do mundo porque assim foi sua boa vontade e seu prazer. Ele é o nosso Senhor beneficente e Todo-poderoso.

Essa verdade é belamente retratada em versos do poeta William Cowper, os quais nos dizem que "um raio de luz celestial doura todas as formas [...] no vasto e no minuto". Nelas, vemos "as pegadas inconfundíveis de Deus".[4]

***

Os parágrafos precedentes falam da majestade de Deus conforme refletida no ato colossal da Criação. Ela deve inspirar em nós um temor permanente, arrebatador. Sentimos isso sempre que vemos um pôr do sol que supera quaisquer representações do céu feitas por J.M.W. Turner, ou montanhas cuja beleza transcende quaisquer obras esculpidas por Michelangelo, ou um mar em comparação ao qual quaisquer pinturas de Winslow Homer são ofuscadas. "Eu sou o SENHOR, que fiz todas as coisas", lemos em Isaías 44:24, "que sozinho estendi os céus, que espalhei a terra por mim mesmo."

No entanto, perdidos na admiração de tais visões, podemos tragicamente deixar de nos fazer uma pergunta que tange o cerne do milagre da Criação: por que Deus fez isso?

Ninguém escreveu com mais beleza ao elaborar uma resposta para essa pergunta do que o bispo Kallistos Ware, cujas reflexões adornam um capítulo subsequente desta obra — sobre a herança da fé da Igreja Ortodoxa. "Se nada compeliu Deus a criar", perguntou retoricamente o bispo Ware, "então por que ele decidiu fazê-lo?" Trata-se de uma pergunta desconcertante, admitiu ele, mas uma vez que tal pergunta admita uma resposta, nossa réplica deve ser: o motivo de Deus para a Criação foi o seu amor. Em vez de dizermos que ele criou o universo do nada, devemos dizer que ele o criou de si mesmo, que é amor. Devemos pensar em Deus não como aquele que produz ou forja, mas como aquele que ama. [...] Seu amor é, no sentido literal da palavra, "extático" — um amor que faz com que Deus saia de si mesmo. Por escolha própria, ele criou o mundo em amor "extático", a fim de que pudesse haver, além dele mesmo, outros seres que participassem de sua vida e de seu amor.[5]

Essa comovente descrição do propósito de Deus na Criação está enraizada na Escritura e é complementada nela. Você se lembra da descrição feita em Jó 38, quando o Senhor fala do meio da tempestade? "[...] Lancei os alicerces da terra" (v. 4), disse o Senhor a Jó. Mas você saberia dizer onde esses alicerces estão fixados ou quem lançou sua fundação? Você estava lá "enquanto as estrelas matutinas juntas cantavam e todos os anjos se regozijavam?" (v. 7). Conforme essa passagem mostra, um êxtase marcou a criação do mundo. O próprio céu e a própria terra se regozijaram naquilo que Deus fez.

Isso lhe soa estranho? Não deveria. O texto de 1Crônicas 16:31 é apenas uma das muitas passagens que declaram esse fato: "Que os céus se alegrem e a terra exulte, e diga-se entre as nações: 'O SENHOR reina!'" Lemos, também, em Salmos 96:11: "Regozijem-se os céus e exulte a terra! Ressoe o mar e tudo o que nele existe!"

Se o amor e a alegria foram tecidos na trama da Criação, outros aspectos do intento divino estão presentes nessa inigualável obra. Considere Isaías 45:8: "Vocês, céus elevados, façam chover justiça; derramem-na as nuvens. Abra-se a terra, brote a salvação, cresça a retidão com ela; eu, o SENHOR, a criei."

Todas essas passagens harmoniosas aprofundam nossa percepção do que Deus nos transmitiu pelo milagre da criação do mundo. A Criação foi o movimento inicial de Deus na sinfonia de nossa realidade, e não há outra como ela.

***

Ao passarmos da criação do mundo para o fluxo da história humana no Antigo Testamento, começamos a aprender mais sobre a natureza dos milagres ao observar sua ocorrência entre homens e mulheres cuja vida estava profundamente unida aos propósitos de Deus.

A obra *The Oxford Companion to the Bible* [Acompanhamento Oxford para a Bíblia] fez um bom trabalho ao descrever os diversos tipos de milagres retratados no Antigo Testamento. Dentre eles, há os milagres *confirmatórios*, "por meio dos quais Deus mostra sua escolha e seu apoio a determinados indivíduos ou grupos". Os milagres confirmatórios foram realizados principalmente na relação de Deus para com os patriarcas Abraão e Jacó — e também Moisés, o qual liderou os israelitas para fora do cativeiro no Egito.[6]

O segundo tipo de milagre contido no Antigo Testamento é o de natureza *de julgamento*. Nós o vemos nas pragas que Deus enviou sobre os egípcios por terem se recusado a obedecer seus mandamentos, os quais haviam sido transmitidos por Moisés. Também o vemos na ruína dos muros de Jericó após seus habitantes terem impedido a entrada de Israel na terra prometida.[7]

Milagres de *misericórdia* são o terceiro tipo mostrado no Antigo Testamento. No Segundo Livro de Reis, por exemplo, o profeta Eliseu é o mediador de curas milagrosas realizadas por Deus.[8]

Milagres de *livramento* representam o quarto tipo de milagre encontrado no Antigo Testamento. A preservação de Daniel na cova dos leões é um exemplo conhecido, bem como o livramento de seus amigos na fornalha ardente.[9]

Por fim, o quinto tipo de milagre descrito no Antigo Testamento é o de *visão divina*. Isaías, Ezequiel e Daniel foram três profetas de Deus favorecidos por tais visões. Elas foram dadas com a finalidade de "revelar o propósito de Deus para o seu povo ou executar alguma forma de livramento ou castigo de indivíduos, da nação israelita, dos inimigos dela ou da minoria que permanecia fiel a Deus".[10]

***

Agora que cada tipo de milagre foi descrito de forma resumida, podemos empregar tempo para explorá-los de modo mais completo. Não poderemos discutir cada ocorrência, mas é possível selecionar exemplos representativos de cada tipo e refletir sobre o que eles nos dizem sobre Deus. Afinal, milagres dizem respeito somente a Deus e ao que deseja que saibamos sobre ele mesmo.

Capítulo 2

Criação: o milagre da humanidade

Tente imaginar um homem sem conceitos de Deus, eternidade, liberdade, vontade, verdade absoluta; do bom, do verdadeiro, do belo, do infinito. Talvez restasse um animal dotado de memória de aparências e fatos. O homem em si, porém, desvaneceria, e haveria, em seu lugar, uma criatura mais astuta do que qualquer animal do campo, mas, ao mesmo tempo, mais amaldiçoada do que todos eles. Ela rastejaria sobre o ventre e comeria pó todos os dias de sua vida.

— Samuel Taylor Coleridge[1]

Em *Paraíso perdido*, o poeta John Milton disse que contemplar Adão e Eva no esplendor do jardim do Éden era como ver que "a imagem de seu glorioso Criador brilhava"[2]. Assim que os céus e a terra foram criados, realizou-se um encontro diferente de todos os outros: um concílio para discutir a criação da humanidade. Deve ter sido uma cena sem igual quando o Deus trino — Pai, Filho e Espírito Santo — se reuniu em uma conferência sagrada para essa tarefa. Nós não sabemos como foi a cena, mas sabemos o que foi dito nela. Lemos isso em Gênesis 1:26-27:

> Disse Deus: "Façamos o homem à nossa imagem, conforme a nossa semelhança. Domine ele sobre os peixes do mar, sobre as aves do céu, sobre os grandes animais de toda a terra e sobre todos os pequenos animais que se movem rente ao chão." Criou Deus o homem à sua imagem, à imagem de Deus o criou; homem e mulher os criou.

No ato da Criação, Deus estendeu o imenso poder de seu cetro real para conceder o dom da vida a Adão e Eva — juntamente com todas as outras bênçãos que a acompanharam. Quais foram elas? Para uma descrição clássica da criação da humanidade, o melhor que podemos fazer é voltar nossa atenção para o grande comentarista bíblico do século XVII, Matthew Henry. Com grande eloquência e discernimento, ele descreveu os dons que Deus transmitiu a Adão e Eva.

Primeiro, Henry observa que a criação de Adão "foi um ato divino de poder e sabedoria mais notável e imediato" do que quando Deus deu vida a outras criaturas no relato de Gênesis. "O homem", continuou Henry, "estava destinado a ser uma criatura diferente de tudo o que havia sido feito até então. A carne e o espírito, o céu e a terra [foram] reunidos nele [a fim de que] ele pudesse estar associado a ambos os mundos."[3]

Isso foi algo magnífico por si só, mas Henry colocou ênfase especial no concílio que Deus realizou quando Adão estava para receber vida. Em nenhum outro lugar no relato de Gênesis Deus faz isso. Este fato único e sagrado impressionou Henry profundamente. No que diz respeito a Adão,

> [Deus] convocou um concílio para que se discutisse sua criação. "Façamos o homem". As três pessoas da Trindade — Pai, Filho e Espírito Santo — deliberaram a respeito e entraram em consenso, porque o homem, quando foi feito, deveria ser dedicado ao Pai, ao Filho e ao Espírito Santo. Neste Grande Nome, nós somos batizados com um bom motivo: a ele devemos nossa existência.[4]

Depois, Henry faz um jogo de palavras inspirado na admiração pelo que Deus havia feito ao criar o homem. "Deus fez os mundos", admirou-se Henry, "não apenas o grande mundo, mas também o homem, *o pequeno mundo*, ao formar o corpo humano." Havia, entretanto, ainda mais, e Henry sabia disso: a alma de Adão, onde se encontra a essência de nossa humanidade. "É a alma", escreveu ele, "a grande alma do homem, o que, mais do que tudo, carrega a imagem de Deus. A alma é um espírito, um espírito imortal inteligente [...] que se assemelha a Deus, o Pai dos espíritos e a Alma do mundo." Então, lemos uma das expressões mais belas de toda a literatura expositiva: "O espírito do homem", escreveu Henry, "*é a lâmpada do Senhor*".[5]

Em seguida, o grande comentarista volta-se para Eva, o presente que Deus deu a Adão. Tudo o que foi dito sobre Adão certamente se aplica a ela. Feita a partir de sua costela, ela foi favorecida — não menos que ele —

com todos os dons que Adão possuía perante Deus. Mas Henry também nota que, uma vez que Eva foi dada a Adão porque "não era bom que ele estivesse só", houve aspectos de sua criação e dos motivos por trás desta que eram próprios de Eva. O que Henry diz aqui é uma das melhores e mais eloquentes descrições de Eva e de sua posição no princípio da humanidade. "A mulher", observa Henry, "foi feita a partir de uma costela de Adão; não de sua cabeça para estar acima dele, não de seu pé para ser pisada por ele, mas de seu lado para ser igual a ele, sob seu braço para ser protegida e *perto de seu coração para ser amada*."[6]

Ao considerarmos a criação de Adão e Eva mais um pouco, podemos dizer muita coisa a respeito da faculdade criativa que gerou todas as artes na forma como as conhecemos hoje ou as proezas físicas que vemos no atletismo com tanta frequência. Uma lista imensa poderia enumerar tudo aquilo que a história revelou acerca da riqueza de nossa humanidade. Deus foi de fato extremamente generoso com nossos primeiros pais.

No entanto, o principal presente, o maior de todos os presentes que Deus deu para a humanidade foi inserido dentro do próprio dom da vida. Bem além do aspecto físico de nosso ser, o dom singular é aquele que está do lado de dentro: nossa alma.

Ninguém escreveu de modo mais proveitoso sobre a natureza de nossa alma, ou com palavras mais compreensíveis, do que Billy Graham. Ele disse:

> A Bíblia ensina que as pessoas são mais do que apenas o corpo. [...] Nossa alma foi criada à imagem do Deus vivo. Assim como o corpo possui determinadas características e desejos, a alma também tem. As características da alma são: personalidade, inteligência, consciência e memória. [Além disso,] a alma humana (ou espírito) anela por paz, satisfação e felicidade. Acima de tudo, a alma tem um desejo por Deus — um anseio de [...] ter comunhão com ele para sempre.[7]

Muitos pensamentos belos são expressos aqui. Consideremos a primeira grande declaração feita pelo dr. Graham, sobre personalidade, inteligência, consciência e memória que cada um de nós possui. Muitos já ouviram a expressão "não existe ninguém igual a você". No que diz respeito à nossa alma, tal afirmação não poderia expressar a verdade de forma mais completa. Todos nós somos únicos, de acordo com o plano e o desígnio soberanos de Deus. Não houve ninguém igual a Adão e Eva e nunca haverá. O mesmo se aplica a nós, seus descendentes.

Às vezes, precisamos nos lembrar de quem somos e de quem Deus nos criou para ser. Cada um de nós é um filho amado do Criador, alguém precioso e único, uma parte vital da grande história cósmica que Deus tem escrito durante todo o tempo. Portanto, nossa vida é repleta de importância e significados profundos. Não somos viajantes solitários abandonados às próprias forças, à mercê de mera sorte impessoal. Deus mencionou cada um de nós em sua história. Nós somos, verdadeiramente, parte de seu plano. É como o salmista escreveu: "Tu criaste o íntimo do meu ser e me teceste no ventre de minha mãe. [...] Os teus olhos viram o meu embrião; todos os dias determinados para mim foram escritos no teu livro antes de qualquer deles existir" (Salmos 139:13,16).

A segunda grande declaração feita pelo dr. Graham sobre a natureza da alma é que "a alma humana anela por paz, satisfação e felicidade".[8] Este foi um tema também abordado por seu predecessor, o célebre evangelista D.L. Moody, o qual descreveu o anseio por paz compartilhado por todos os seres humanos:

> Sabemos que o mundo procura a paz; este é o clamor do mundo. É isso que o mundo quer. Sonde o coração humano e você descobrirá, lá no fundo, [uma necessidade] um clamor por descanso. Onde o descanso pode ser encontrado? Aqui, bem aqui. Coloque sua confiança no Deus vivo, com todo o seu coração, com toda a sua mente, com toda a sua alma e com todas as suas forças, e você terá paz.[9]

Por fim, dr. Graham observou que, acima de tudo, "a alma tem um desejo por Deus — um anseio de [...] ter comunhão com ele para sempre".[10]

Pense nisso. Considere também que houve um tempo em que não havia seres humanos presentes na terra. Isso é extremamente importante, pois, conforme John C. Lennox, estudioso de Oxford, observou, Gênesis 1 e 2 não são capítulos que retratam Deus revelando-se a seres humanos já existentes; eles explicam como os seres humanos passaram a existir. Esses capítulos não descrevem "o chamado dos seres humanos existentes à comunhão com Deus", mas declaram "como Deus criou fisicamente os seres humanos a partir do pó da terra para que tivessem comunhão com ele".[11]

Será que paramos para considerar isso? Deus criou a humanidade porque quis ter comunhão com homens e mulheres, seres que poderiam escolher livremente amá-lo e, em gratidão pelo dom de sua existência, viver em comunhão com ele. Além disso, conforme o dr. Lennox notou, tal dom de comunhão foi instantâneo. "A narrativa de Gênesis", escreve ele, "evidencia que Adão e Eva não precisaram ser chamados à comunhão com Deus no princípio, pois já tinham comunhão com ele desde então."[12] Todos os dias Deus caminhava pelo jardim do Éden, e todos os dias ele caminhava com Adão e Eva. Ah, quão maravilhoso devia ser!

Porém, tragicamente, terrivelmente, isso não durou muito. Foi o pecado de Adão e Eva, escreveu Lennox, "que quebrou essa comunhão".[13] O pecado rompeu a comunhão que Deus planejava ter desde a criação do mundo. A maravilha de caminhar com Deus não existiria mais. Poderia haver uma perda mais grave?

Todavia — e aqui se encontra o caminho para outro milagre — quando Adão e Eva estavam extremamente perdidos e necessitados de resgate, Deus prometeu que tudo seria resolvido no fim. A maneira como Adão e Eva se perderam e a forma como Deus apresentou as novas de bendita esperança serão abordadas no próximo capítulo.

Capítulo 3

Declaração de Deus: o milagre da nossa redenção prometida

"Você vem do senhor Adão e da senhora Eva", disse Aslam. "Isso é honra suficiente para erguer a cabeça do mendigo mais pobre e vergonha suficiente para curvar os ombros do maior imperador da terra."

— C.S. Lewis[1]

Esta foi a tragédia que alterou para sempre o mundo, o mundo planejado por Deus. "A vida no jardim de Deus" é o cabeçalho de Gênesis 2 presente na versão bíblica *New King James*. Nesse capítulo, a vida de Adão e Eva em comunhão com Deus é retratada. Será que somos capazes de descrever o lugar mais verdejante e espetacular que já vimos? Pois ele não é nada em comparação ao jardim de Deus. Nenhuma paisagem montanhosa, nenhum panorama marítimo, nenhuma joia do mundo natural que conhecemos assemelha-se a ele.

E esse era apenas o cenário.

Vida no jardim de Deus.

Deus era a Vida de seu jardim! Adão e Eva conheciam-no! Podiam caminhar com ele, falar com ele e receber presentes dele, como quando Adão recebeu Eva do Senhor. Não podemos ter ideia da felicidade nem do tamanho da bênção e da amizade que Adão e Eva conheceram. Eles passavam todos os dias com seu Criador! Todas as tardes, ele caminhava com eles no frescor do jardim. Porventura teria existido algo semelhante a isso, tão maravilhoso?

A situação, entretanto, mostrou-se frágil e passível de ser desfeita por uma escolha trágica. O poeta John Milton descreveu tudo isso em apenas duas palavras, o título de sua obra-prima épica: *Paraíso perdido*. Não há relato mais desolador em toda a Escritura do que o registrado em Gênesis 3:1-13.

> Ora, a serpente era o mais astuto de todos os animais selvagens que o SENHOR Deus tinha feito. E ela perguntou à mulher: "Foi isto mesmo que Deus disse: 'Não comam de nenhum fruto das árvores do jardim'?"
>
> Respondeu a mulher à serpente: "Podemos comer do fruto das árvores do jardim, mas Deus disse: 'Não comam do fruto da árvore que está no meio do jardim, nem toquem nele; do contrário vocês morrerão.'"
>
> Disse a serpente à mulher: "Certamente não morrerão! Deus sabe que, no dia em que dele comerem, seus olhos se abrirão, e vocês, como Deus, serão conhecedores do bem e do mal."
>
> Quando a mulher viu que a árvore parecia agradável ao paladar, era atraente aos olhos e, além disso, desejável para dela se obter discernimento, tomou do seu fruto, comeu-o e o deu a seu marido, que comeu também.
>
> Os olhos dos dois se abriram, e perceberam que estavam nus; então juntaram folhas de figueira para cobrir-se.
>
> Ouvindo o homem e sua mulher os passos do SENHOR Deus, que andava pelo jardim quando soprava a brisa do dia, esconderam-se da presença do SENHOR Deus entre as árvores do jardim.
>
> Mas o SENHOR Deus chamou o homem, perguntando: "Onde está você?"
>
> E ele respondeu: "Ouvi teus passos no jardim e fiquei com medo, porque estava nu; por isso me escondi."
>
> E Deus perguntou: "Quem disse que você estava nu? Você comeu do fruto da árvore da qual o proibi de comer?"
>
> Disse o homem: "Foi a mulher que me deste por companheira que me deu do fruto da árvore, e eu comi."
>
> O SENHOR Deus perguntou então à mulher: "Que foi que você fez?"
>
> Respondeu a mulher: "A serpente me enganou, e eu comi."

***

O que foi perdido quando Adão e Eva caíram em pecado? De acordo com o comentarista bíblico John Stott, a Bíblia nos diz que, na Criação, Deus estabeleceu três relacionamentos essenciais para os seres humanos: o primeiro era consigo mesmo, pois ele fez a humanidade à sua própria imagem; o segundo era entre os próprios seres humanos, pois a raça humana foi plural desde o início; e o terceiro relacionamento era com a terra e com as criaturas sobre as quais Deus deu domínio a Adão e Eva.[2]

Além disso, o número três é um número de grande importância na Escritura. Ao estabelecer três relacionamentos essenciais para os seres humanos, Deus estava colocando o sinal de sua grandiosa bênção sobre o mundo que nossos primeiros pais conheceram. Conforme o estudioso bíblico J.E. Hartill escreveu:

> Com o número três, temos o número da união, da aprovação, do consentimento, da coordenação, da completude e da perfeição. É o número da Trindade — três Pessoas em um único Deus, três membros da perfeição divina.[3]

No jardim do Éden, portanto, Deus estabeleceu coisas que constituíam um verdadeiro paraíso.

Vai bem além de qualquer noção que temos da palavra *trágico* dizer que os três relacionamentos estabelecidos por Deus foram violados pela queda de Adão e Eva no pecado. Eles foram terrivelmente destruídos, e as consequências foram instantâneas e catastróficas. Stott escreveu:

> Todos os três relacionamentos foram desvirtuados pela Queda. [Primeiro] Adão e Eva foram banidos da presença do Senhor Deus no jardim, [segundo] eles culparam um ao outro pelo que aconteceu, e [terceiro] a boa terra foi amaldiçoada por causa da desobediência.[4]

O comentarista Matthew Henry também descreve o que aconteceu após a Queda. Aproximadamente trezentos anos nos separam desse homem, mas nenhum escritor superou a grave eloquência de suas palavras. Ele escreveu:

> Os olhos da consciência foram abertos; o coração castigou-os pelo que haviam feito. Então, quando era tarde demais, eles enxergaram a insensatez de comer o fruto proibido. Enxergaram a felicidade que haviam perdido e a miséria que haviam ganhado. Enxergaram um Deus amoroso sendo afrontado e sua graça e seu favor sendo perdidos. [...] Foram privados de todas as honras e alegrias de seu estado no paraíso e expostos a todas as infelicidades que se deveria esperar de um Deus irado. Eles estavam desarmados, pois sua defesa havia se retirado deles.[5]

Assim, em um único, porém desolador trecho, Henry descreve a devastação causada pelo pecado. "Que desonra e desassossego é o pecado! Ele [causa danos] em todos os lugares em que é admitido, coloca os homens uns contra os outros, perturba a paz e destrói todos os seus confortos."[6]

Não podemos imaginar a sensação avassaladora de tristeza que sobreveio a Adão e Eva. Em outro tempo, eles podiam ver muitas coisas maravilhosas, mas, agora, uma terrível cegueira os havia acometido. Tudo o que haviam conhecido não estava mais ali. "Antes do pecado", escreve Henry, "se ouvissem a voz do Senhor Deus vindo em sua direção, correriam para encontrá-lo." Agora, Deus se tornara um terror para eles. Os dois se tornaram um terror para si mesmos e ficaram repletos de confusão. Consumidos pelo medo, fugiram da presença de Deus.[7]

***

Mesmo assim, quando a situação estava crítica, Deus fez algo muito além de qualquer coisa que Adão e Eva poderiam ter pedido ou imaginado. É bem verdade que uma batalha cósmica havia iniciado entre as forças das trevas — representadas pela serpente que levou Adão e Eva ao pecado — e o próprio Deus. Contudo, por causa do desespero abrasador de Adão e Eva, Deus apresentou uma promessa cheia de esperança, bela como o nascer do sol sobre as asas da manhã. Os estudiosos chamam essa promessa de *protoevangelho*, ou *primeiro evangelho*. Essa promessa singular confirmava que Deus venceria a batalha cósmica, e *nunca* haveria dúvidas disso. Deus revelou-se a Adão e Eva como libertador Todo-poderoso e estabeleceu essa verdade para sempre.

"Depois da Queda", dizem os estudiosos, "Deus teve como propósito a redenção humana. Um lampejo desse propósito estava presente no protoevangelho."[8] De acordo com ele, o julgamento foi pronunciado primeiro contra a serpente, ou seja, Satanás, o grande enganador. "Uma vez que você fez isso", disse Deus à serpente, "maldita é você entre todos os rebanhos domésticos e entre todos os animais selvagens! Sobre o seu ventre você rastejará, e pó comerá todos os dias da sua vida" (Gênesis 3:14).

Então Deus disse que, embora houvesse conflito entre a semente da serpente e a semente da mulher dali em diante, um homem nascido de mulher triunfaria no final: "Este ferirá a sua cabeça, e você lhe ferirá o calcanhar" (Gênesis 3:15). O Filho que estava por vir seria ferido, mas obteria a vitória final e completa.

A poderosa promessa de Deus apontava para a obra expiatória de Cristo. Foi-nos prometido que *a Palavra* viria e se tornaria carne — a Palavra que habitaria entre nós. Foi-nos garantido que contemplaríamos sua glória: "glória como do Unigênito vindo do Pai, cheio de graça e de verdade" (João 1:14). A Palavra se tornaria nosso remidor — aquele que nos resgataria da maldição e da sentença de morte pelo pecado. A Palavra seria "o caminho, a verdade e a vida" (João 14:6).

No protoevangelho, Deus Pai nos deu o primeiro e mais precioso vislumbre de que tudo seria acertado no fim. Tudo o que aparentemente não tinha mais conserto seria reparado. Algum dia, nosso pranto seria transformado em alegria perene.

***

Matthew Henry concluiu:

> Este foi o início da era do evangelho. A ferida não aconteceu antes de o remédio ser providenciado e revelado. Aqui, no início da Bíblia, está escrito a respeito de Cristo. Por meio da fé nesta promessa, temos motivo para crer que nossos primeiros pais, bem como os patriarcas antes do Dilúvio, foram justificados e salvos. Eles esperavam alcançar essa promessa e seus benefícios, servindo a Deus dia e noite.[9]

Desta maneira, embora *protoevangelho* possa parecer um termo complicado e de difícil pronúncia para muitas pessoas, ele faz referência à primeira — e muitos diriam mais bela — promessa de graça encontrada nas Escrituras. O compositor John Newton, o qual deu ao mundo a canção atemporal "Amazing Grace" [Graça Maravilhosa], foi profundamente tocado pela promessa de redenção que Deus concedeu a Adão e Eva. Ele colocou seus pensamentos em forma de versos como base de um de seus lindos hinos. Tais versos são uma maneira muito apropriada de encerrar este capítulo.

Ao homem, feito à sua imagem,
quanto Deus concedeu!
Toda a criação prestou-lhe homenagem,
e como o Senhor na terra o reconheceu.
Ele habitava no jardim do Éden, provido
de coisas agradáveis a todos os sentidos;

e ali, com o seu Senhor, que havia descido,
ele caminhava protegido.
Mas, oh! Com o pecado, ele logo mudou!
Sua honra o deixou.
Seu coração de Deus e da verdade se afastou,
sua consciência repleta de temor ficou!
Mas a graça, sem pedir, seu coração dominou,
e toda a sua culpa perdoou;
pela fé, a Semente prometida ele viu,
e, dela, o poder de salvar sentiu.[10]

Capítulo 4

Noé e o Dilúvio: milagres de livramento

No dia da ira, quando o Dilúvio aniquilou uma raça culpada, a família escolhida ficou segura no lugar de descanso, a arca, a qual transportou-a do antigo mundo condenado até a nova terra do arco-íris e da promessa. [...] [Assim é conosco,] nós descansamos nas promessas do nosso Deus fiel, sabendo que suas palavras são cheias de verdade e poder.

— C.H. Spurgeon[1]

A história de Noé é fantástica, embora tenha ocorrido em meio a circunstâncias terríveis. A primeira palavra escrita a respeito dele, em Gênesis 6, é que "o Senhor [lhe] mostrou benevolência" (v. 8). Lemos, em seguida, que ele "era homem justo" e "andava com Deus" (v. 9). Sua vida e sua conduta foram como raios de luz em uma época sombria da história humana.

Tragicamente, todas as outras pessoas naquele tempo eram corruptas e violentas, a ponto de a Escritura nos dizer que "a terra estava [...] cheia de violência" (v. 11). Todos, exceto Noé e sua família, haviam abandonado Deus — Criador dos homens e do mundo. "[...] a perversidade do homem tinha aumentado", lemos, e "toda a inclinação dos pensamentos do seu coração era sempre e somente para o mal" (v. 5).

Apenas algumas páginas após o relato sobre a criação de Adão e Eva, nossos primeiros pais, lemos palavras chocantes e terríveis: "Então o Senhor arrependeu-se de ter feito o homem sobre a terra, e isso cortou-lhe o coração. Disse o Senhor: 'Farei desaparecer da face da terra o homem que criei [...]'" (vv. 6-7) Tanto os homens quanto os animais seriam aniquilados. Uma sentença de morte havia soado sobre a própria Criação na qual Deus anteriormente se regozijara e a qual afirmara ser boa.

Contudo, Noé, cujo nome é interpretado como esperança nos anais da história, seria salvo. Aquele que era justo e que recebera graça não estaria sujeito à horrível sentença de Deus sobre a humanidade. Ele e sua família seriam salvos.

Deus ordenou a Noé que construísse uma arca, um barco, para transportar em segurança a si mesmo, sua família e dois exemplares de cada ser vivo em meio ao Dilúvio que destruiria a terra. Ao dar essa ordem ao servo fiel, Deus expressou seu primeiro milagre confirmatório: "Com você estabelecerei a minha aliança" (v. 18). Noé, sua família e as criaturas abrigadas na arca seriam mantidos vivos.

A arca foi um meio literal de salvação para Noé e sua família, mas também um símbolo da graça e da misericórdia de Deus em meio ao terrível julgamento que a humanidade trouxera sobre si. Depois da preservação de Noé, de sua família e de todas as criaturas abrigadas dentro da arca, Deus operou mais um milagre e sinal de bênção, mas em forma de promessa.

A história está registrada em Gênesis 8. A partir do versículo 20, lemos que, sem palavras para expressar sua gratidão por tudo o que Deus fizera, Noé construiu um altar e ali ofereceu-lhe sacrifícios. O Senhor se agradou disso e prometeu: "Nunca mais amaldiçoarei a terra por causa do homem [...]. E nunca mais destruirei todos os seres vivos como fiz desta vez." (v. 21) Em seguida, confirmou sua palavra com um belo poema de promessa:

Enquanto durar a terra,
plantio e colheita,
frio e calor,
verão e inverno,
dia e noite
jamais cessarão. (v. 22)

A graça e a misericórdia continuaram a jorrar, tomando a forma de uma aliança sagrada e inviolável. A Noé e seus filhos, Deus disse:

> Vou estabelecer a minha aliança com vocês e com os seus futuros descendentes, e com todo ser vivo que está com vocês [...]. Nunca mais será cei-

> fada nenhuma forma de vida pelas águas de um dilúvio; nunca mais haverá dilúvio para destruir a terra. (Gênesis 9:9-11)

Por último, Deus selou a aliança de sua promessa com um sinal de paz. Nós o conhecemos como arco-íris. Deus disse:

> Este é o sinal da aliança que estou fazendo entre mim e vocês e com todos os seres vivos que estão com vocês, para todas as gerações futuras: o meu arco que coloquei nas nuvens. Será o sinal da minha aliança com a terra. Quando eu trouxer nuvens sobre a terra e nelas aparecer o arco-íris, [...] olharei para ele e me lembrarei da aliança eterna entre Deus e todos os seres vivos de todas as espécies que vivem na terra. (vv. 12-16)

Matthew Henry escreve que a história de Noé foi a história do "retorno da misericórdia [de Deus] para a humanidade". O chamado de Deus a Noé, continua Henry, "é muito tenro, como o de um pai carinhoso aos filhos para que entrem em casa ao notar que a noite ou a tempestade se aproxima".[2]

E a tempestade veio, literalmente. O Dilúvio devastou a terra e destruiu tudo o que existia. Quando Noé saiu da arca, uma nova terra aguardava por ele e sua família. Ao colocar os pés sobre a terra seca novamente, ele deve ter pensado em muitas coisas, especialmente na construção de algum tipo de abrigo, pois não existia nenhum até então. Henry captou este momento, bem como a atitude de Noé, em palavras que ainda comovem a alma:

> Noé desceu em um mundo desolado, onde, poderíamos pensar, sua primeira preocupação seria construir uma casa para si; mas começou construindo um altar para Deus. Começa bem aquele que começa com Deus. Embora o gado de Noé fosse pequeno [...] e poupado com muito cuidado e esforço, ele não serviu a Deus de má vontade. Servir a Deus com o pouco é o caminho para transformá-lo em muito. Nunca devemos achar que desperdiçamos aquilo com que honramos a Deus. A primeira coisa feita [por Noé] no novo mundo foi um ato de adoração.[3]

Havia uma grande lição a ser identificada nos milagres operados por Deus na vida de Noé. O escritor de Provérbios a conhecia bem: "Confie no SENHOR de todo o seu coração e não se apoie em seu próprio entendimento; reconheça o SENHOR em todos os seus caminhos, e ele endireitará as suas veredas" (3:5-6).

Henry conclui seu comentário sobre Noé com um pensamento parecido: "Aquilo que fazemos em obediência ao comando de Deus, por fé, certamente nos trará conforto, cedo ou tarde".[4]

***

Outros estudiosos bíblicos, como o dr. Walter Kaiser, observaram que há ecos da queda de Adão e Eva na história de Noé. Ao declarar que a Queda da humanidade foi "o primeiro grande momento de necessidade na terra", Kaiser escreve que a história do Dilúvio aconteceu durante o "segundo grande momento de necessidade na terra". Assim como na situação de Adão e Eva, "uma representação da salvação de Deus" foi necessária. Mais uma vez, a perversidade havia forçado a mão de Deus. O julgamento aconteceria, e uma sentença pela maldade da raça humana teria de ser proferida. No entanto, a família de Noé, justa, fiel e obediente, seria salva.[5]

Há outro paralelo entre as histórias de Adão e Noé. Assim como Deus disse a Adão "Sejam férteis e multipliquem-se" (Gênesis 1:28), a mesma expressão foi proferida a Noé, em Gênesis 9:1: "Deus abençoou Noé e seus filhos, dizendo-lhes: 'Sejam férteis, multipliquem-se e encham a terra.'"[6]

Por fim, Kaiser escreve: "Deus acrescentou sua aliança especial com a natureza" à história de sua conduta com Noé depois que as águas do dilúvio recuaram. Ele manteria "plantio e colheita, frio e calor, verão e inverno, dia e noite" sem interrupção enquanto a terra durasse (Gênesis 8:22). Essa promessa seria confirmada sempre que um arco-íris aparecesse no céu. Deus também prometeu o seguinte: "Nunca mais amaldiçoarei a terra por causa do homem" (Gênesis 8:21). Na época de Adão, Deus havia amaldiçoado a terra (ver Gênesis 3:17). Para Noé e todos os que vieram depois, tal maldição nunca seria imposta. Tais pontos de conexão e semelhanças proporcionam riqueza e contexto à história de Noé. A despeito da maldade persistente da humanidade, os propósitos redentores de Deus permaneceram.

Muitos haviam passado a se denominar "filhos de Deus", ou reis, de acordo com o costume do mundo antigo no Oriente Próximo. Noé, entretanto, reconhecia somente Deus como soberano. Todos na época de Noé, exceto alguns, rejeitaram Deus, intentando usurpar sua posição. Contudo, Deus salvou aqueles que pôde.[7]

***

Além dos pontos em comum entre Adão e Noé, é importante observar que diversos tipos de milagres estão associados à história de Noé. Todos se encaixam no modelo quíntuplo descrito no primeiro capítulo deste livro. A decisão divina de salvar Noé e sua família foi um milagre *confirmatório*, que é um milagre "por meio do qual Deus mostra sua escolha e seu apoio a determinados indivíduos ou grupos".[8] A destruição do mundo pelo grande dilúvio foi um milagre de *julgamento*, como as "pragas que Deus enviou sobre os egípcios por terem se recusado a obedecer seus mandamentos, os quais haviam sido transmitidos por Moisés".[9]

A preservação de Noé e sua família na arca também foi um milagre de *misericórdia*, o qual precedeu os milagres de cura operados pelo profeta Eliseu no Antigo Testamento.[10] Além disso, a salvação de Noé e de sua família constituiu um milagre de *livramento*, pois foi semelhante à "preservação de Daniel na cova dos leões" e ao "livramento de seus amigos na fornalha ardente".[11]

Por fim, a história de Noé contém o quinto tipo de milagre descrito no Antigo Testamento: o de *visão divina*. Deus falou com Noé de forma milagrosa, alertando-o sobre o julgamento a ser realizado em decorrência da perversidade dos seres humanos. Ele disse a Noé como construir a arca, como salvar os animais que deveriam ser colocados dentro dela e como salvar sua família. Milagres de *visão divina*, conforme declarado anteriormente, são atos que revelam "o propósito de Deus para o seu povo ou executam alguma forma de livramento ou castigo de indivíduos".[12]

Noé recebeu livramento, pois achou graça aos olhos do Senhor. Duzentos anos atrás, o milagre do livramento falou poderosamente a John Newton, um homem que Deus carregou em segurança em meio a muitas tempestades — "muitos perigos, laços e tentações". Tanto foi, que ele tomou a caneta para lembrar-se da história de Noé:

Quando o sol, com alegres raios iluminados,
sobre um céu sombrio sorri,
logo seu aspecto parece suavizado,
e um arco-íris surge ali...
Assim o poder auxiliador do Senhor
parece mais brilhante aos seus santos,
quando da aflição o momento mais ameaçador
preenche o céu com nuvens e prantos.
Ele pode então maravilhas realizar,
um arco-íris na tempestade pintar.

Todas as graças duplamente resplandecem,
quando os problemas causam feridas;
e as promessas divinas concedem
alegrias que antes não eram conhecidas:
da mesma forma como do arco as cores
devem às nuvens o seu esplendor.[13]

Capítulo 5

Abraão: o amigo de Deus e os milagres

Isaque disse a seu pai, Abraão: [...] "As brasas e a lenha estão aqui, mas onde está o cordeiro para o holocausto?"

Respondeu Abraão: "Deus mesmo há de prover o cordeiro para o holocausto, meu filho." [...]

Quando chegaram ao lugar que Deus lhe havia indicado, Abraão construiu um altar e sobre ele arrumou a lenha. Amarrou seu filho Isaque e o colocou sobre o altar, em cima da lenha.

Então estendeu a mão e pegou a faca para sacrificar seu filho.

Mas o Anjo do SENHOR *o chamou do céu: "Abraão! Abraão!" "Eis-me aqui", respondeu ele.*

"Não toque no rapaz", disse o Anjo. "Não lhe faça nada. Agora sei que você teme a Deus, porque não me negou seu filho, o seu único filho."

— GÊNESIS 22:7-12

Muitas pessoas consideram essa história de Gênesis profundamente perturbadora, até mesmo terrível. Como um pai poderia ter a intenção de assassinar o filho? Como um Deus amoroso poderia ordenar tal coisa?

Essas não são perguntas fáceis, mas precisam ser feitas. As Escrituras não apresentam uma resposta, mas nelas se encontra a base para os milagres de *visão divina*, *livramento* e *misericórdia* operados no monte Moriá — ocasião em que Deus apareceu a Abraão, e Isaque foi poupado. O que aconteceu no monte Moriá foi profundamente necessário na perspectiva divina e oferece a explicação para Abraão ter sido tão amado e chamado de "amigo de Deus" (ver Tiago 2:23).

Billy Graham é um dos que já refletiram detalhadamente sobre esse difícil capítulo da vida de Abraão. "Deus testou a realidade da fé de Abraão", escreve Graham, ao dizer-lhe que teria de sacrificar seu amado filho Isaque. Não podemos imaginar a angústia que certamente assombrou e machucou o coração de Abraão por longas noites, durante as quais ele se perguntava qual seria o significado de tamanho sacrifício e o que seria exigido dele. Abraão nada tinha em que confiar exceto a palavra de Deus. Porém, tal era a força de sua fé, que resolveu chamar Isaque e fazer o que Deus ordenara. "A Bíblia", escreve Graham, "não registra maior ato de fé."[1]

Nós nada sabemos sobre os sentimentos de Abraão enquanto ele caminhava com o filho até o lugar em que o altar seria construído. Ele conhecia a terrível missão que Deus lhe designara, mas Isaque não imaginava o que o aguardava. Conforme caminhavam juntos, e Abraão olhava para o filho, como será que o patriarca conseguia encontrar forças para dar cada passo em direção ao cumprimento de sua tarefa?

E o que Isaque teria dito? Teria ficado mudo enquanto o pai o amarrava? Será que ele não disse, sequer uma vez, "Pai, o que o senhor está fazendo? Por quê?" Nisto A Escritura silencia-se. Fazer tais perguntas, entretanto, é começar a vislumbrar parte do horror e da dor que pai e filho devem ter sentido naquele momento terrível. Mesmo sendo tão jovem, Isaque já sabia o que era um sacrifício. Já tinha visto animais sendo mortos em rituais como aquele. O que ele estaria sentindo? E o pai? Podemos apenas imaginar.

Por meio da linguagem concisa do relato de Gênesis, sabemos que Isaque se submeteu quando seu pai o amarrou e, então, foi colocado sobre o altar. Abraão desembainhou a faca e preparou-se para o golpe.

Naquele momento, Deus interveio. No último segundo, o Anjo do Senhor chamou-o do céu, dizendo: "Abraão! Abraão! [...] Não toque no rapaz. Não lhe faça nada. Agora sei que você teme a Deus, porque não me negou seu filho, o seu único filho." (Gênesis 22:11-12).

Douglas Stuart, estudioso do Antigo Testamento, escreveu que "na antiga cultura semítica, chamar alguém pelo nome duas vezes era uma maneira de expressar carinho, isto é, grande afeto e amizade". Assim, Abraão "teria entendido imediatamente que estava sendo chamado por alguém que o amava e se preocupava com ele".[2]

Prosseguindo no pensamento, Billy Graham afirmou que muitos estudiosos acreditam, assim como ele, que a menção do anjo aqui foi, na realidade, uma "teofania" — aparecimento milagroso do Senhor Jesus no Antigo Testamento. *Teofania* é um termo que denota a manifestação de Deus na terra. Aqui, Cristo assumiu o papel de anjo e demonstrou o princípio da expiação substitutiva. Deus exigiu de Abraão a morte do filho. Tal exigência tinha de ser cumprida, e foi. Porém, no lugar de Isaque, Deus Pai aceitou o animal substituto, um carneiro, por intermédio do Anjo — que era, na verdade, seu Filho.[3]

Abraão ouviu a voz de Deus ordenando-lhe que poupasse o filho. Ele também soube, no momento em que seu nome foi proferido duas vezes, que o amor de Deus estava sendo derramado sobre ele e sobre seu filho, Isaque. O escritor da Carta aos Hebreus, no Novo Testamento, diz que Abraão levou em conta "que Deus pode ressuscitar os mortos e, figuradamente, recebeu Isaque de volta dentre os mortos" (11:19).

Talvez Abraão tenha pensado coisas como essas enquanto executava a ordem de Deus. No entanto, até ouvir sua voz chamando-o em amor, ele não tinha certeza de que teria Isaque de volta. De alguma forma, ele foi capacitado a enxergar com os olhos da fé. Quando pai e filho ouviram a voz celestial, a voz de misericórdia e amor, o coração de ambos deve ter saltado de alegria!

Entretanto, por mais maravilhoso que esse momento possa ter sido — uma mistura de assombro, gratidão e alívio —, o dr. Graham certamente estava certo ao perguntar: "Como Deus pôde exigir um sacrifício humano? Como ele pôde mandar Abraão matar Isaque, sendo que ele mesmo havia proibido o assassinato de pessoas (ver Gênesis 9:6)? Isso não seria inconsistente com a natureza de Deus?"[4]

A resposta a essas perguntas pode ser encontrada na Carta de Paulo aos Romanos, em que lemos: "Aquele que não poupou seu próprio Filho, mas o entregou por todos nós, como não nos dará com ele, e de graça, todas as coisas?" (8:32). Deus pôde mandar Abraão matar Isaque porque ele mesmo permitiria que seu Filho morresse. Deus não mandou Abraão fazer mais do que ele mesmo faria com seu próprio Filho unigênito.[5]

Além disso, Graham escreveu algo crucial:

> Nem Abraão nem Isaque precisaram beber o cálice que Deus ofereceu. Isaque não morreu, e Abraão não o matou. No entanto, quando contemplamos outro cálice no jardim do Getsêmani, a imagem é assustadoramente

diferente. Jesus veio e, como inocente em lugar dos culpados, como imaculado em lugar dos pecadores, ele estava disposto a aceitar a condenação de Deus pela culpa do mundo, identificando-se com ela por meio de sua própria morte no Calvário.[6]

***

Ao apontar para a pessoa de Cristo com o objetivo de dizer o que precisava ser dito sobre a história de Abraão, Isaque e o monte Moriá, Graham identificou algo de importância vital: Abraão foi favorecido por Deus de forma especial e autorizado a ver Cristo em forma teofânica.

A fim de aprofundar essa compreensão básica, é importante fazer uma pergunta de extrema importância: qual foi a natureza dos encontros anteriores de Abraão com Deus? Explorar as respostas a essa pergunta é obter um contexto bastante rico para analisar o que aconteceu no monte Moriá.

Em Gênesis 12, lemos sobre a primeira vez que Deus falou a Abraão. Não temos certeza de como isso aconteceu; talvez tenha sido em sonho ou visão. Porém, sabemos que foi a primeira das 11 vezes que Abraão ouviu a voz do Senhor ou que o invocou. Bem antes dos acontecimentos de Gênesis 22, já existia um relacionamento de longa data entre Abraão e seu Deus.

Qual foi a natureza de cada encontro com Deus? O primeiro, descrito em Gênesis 12:1-3, foi um momento em que ele disse o seguinte a Abraão (chamado, na época, Abrão):

> Saia da sua terra, do meio dos seus parentes e da casa de seu pai, e vá para a terra que eu lhe mostrarei. Farei de você um grande povo e o abençoarei Tornarei famoso o seu nome, e você será uma bênção. Abençoarei os que o abençoarem e amaldiçoarei os que o amaldiçoarem; e por meio de você todos os povos da terra serão abençoados.

Esse foi um milagre *confirmatório*, em que Deus chamou Abrão e separou-o como alguém que havia recebido favor especial. Esse também parece ter sido um milagre de *visão divina*, pois Abrão tomou conhecimento de que seus descendentes se tornariam "uma grande nação", para sua total surpresa. Além disso, foi-lhe dito que nele "todos os povos da terra [seriam] abençoados". O primeiro encontro com Deus foi absolutamente extraordinário.

Mais tarde, em Gênesis 12:7, o Senhor apareceu a Abrão pela segunda vez. Na ocasião, Abrão havia se deslocado até a terra de Canaã, conforme

Deus lhe dirigira. Ao chegar lá, mais especificamente no lugar chamado Siquém, o Senhor lhe disse: "À sua descendência darei esta terra." Então, Abrão construiu um altar "ao SENHOR, que lhe havia aparecido". De Siquém, Abrão foi para a montanha a leste de Betel. Após estabelecer seu acampamento ali, ele construiu um segundo altar ao Senhor e invocou seu nome.

Em Gênesis 13, Abrão, após passar algum tempo no Egito, retornou a Betel. Ali, no altar que construíra, ele invocou mais uma vez o nome do Senhor. Nessa época, Abrão havia enriquecido e possuía grandes quantidades de "rebanhos e tendas" (v. 5), bem como seu sobrinho, Ló. As posses e propriedades deles eram tantas, que "não podiam morar os dois juntos na mesma região, porque possuíam tantos bens que a terra não podia sustentá-los" (v. 6). Um conflito surgiu inevitavelmente entre os pastores do tio e os do sobrinho, e, portanto, foi decidido que eles se estabeleceriam em diferentes regiões da terra que tinham diante de si. Ló foi para o leste e estabeleceu-se perto das cidades da planície do Jordão, "próximo a Sodoma" (v. 12). Abrão, nesse ínterim, ouviu a voz do Senhor novamente, que lhe disse:

> Disse o SENHOR a Abrão, depois que Ló separou-se dele: "De onde você está, olhe para o norte, para o sul, para o leste e para o oeste: toda a terra que você está vendo darei a você e à sua descendência para sempre. Tornarei a sua descendência tão numerosa como o pó da terra. Se for possível contar o pó da terra, também se poderá contar a sua descendência. Percorra esta terra de alto a baixo, de um lado a outro, porque eu a darei a você." (Gênesis 13:14-17)

Em seguida, Abrão mudou seu acampamento de lugar e habitou próximo aos carvalhos de Manre, localizados em Hebrom. Ali ele construiu um terceiro altar ao Senhor.

Portanto, Abrão já tinha ouvido a palavra do Senhor, ou invocado o Senhor, várias vezes. Conforme vemos em Gênesis 14, ele encontrou "Melquisedeque, rei de Salém e sacerdote do Deus Altíssimo" (v. 18).

Melquisedeque é uma figura extraordinária. De acordo com o sétimo capítulo da Carta aos Hebreus, seu nome significa "rei da justiça". Ele também era rei de Salém, que significa "rei da paz". O escritor de Hebreus prossegue dizendo o seguinte a respeito de Melquisedeque: "Sem pai, sem mãe, sem genealogia, sem princípio de dias nem fim de vida, feito semelhante ao Filho de Deus, ele permanece sacerdote para sempre" (7:2-3).

Qualquer um que lê essas palavras tem razão em perguntar: "Quem era Melquisedeque?!" O comentarista Warren Wiersbe escreve que

> Melquisedeque não era um anjo ou algum tipo de criatura sobre-humana, nem uma aparição de Jesus Cristo no Antigo Testamento. Ele era um homem de verdade, um rei de verdade e um sacerdote de verdade em uma cidade de verdade.[7]

Todavia, é fascinante observar, como Wiersbe, que, de acordo com o registro bíblico, Melquisedeque "nunca nasceu nem morreu"[8]. De alguma forma, conhecida apenas por Deus, Melquisedeque ainda está servindo como sacerdote e rei. Nisto, seu ministério sacerdotal durante a época de Abrão aponta para o eterno ministério de Cristo como sumo sacerdote.[9]

Tendo determinado quem foi Melquisedeque, podemos discutir como foi seu encontro com Abrão. O *Life Application Bible Commentary* [Comentário bíblico com aplicação para a vida, em tradução livre] diz-nos que esse encontro aconteceu logo após Abrão vencer uma grande batalha contra forças reunidas de diversos reis do antigo Oriente Próximo. Abrão, observa Barton, comandava o maior poder militar da região. O que ele fez? "Tomou o dízimo de tudo o que ganhara na batalha e deu-o a Melquisedeque, porque este era um sacerdote do Deus Altíssimo".[10]

Ao fazê-lo, Abrão estava dando um presente ao representante de Deus. Abrão e Melquisedeque haviam se conhecido há pouco tempo, mas ambos adoravam e serviam ao único Deus, "Criador dos céus e da terra". Além disso, Melquisedeque tinha tanta sabedoria quanto honra. Durante o momento de grande triunfo de Abrão — logo após derrotar um exército e libertar um grande grupo de cativos —, Melquisedeque lembrou-o, devidamente, de quem havia obtido a vitória: "Bendito seja o Deus Altíssimo", declarou Melquisedeque, "que entregou seus inimigos em suas mãos" (Gênesis 14:20).[11]

Depois desse encontro extremamente importante com Melquisedeque, lemos, em Gênesis 15, que "o SENHOR falou a Abrão numa visão". A primeira coisa que o Senhor disse no encontro maravilhoso foi: "Não tenha medo, Abrão! Eu sou o seu escudo; grande será a sua recompensa!" (v. 1).

Os demais versículos de Gênesis 15, em sua totalidade, são dedicados ao que Deus disse e prometeu fazer por Abrão. A revelação recebida foi de proporções épicas, incluindo profecias para o futuro e uma manifestação da presença de Deus parecida com o episódio de Moisés e a sarça ardente.

Embora tudo isso seja verdade, o encontro de Abrão com Deus na ocasião não pareceu começar da maneira esperada. Logo após Deus dizer

"Não tenha medo, Abrão! Eu sou o seu escudo; grande será a sua recompensa!", a resposta de Abrão foi: "Ó Soberano SENHOR, *que* me darás, se continuo sem filhos e o herdeiro do que possuo é Eliézer de Damasco? [...] Tu não me deste filho algum!" (vv. 2-3, ênfase acrescentada)

Abrão não conseguia entender *como* Deus poderia ser sua "grande recompensa", já que ele não tinha filhos. Em resposta, o Senhor disse, a respeito de Eliézer de Damasco: "Seu herdeiro não será esse. Um filho gerado por você mesmo será o seu herdeiro" (v. 4). Isso é seguido por uma passagem impressionante do relato de Gênesis. Em 15:5-6, nós lemos: "Levando-o para fora da tenda, disse-lhe: 'Olhe para o céu e conte as estrelas, se é que pode contá-las.' E prosseguiu: 'Assim será a sua descendência.' Abrão creu no SENHOR, e isso lhe foi creditado como justiça."

Não sabemos ao certo como Deus levou Abrão para fora. A explicação mais plausível seria que Deus o induziu a isso, e não que apareceu fisicamente e tomou-o pela mão para saírem juntos. Seja como for, esse foi um momento transcendente para o homem que levava um estilo de vida nômade e habitava em tendas. Deus — que, conforme Melquisedeque dissera, era "Criador dos céus e da terra" — mandou Abrão olhar para o céu e para as estrelas que ele mesmo havia feito e disse: "Posso transformar *você* no pai de inúmeros descendentes." Que coisa extraordinária!

Mas Deus ainda não tinha terminado. "Eu sou o SENHOR", disse ele a Abrão, "que o tirei de Ur dos caldeus para dar a você esta terra como herança" (Gênesis 15:7). Poderíamos achar que Abrão já tinha ouvido mais do que o suficiente para levar as palavras de Deus a sério. Ele estava, afinal de contas, presenciando um milagre: Deus falando com ele. Apesar disso, sua resposta à declaração foi um questionamento: "Ó Soberano SENHOR", disse ele, "como posso saber que tomarei posse dela?" (v. 8).

A resposta de Deus veio na forma de ordem. "Traga-me uma novilha, uma cabra e um carneiro, todos com três anos de vida, e também uma rolinha e um pombinho." Abrão trouxe todos esses animais, cortou-os ao meio e colocou cada metade em frente à outra; as aves, porém, ele não cortou (vv. 9-10).

Depois disso, algum tempo parece ter se passado, pois "aves de rapina começaram a descer sobre os cadáveres, mas Abrão as enxotava" (v. 11). O relato continua:

> Ao pôr do sol, Abrão foi tomado de sono profundo, e eis que vieram sobre ele trevas densas e apavorantes. Então o SENHOR lhe disse: "Saiba que os seus descendentes serão estrangeiros numa terra que não lhes pertencerá,

> onde também serão escravizados e oprimidos por quatrocentos anos. Mas eu castigarei a nação a quem servirão como escravos e, depois de tudo, sairão com muitos bens. Você, porém, irá em paz a seus antepassados e será sepultado em boa velhice. Na quarta geração, os seus descendentes voltarão para cá, porque a maldade dos amorreus ainda não atingiu a medida completa." (vv. 12-16)

Essa foi uma grande palavra de profecia, que apontava para a época em que os descendentes de Abrão — os quais, mais tarde, se tornariam a nação de Israel — seriam escravizados durante algum tempo no Egito. Ainda havia mais coisas que Deus tinha para dizer a Abrão, conforme lemos em Gênesis 15:17-21:

> Depois que o sol se pôs e veio a escuridão, eis que um fogareiro esfumaçante, com uma tocha acesa, passou por entre os pedaços dos animais [do sacrifício que Abrão preparara]. Naquele dia, o SENHOR fez a seguinte aliança com Abrão: "Aos seus descendentes dei esta terra, desde o ribeiro do Egito até o grande rio, o Eufrates: a terra dos queneus, dos quenezeus, dos cadmoneus, dos hititas, dos ferezeus, dos refains, dos amorreus, dos cananeus, dos girgaseus e dos jebuseus."

***

Depois da manifestação teofânica da presença de Deus por meio do "fogareiro esfumaçante, com uma tocha acesa", Abrão teve mais cinco experiências milagrosas com Deus antes do acontecimento envolvendo ele e seu filho, Isaque, no monte Moriá. A primeira delas é narrada em Gênesis 17:

> O SENHOR lhe apareceu e disse: "Eu sou o Deus todo-poderoso; ande segundo a minha vontade e seja íntegro. Estabelecerei a minha aliança entre mim e você e multiplicarei muitíssimo a sua descendência." Abrão prostrou-se com o rosto em terra, e Deus lhe disse: "De minha parte, esta é a minha aliança com você. Você será o pai de muitas nações. Não será mais chamado Abrão; seu nome será Abraão, porque eu o constituí pai de muitas nações." (v. 1-5)

A mudança de nome de Abrão para Abraão é extremamente significativa e repleta de significado na antiga cultura do Oriente Próximo. O nome *Abrão* significa "pai exaltado". *Abraão* significa "pai de muitas nações".

Essa alteração de nome selou a aliança que Deus estava estabelecendo com Abraão, conforme disse em Gênesis 17:6-7:

> "Eu o tornarei extremamente prolífero; de você farei nações e de você procederão reis. Estabelecerei a minha aliança como *aliança eterna* entre mim e você e os seus futuros descendentes, para ser o seu Deus e o Deus dos seus descendentes." (ênfase acrescentada)

A mudança de nome que Abraão recebeu foi uma confirmação do propósito eterno de Deus para com ele e os filhos da promessa que viriam depois.

Em Gênesis 18, encontra-se o extraordinário relato da intercessão de Abraão a Deus a favor do povo de Sodoma. Em relação a esse incidente, Warren Wiersbe ofereceu muitos esclarecimentos importantes. "Um intercessor", escreve ele, "deve conhecer o Senhor pessoalmente e ser obediente à vontade dele. Deve ser próximo o bastante para conhecer seus 'segredos' e saber sobre o que orar."[12] Além disso, a oração de Abraão a favor de Sodoma foi baseada não na misericórdia de Deus, mas na justiça de Deus. Conforme Gênesis 18:25 declara: "Não agirá com justiça o Juiz de toda a terra?" Deus é justo e santo. Ele não pôde destruir fiéis juntamente com ímpios perversos. Isso é extremamente importante, pois Ló era justo (conforme lemos em 2Pedro 2:6-9), muito embora suas ações e suas palavras parecessem contrariar esse fato.[13]

Abraão não suportaria ver todas aquelas pessoas morrerem (más ou não) e se perderem para sempre. Então, tornou-se um dos grandes intercessores do Antigo Testamento, movido por uma profunda preocupação pela salvação dos perdidos, independentemente de quais fossem os seus pecados.[14]

Também é crucial observar que Abraão não discutiu com o Senhor. Ele foi muito humilde ao apresentar a situação (descrita em Gênesis 18:27,30-32). Ele acreditava que havia pelo menos dez justos na cidade.[15] Na verdade, foi provado que não havia. Isso, entretanto, nada rouba da beleza do ato intercessor de Abraão. Foi um ato repleto de graça.

Além desse incidente, houve a ocasião em que Abraão orou para que Deus curasse o rei Abimeleque e sua corte, conforme registrado em Gênesis 20:17. Deus ouviu e respondeu a oração de Abraão. Apenas um capítulo depois, em Gênesis 21:12, Deus assegurou-o de que seria por meio de Isaque, e não de Ismael (seu filho com a escrava Hagar), que sua descendência seria contada.

Vinte e um versículos à frente, em Gênesis 21:33, Abraão fez uma comemoração pelo estabelecimento de sua aliança com o rei Abimeleque. Ele "plantou uma tamargueira em Berseba e ali invocou o nome do SENHOR, o Deus Eterno". De fato, ele chegou bem longe em sua jornada de fé. Deus havia demonstrado sua presença vez após vez de formas milagrosas, e, ao plantar uma árvore, Abraão desejava reconhecer tal verdade de maneira permanente. A árvore era um símbolo da fé viva.

***

Assim, bem antes de encontrar a pessoa de Cristo na teofania do monte Moriá, Abraão já tinha "encontrado" Deus de muitas formas profundas e começado a entender muita coisa acerca de seus propósitos milagrosos e seu caráter divino. Isso oferece um contexto excelente para o que ocorreu no monte Moriá em Gênesis 22; mais especificamente *porque* o escritor da Carta aos Hebreus nos disse que "Abraão levou em conta que Deus pode ressuscitar os mortos" (Hebreus 11:19). Se Abraão já havia participado de tantos encontros milagrosos com Deus, as razões para sua grande fé diante da obrigação de sacrificar Isaque são mais fáceis de serem compreendidas. Isso não significa que a dor sentida pela abrasadora expectativa desse sacrifício tenha sido, de maneira alguma, menor. Contudo, ajuda-nos a entender por que Abraão pôde confiar em Deus de modo tão irrestrito e completo. A história anterior, se assim podemos dizer, ao que aconteceu no monte Moriá foi extraordinária e sem precedentes em toda a história do mundo.

Capítulo 6

Moisés: milagres do Êxodo

Quando a hora é mais escura, quando a dor é mais intensa [e] quando a esperança está morrendo [...] é que ele interfere; aquele para quem o tempo não existe, exceto o tempo que serve de cenário para a realização de sua obra.

— SAMUEL WILBERFORCE[1]

Moisés, o líder que tirou Israel da escravidão. Moisés, o homem que Deus usou para dividir o mar Vermelho. Moisés, o porta-voz dos Dez Mandamentos.

Moisés, o assassino? É aí que a história dele deveria começar, pois Deus escolheu um homem que havia tirado a vida de outro e transformou-o em um modelo excelente de misericórdia e redenção.

Desde o nascimento, Moisés havia sido separado para ser o libertador de seu povo. Contudo, no momento em que matou um homem e escondeu o corpo na areia (conforme lemos em Êxodo 2), ele mesmo se encontrava necessitado de livramento.

O assassinato, por mais estranho que pareça, foi ocasionado por uma tentativa equivocada de apoiar a causa do seu povo, os antigos hebreus. Não foi um começo promissor. Lemos que:

> Certo dia, sendo Moisés já adulto, foi ao lugar onde estavam os seus irmãos hebreus e descobriu como era pesado o trabalho que realizavam. Viu também um egípcio espancar um dos hebreus. Correu o olhar por todos os

> lados e, não vendo ninguém, matou o egípcio e o escondeu na areia. No dia seguinte saiu e viu dois hebreus brigando. Então perguntou ao agressor: "Por que você está espancando o seu companheiro?"
>
> O homem respondeu: "Quem o nomeou líder e juiz sobre nós? Quer matar-me como matou o egípcio?"
>
> Moisés teve medo e pensou: "Com certeza tudo já foi descoberto!" Quando o faraó soube disso, procurou matar Moisés, mas este fugiu e foi morar na terra de Midiã (Êxodo 2:11-15).

O comentarista bíblico M.D. Dunnam descreveu Moisés, o menino cuja vida foi preservada no cesto de junco, como uma "criança milagrosa"[2]. Certamente isso é verdade, mas pode acontecer de uma "criança milagrosa" se desviar. Quando Moisés cometeu homicídio, ele se desviou terrivelmente. Como Deus pôde usar alguém assim? Um homem que precisou fugir para preservar a vida, precisou sair do Egito — onde seu povo estava escravizado — para habitar como refugiado na terra de Midiã!

Moisés não poderia ter estado mais longe de Deus. Ou poderia? De fato, ele passou os quarenta anos seguintes em Midiã, mas Deus não havia se esquecido dele. Nem os propósitos de Deus haviam sido frustrados quando Moisés se ausentou do Egito. Os propósitos de Deus *estavam* sendo realizados durante a longa jornada de Moisés em Midiã. De príncipe no Egito, ele era agora um pastor de ovelhas. Deus poderia usar um pastor? Ora, mais tarde, ele chamaria um jovem chamado Davi para que deixasse o pastoreio de ovelhas a fim de se tornar o futuro rei de Israel. Sim, o mesmo Senhor soberano que foi capaz de realizar tudo o que ocorreu séculos antes, na vida de Moisés.

M.D. Dunnam também escreveu com grande discernimento sobre como Deus se revelou a Moisés durante a época em que este era um pastor nas "árvores verdejantes, sobre os montes altos" do deserto do Sinai.[3] "A vida como pastor tornara-se rotineira", escreve dr. Dunnam, "e, naquele dia, [Moisés estava] guiando o rebanho 'para o outro lado do deserto'."[4] Foi então que aconteceu. Conforme lemos em Êxodo 3:2, "o Anjo do SENHOR lhe apareceu numa chama de fogo que saía do meio de uma sarça".[5] Foi um milagre. Deus suspendeu as leis da natureza para que uma sarça fosse iluminada pelo fogo e, mesmo assim, não fosse consumida. Porém, mais coisas aconteceram. Moisés, aproximando-se, ouviu a voz do Senhor "do meio da sarça" chamando seu nome: "Moisés, Moisés!" (v. 4).

Foi uma teofania, termo técnico que significa "aparição de Deus". O fogo, diz o dr. Dunnam, era e continua a ser associado à presença de Deus. Ao longo das Escrituras, o fogo é símbolo da deidade. [...] Quando Deus iniciou a aliança com Abraão, a tocha acesa denotava sua presença. [...] Do mesmo modo, a sarça ardente simbolizava a presença de Deus. E que simbolismo há no fato de ela não ser consumida? Nossa certeza da eterna presença de Deus.[6]

Deus pode nos encontrar onde quer que estejamos e nos transformar em quem ele quiser. Sua intervenção na vida de Moisés é testemunho disso. Às vezes, escreve Dunnam, "há milagres encostados em postes bem na nossa esquina".[7] Deus apareceu a Moisés nos acontecimentos comuns da vida, mas não houve nada de comum em seu chamado. Testado e refinado durante a jornada pelo deserto, Moisés agora era um homem que Deus poderia começar a usar.

O que mais podemos aprender com essa teofania e com o chamado divino de Moisés? O estudioso do Antigo Testamento Douglas Stuart, citado anteriormente no capítulo sobre Abraão, escreveu que "Deus começou a se revelar no fogo teofânico ao chamar Moisés com um padrão de linguagem ('Moisés! Moisés!') que pode ser chamado de 'repetição de afeto'".[8]

Como isso é maravilhoso! Moisés, o homicida, não era ninguém menos do que Moisés, o amado de Deus. Humilhado e quebrantado, ele agora estava pronto para ser transformado pelo amor que o chamara na sarça ardente. Talvez ele tivesse desistido de si mesmo, mas Deus nunca desistira dele. Apesar de ser versado nos costumes do Egito, de estar envolvido naquela cultura e de ser poderoso — por ter sido príncipe anteriormente — ainda havia lições a ser aprendidas e um poder a enfrentar, o qual era diferente de tudo o que havia no Egito. A transformação que começou a acontecer na vida de Moisés foi descrita de forma comovente por Samuel Wilberforce, um bispo da Grã-Bretanha do século XIX. "O Deus eterno, Todo-poderoso e que existe por si próprio", diz Wilberforce, "ficou ao lado [de Moisés]; chamou-o pelo nome; ficou ao lado dele, [...] manifestou-se com palavras maravilhosas, sinais de poder e propósitos amorosos revelados."[9]

Tal revelação ocasionou uma transformação profunda. O bispo Wilberforce prossegue:

> Moisés atravessou essa crise terrível e tornou-se outro homem. O sábio versado em todo o conhecimento egípcio, a grande alma poderosa em palavras e atitudes, o profundo intelecto filosófico repleto de toda a sabedoria

transmitida, educado em todas as sutilezas das escolas de pensamento, perito em grandes assuntos, foi levado à maturidade pela solidão, pela natureza e pela convivência consigo mesmo — e estas coisas permaneceram. Mas, em todas elas, ocorreu uma mudança poderosa [...] uma vez que ali, sobre o cume da montanha, se estabeleceu a coroa da névoa matinal, dotando de glória cada pico, pináculo e penhasco.[10]

***

Antes de prosseguirmos com a história de Moisés, é importante reservarmos alguns momentos para entender os milagres que já haviam acontecido até esse ponto de sua vida. Quando ele foi salvo da terrível sentença de morte de Faraó, proferida contra as crianças nascidas aos filhos de Israel, Deus operou dois tipos de milagres, conforme a lista empregada ao longo dos capítulos anteriores deste livro. Por um lado, foi um milagre *confirmatório*, que, relembrando, é um milagre "por meio do qual Deus mostra sua escolha e seu apoio a determinados indivíduos ou grupos".[11] Moisés, ainda criança, foi separado por Deus para realizar grandes coisas. Por outro lado, a salvação da vida de Moisés também foi um milagre de *livramento*.[12] Sua vida foi preservada enquanto muitas outras foram perdidas.

Além disso, a aparição de Deus a Moisés na sarça ardente foi um milagre de *visão divina*. Assim como Deus havia falado com Noé de forma milagrosa, alertando-o do julgamento que viria sobre a perversidade da raça humana, Deus também falou com Moisés, revelando coisas que aconteceriam.[13]

Outros tipos de milagres ainda seriam operados, especialmente milagres de julgamento. O livramento prometido de Israel não aconteceria sem esforço. O Egito pagaria um preço terrível pela dureza do coração de seu líder, e Moisés estaria no centro da luta. A questão não ficaria incerta, mas muita coisa precisava acontecer antes que ela fosse finalmente decidida.

***

As dez pragas foram os meios pelos quais o Egito e seu rei foram oprimidos e conquistados. Elas começaram, escreve o bispo Wilberforce, "como todos os julgamentos de Deus começam [...]: no estrondo abafado e distante da voz de alerta". Depois, "elas passaram ao estampido e ao estouro da sentença imediata". O envio das dez pragas "terminou em trevas e desolação no cerne do Egito".[14]

Esse grande e terrível drama desenrola-se no livro de Êxodo. Nos capítulos desse livro, conforme o pastor John Piper escreve:

> Deus começou a moldar a vida coletiva de seu povo escolhido. Pelo resto de sua existência, Israel lembrou-se do Êxodo como o principal acontecimento de sua história. Portanto, no Êxodo, podemos ver o que Deus pretendia ao escolher um povo para si. Em Êxodo 9:16, ele fala uma palavra a Faraó para explicar-lhe (e a nós) o porquê de ter multiplicado seus atos poderosos em dez pragas em vez resolver logo a obstinação do Egito com uma rápida catástrofe. Esse texto é tão crucial, que o apóstolo Paulo o cita em Romanos 9:17 para resumir o propósito de Deus no êxodo. Deus diz a Faraó: "Eu o mantive em pé [ou 'designei'] exatamente com este propósito: mostrar a você o meu poder *e fazer que o meu nome seja proclamado em toda a terra.*"[15] (ênfase acrescentada).

"Portanto, o objetivo do êxodo foi criar uma reputação mundial para Deus",[16] e, na realização dessa tarefa estupenda, Moisés foi o instrumento escolhido por ele — seu emissário e porta-voz.

> O objetivo das dez pragas e da travessia milagrosa do mar Vermelho foi demonstrar o impressionante poder de Deus em favor de seu povo, o qual fora escolhido liberalmente, a fim de que esta reputação e este nome fossem declarados por todo o mundo.[17]

Conforme registrado na Escritura, as dez pragas foram: (1) a transformação das águas do Egito em sangue, (2) as rãs, (3) os piolhos, (4) as moscas, (5) a morte dos rebanhos do Egito, (6) as feridas purulentas, (7) o granizo, (8) os gafanhotos, (9) as trevas e (10) a morte dos primogênitos no Egito.

Muitas coisas podem ser observadas nessas pragas. Primeiro, conforme o estudioso bíblico Peter Enns observou,

> o livramento de Israel, do Egito, foi um feito totalmente divino e esteve sob o completo controle de Deus. O êxodo iminente é um drama do qual Deus é autor, produtor, diretor e ator principal. O propósito não é introduzir uma noção filosófica abstrata da soberania de Deus, mas [o que acontece] é mais uma confirmação [...] de que Deus estava com Moisés e com Israel. Agora começamos a ver quão dominante sua presença realmente é. [...] Não somente o destino de Israel estava nas mãos de Deus, mas o destino do Egito também.[18]

O dr. Graham Scroggie também empregou a metáfora do drama épico para expressar o que Deus fez por intermédio de Moisés ao livrar Israel.

Ele enxergou o contexto das pragas como "um drama [...] cujas personagens são Deus, o Egito e Israel. O objetivo deste drama é triplo: revelar o poder de Deus sobre seus inimigos, demonstrar que Israel pertence a Deus e não a Faraó e estabelecer a fé de Israel em Deus".[19]

Dentro desse drama, Scroggie identificou três ações distintas. Uma é *exploratória*, a outra é *indiciativa*, e a terceira é *executiva*. Na ação exploratória, Moisés aparece diante de Israel e de Faraó. Esses encontros são narrados em Êxodo 4:29-6:8 e Êxodo 6:9-7:13.

Os dois primeiros encontros em Êxodo estabelecem o cenário. Nos versículos finais de Êxodo 4, Moisés e seu irmão Arão aparecem diante dos filhos de Israel. Milagres são operados por meio dele, e o povo crê que Moisés é o agente prometido para o livramento. Lemos:

> Assim Moisés e Arão foram e reuniram todas as autoridades dos israelitas, e Arão lhes contou tudo o que o SENHOR dissera a Moisés. Em seguida, Moisés também realizou os sinais diante do povo, e eles creram. Quando o povo soube que o SENHOR decidira vir em seu auxílio, tendo visto a sua opressão, curvou-se em adoração. (vv. 29-31)

Nos versículos iniciais de Êxodo 5, o encontro de Moisés e Arão com Faraó é descrito. Moisés implora pela liberação dos israelitas, e, em resposta, Faraó despreza a existência do Senhor Deus dos hebreus.

"Depois disso", está escrito, "Moisés e Arão foram falar com o faraó e disseram: 'Assim diz o SENHOR, o Deus de Israel: 'Deixe o meu povo ir para celebrar-me uma festa no deserto.' O faraó respondeu: 'Quem é o SENHOR, para que eu lhe obedeça e deixe Israel sair? Não conheço o SENHOR e não deixarei Israel sair'" (Êxodo 5:1-2).

Na segunda ação, a ação indiciativa, as dez pragas são despejadas sobre o Egito. Elas são descritas por Scroggie como "um confronto entre dois poderes, um divino e um humano; um conflito entre duas religiões, uma verdadeira e uma falsa; [e] uma luta pela supremacia do céu ou da terra". A luta, prossegue Scroggie, "foi prolongada, e a batalha oscilou de um lado para o outro, mas o diabo foi derrotado pelo Libertador".[20]

Ao mesmo tempo, mais coisas estavam acontecendo nessa dramática disputa do que apenas "artimanhas para reduzir o poder de resistência de Faraó". As dez pragas "eram ataques à religião dos egípcios e a seus muitos deuses". Além disso, elas aconteceram em "três tríades, com uma ação final que representou tanto uma maldição quanto uma bênção, uma praga e uma Páscoa".[21]

A terceira ação, a ação executiva, deve ser considerada como parte separada das ações que a precedem. A morte dos primogênitos, escreve Scroggie, foi "muito mais do que uma praga no Egito, [ela foi também] a primeira instituição de pessoas que estavam prestes a se tornar uma nação". O mais importante a observar na décima e última praga, escreve Scroggie, é que "o fato e a característica centrais da Páscoa" eram o cordeiro morto, que apontava para o Messias que havia de vir, "cujo derramamento do sangue precioso faria expiação pelo pecado".[22]

***

No Novo Testamento, quando Jesus foi transfigurado, Moisés apareceu juntamente com Elias. Muitas coisas podem e devem ser ditas sobre esse milagre extraordinário — sendo a principal delas que este foi um vislumbre de como será o céu.

Contudo, em alguns aspectos, uma das coisas mais notáveis sobre esse acontecimento pode ser vista a partir da perspectiva da história da redenção. Quem poderia ter imaginado que Moisés, alguém que cometeu assassinato uma vez, seria chamado por Deus e usado por ele como vemos no relato de Êxodo? E, surpreendentemente — e aqui se encontra o maior milagre envolvendo Moisés —, quem poderia ter imaginado que um homicida desempenharia uma função tão marcante na história da redenção, ajudando a apontar o caminho para o Messias prometido?

Capítulo 7

Eliseu: milagres na época dos profetas

Todas as almas que oram na terra, todos os santos na glória, todos os anjos do Senhor e o próprio Senhor dos anjos estão com você. Se o véu fosse retirado, se você pudesse ver com os olhos do servo de Eliseu ou [com os] de Estêvão, veria que há muito mais pessoas a seu favor do que contra você.

— JOHN NEWTON[1]

O nome Eliseu significa "meu Deus é salvação", e sua história é fascinante. Dela, a língua inglesa ganhou pelo menos um provérbio consagrado: "passar o manto". Um acontecimento de sua vida, envolvendo o profeta Elias e a carruagem de fogo, inspirou um verso clássico do poeta William Blake. Tal acontecimento também deu título ao filme *Carruagens de Fogo*, vencedor do Oscar.

Quando imaginamos Elias e a carruagem de fogo, pensamos no poder e na majestade de Deus — e é certo fazê-lo. Contudo, antes de a carruagem aparecer e levar Elias para o céu, Eliseu fez um pedido que soa estranho a muitos.

> Elias disse a Eliseu: "Pede-me o que queres, antes que eu seja tomado de ti." Disse Eliseu: "Peço-te que me toque por herança porção dobrada do teu espírito."
>
> Tornou-lhe Elias: "Dura coisa pediste. Todavia, se me vires quando for tomado de ti, assim se te fará; porém, se não me vires, não fará." (2Reis 2:9-10, ARA)

O que é que estava acontecendo ali? A fim de obtermos respostas, podemos nos voltar proveitosamente para os escritos do dr. Herbert Lockyer. Ele afirmou que, após Elias e Eliseu atravessarem o rio Jordão, "Elias estava desejoso de conceder uma bênção de despedida ao seu filho espiritual"[2]. Quando Eliseu fez o espantoso pedido, Elias respondeu, com razão, que seu pupilo espiritual havia pedido algo difícil. O motivo, explica dr. Lockyer, foi este: "A concessão de tal pedido não dependia do poder de Elias, mas do poder de Deus." Somente se ele visse a trasladação de Elias ao céu, ou seja, se testemunhasse o derramamento de Deus dessa forma, é que "Eliseu seria abençoado com o que pedira"[3].

Isso está claro, mas e quanto a pedir uma porção dobrada do espírito de Elias? Isso parece algo muito obscuro, se não estranho. No entanto, o que Eliseu estava pedindo não era "um dom milagroso ou um dom do espírito de profecia duas vezes maior do que o de Elias"[4]. Em vez disso, seu pedido espiritual tinha a ver com os direitos dos primogênitos na antiga cultura do Oriente Próximo. Pela lei, os primogênitos herdavam duas partes da propriedade do pai, conforme declarado em Deuteronômio 21:17. O pedido de Eliseu era que ele fosse tratado como primogênito entre os "filhos dos profetas" e, assim, recebesse duas vezes a porção de "espírito e poder" de seu mestre e professor.[5] Em suma, Eliseu quis ter a posição de primogênito entre os filhos espirituais de Elias.[6]

Sabemos, por meio da Escritura, como a história termina. Eliseu viu a súbita trasladação de Elias ao céu na carruagem de fogo, guiada por cavalos de fogo. Desta forma, ele recebeu a bênção que havia pedido ao seu mentor espiritual. Para nossos objetivos aqui, é importante observar que Eliseu testemunhou um milagre de *visão divina*. Ele vislumbrou a glória e o poder de Deus. A partir de então, seria o primogênito entre os filhos dos profetas deixados em Israel após a partida de Elias.

Muitos associam o ministério profético de Eliseu aos milagres de cura que Deus operou por seu intermédio. Eles são uma parte vital do que Deus realizou nele e por meio dele e, assim, representam milagres de *misericórdia*. Todavia, é impressionante observar que um dos primeiros milagres que Deus operou por meio de Eliseu foi um milagre muito severo de *julgamento*.

Pouco depois de Elias ter sido levado ao céu, Eliseu partiu para Betel. Enquanto caminhava pela estrada, um grupo de jovens saiu da cidade e caçoaram dele, dizendo: "Suma daqui, careca! Suma daqui, careca!"

Diante disso, Eliseu voltou-se, olhou para eles e os amaldiçoou em nome do Senhor. Dentro de instantes, duas ursas saíram de um bosque próximo e despedaçaram 42 daqueles jovens desordeiros e petulantes (ver 2Reis 2:23-24).

Por mais insolente que esse grupo de desordeiros tenha sido com as palavras, ser despedaçado por ursos soa como um destino terrível — e de fato o foi. Porém, há um contexto a ser levado em consideração.

A fim de explorá-lo, nós nos voltaremos para Charles Simeon, o grande pastor e professor britânico do século XIX. A palavra "careca", escreve ele, tinha a intenção de ser uma crítica do pior tipo. A linguagem desdenhosa direcionada injustamente a alguém é pecado. Porém, conforme Simeon observa corretamente, a crítica feita nessa ocasião "foi um insulto ao próprio Deus", pois Eliseu era um profeta do Altíssimo.[7]

Acima de tudo, o emprego da expressão "Suma daqui" por esses jovens desordeiros parece fazer referência "à recente elevação de Elias na carruagem de fogo". O escárnio indicava que eles consideravam o acontecimento como uma invenção a ser posta em dúvida ou desprezada.[8]

Aqueles jovens eram culpados de desrespeito profano.[9] Foi um pecado semelhante à blasfêmia ao Espírito Santo, conforme descrito no Novo Testamento. "Tais críticas", escreve Simeon, "atingem o próprio Deus, que as julga com um padrão muito diferente do nosso. Nós as enxergamos como uma demonstração [desdenhosa] de insensatez, mas ele as enxerga como [atos de] desrespeito ímpio."[10]

O julgamento também não foi infligido à gangue de desordeiros por Eliseu, escreve Simeon. Ele não estava sob influência de vingança, assim como Pedro não estava quando decretou a sentença de morte a Ananias e Safira e assim como Paulo também não estava quando declarou que Elimas, o encantador, ficaria cego. Ele foi simplesmente o instrumento por meio do qual Deus pronunciou uma maldição contra os jovens. As ursas que saíram do bosque e foram em direção a eles eram "como toda a criação, animada e inanimada" — prontas para executar a vingança de Deus.[11]

Em tudo isso, a justiça de Deus predominou. "Que maior desonra poderia haver para o Deus do céu e da terra", pergunta Simeon, "do que transformar os mais estupendos esforços de sua bondade em objetos de crítica?" Ao considerar o Novo Testamento, Simeon relembrou o terrível julgamento pronunciado contra aqueles que blasfemam o Espírito Santo. Um pecado tão grave, declarou Cristo, "não será perdoado".[12]

***

Depois de um acontecimento tão terrível, considerar os milagres de cura e provisão que Deus operou por intermédio de Eliseu é uma mudança de assunto bem-vinda. Para nossos propósitos, dois deles serão considerados: a purificação das águas amargas e o milagre do azeite da viúva.

O milagre relacionado à purificação das águas amargas não recebe muita atenção em meio a tantas coisas maravilhosas que Deus fez por meio de Eliseu, mas é um belo acontecimento, rico em significado e simbolismo.

A água contaminada, que fluía de uma fonte na montanha, era uma praga na vida das pessoas que viviam nas proximidades. Ela fazia com que os frutos das árvores caíssem prematuramente e que o gado desse à luz cedo demais, resultando na morte dos novilhos. Para piorar, a água não era apropriada para consumo humano. Um milagre era necessário para endireitar as coisas e trazer cura à terra, à flora, à fauna e ao povo.[13]

Isto Deus fez por meio de Eliseu. Ao pedir uma salva e uma medida de sal, Eliseu foi à fonte contaminada e o jogou ali. Este foi um símbolo comovente de graça. Somente Deus poderia purificar a água, mas ele usou Eliseu e o sal como instrumentos para a realização de seu ato poderoso. A água que costumava ser uma maldição agora se tornou uma fonte de bênção.[14]

O milagre do azeite da viúva é famoso na literatura há bastante tempo. Trata-se de uma daquelas histórias proverbiais que eram conhecidas por todos há apenas duas ou três gerações. As crianças dessa época costumavam aprender histórias da Bíblia, e esta história em particular era uma constante favorita — em grande parte, por mostrar como Deus se importa profundamente com os apuros dos pobres e necessitados.

A história é narrada em 2Reis 4. Ali, a partir do versículo 1, lemos:

> Certo dia, a mulher de um dos discípulos dos profetas foi falar a Eliseu: "Teu servo, meu marido, morreu, e tu sabes que ele temia o Senhor. Mas agora veio um credor que está querendo levar meus dois filhos como escravos".
>
> Eliseu perguntou-lhe: "Como posso ajudá-la? Diga-me, o que você tem em casa?" E ela respondeu: "Tua serva não tem nada além de uma vasilha de azeite".
>
> Então disse Eliseu: "Vá pedir emprestadas vasilhas a todos os vizinhos. Mas, peça muitas.
>
> Depois entre em casa com seus filhos e feche a porta. Derrame daquele azeite em cada vasilha e vá separando as que você for enchendo".
>
> Depois disso, ela foi embora, fechou-se em casa com seus filhos e começou a encher as vasilhas que eles lhe traziam.

Quando todas as vasilhas estavam cheias, ela disse a um dos filhos: "Traga-me mais uma". Mas ele respondeu: "Já acabaram". Então o azeite parou de correr.

Ela foi e contou tudo ao homem de Deus, que lhe disse: "Vá, venda o azeite e pague suas dívidas. E você e seus filhos ainda poderão viver do que sobrar"(vv. 1-7).

Há, nessa história, observa Herbert Lockyer, "um espírito gracioso, consolador e santo e de caridade".[15] O milagre retratado foi, de acordo com os critérios que temos usado até aqui, tanto um milagre de *misericórdia* quanto de *livramento*. A viúva e os dois filhos, escreve Matthew Henry, ficaram maravilhados ao ver o pote, à semelhança de uma fonte de água viva, sempre transbordando e, ao mesmo tempo, sempre cheio. Eles não viam a fonte que o abastecia, mas criam que ela estava naquele em *quem estão todas as nossas fontes*.[16]

Henry encerra com esta comovente reflexão:

> Nós nunca somos privados [ou empobrecidos] em Deus, em seu poder, em sua generosidade e nas riquezas de sua graça. Todas as nossas privações [ou pobrezas] estão em nós mesmos. É a nossa fé que falha, não sua promessa. Ele nos dá além do que pedimos: se houvesse mais vasos, haveria o suficiente em Deus para enchê-los; o suficiente para todos, o suficiente para cada um.[17]

Não existem palavras mais verdadeiras do que essas.

***

A guerra, ou o prospecto de guerra, é algo horrível de se contemplar. Um milagre de visão divina durante o ministério de Eliseu ocorreu em meio a uma terrível ameaça de guerra. O cenário era este: o rei da Síria desejava guerrear contra Israel. Pela intervenção divina, Eliseu recebeu palavras de conhecimento sobre os planos e as intenções do monarca sírio. Sendo assim informado por Deus, Eliseu enviou um alerta ao rei de Israel.

O rei da Síria achava que havia um traidor em seu meio, alguém que estivesse transmitindo informações como espia ao rei de Israel. Ao chamar seus criados e servos, ele exigiu: "Vocês não me apontarão qual dos nossos está [secretamente] do lado do rei de Israel?"

"Nenhum de nós, majestade", respondeu um de seus cortesãos. "É Eliseu, o profeta que está em Israel, que revela ao rei de Israel até as palavras que tu falas em teu quarto." Isso foi mais do que suficiente para o rei sírio. Ele imediatamente enviou cavalos, carruagens e um grande exército para capturar Eliseu na cidade de Dotã (ver 2Reis 6:11-14).

A cena que os olhos do servo de Eliseu viram na manhã seguinte foi inacreditável. Quando saiu do lugar em que estavam hospedados, ele viu, para seu horror e consternação, que toda a cidade estava cercada por cavalos e carruagens. Era uma imensa e temível hoste de inimigos mortais.

O servo voltou imediatamente para Eliseu e disse, ofegante: "Ah, meu senhor! O que faremos?" (v. 15) Os dois foram para fora, provavelmente para que Eliseu confirmasse aquilo que ouvira. Ao ver a grande hoste diante de si, ele fez algo inesperado. É bem provável que, neste momento, ele tenha colocado a mão no ombro de seu servo. Tendo isso acontecido ou não, entretanto, sabemos quais foram as palavras que ele proferiu: "Não tenha medo", disse. "Aqueles que estão conosco são mais numerosos do que eles" (v. 16).

Então, Eliseu orou, dizendo: "SENHOR, abre os olhos dele para que veja." Imediatamente, o jovem recebeu uma visão miraculosa. Qualquer pensamento que ele estivesse tendo naquele momento sobre as hostes do rei sírio desapareceu instantaneamente. O medo transformou-se em um santo temor. Com a visão que Deus lhe concedera, o servo viu que as colinas próximas estavam "cheias de cavalos e carros de fogo" (v. 17). O Senhor dos Exércitos estava acampado ao redor dos inimigos de Israel e, portanto, não havia motivo para temer.

Quando a hoste síria desceu para capturar Eliseu, o profeta orou, e o Senhor cegou aqueles homens. Fingindo oferecer-se para levá-los ao "homem que vocês estão procurando", Eliseu enganou-os. Levou-os até Samaria e entregou-os nas mãos do rei de Israel. Assim que o exército sírio estava todo reunido em Samaria, Eliseu orou mais uma vez para que o Senhor abrisse os olhos daqueles homens. Para espanto e medo geral, eles se viram nas mãos do monarca israelita (vv. 19-20).

O rei de Israel pensou em matá-los ali mesmo, mas Eliseu não deixou. "Ordena que lhes sirvam comida e bebida", orientou ele, "e deixe que voltem ao seu senhor." Assim, foi preparado um grande banquete onde a misericórdia reinou. Depois disso, o exército sírio partiu e retornou ao seu rei. O relato do que acontecera deve ter causado uma forte impressão nele, pois "as tropas da Síria pararam de invadir o território de Israel" (vv. 21-23).

Ao refletir sobre essa passagem de 2Reis 6, Charles Simeon chegou a esta notável conclusão: "Da mesma forma, todos os santos são guardados por um Poder absoluto e, sob sua proteção, estão seguros."[18] Pode ser, prossegue ele, que Deus considere conveniente deixar que os inimigos de seu povo prevaleçam, mas o sucesso deles dura apenas um momento. Está próximo o tempo em que a aparente desigualdade dessas dispensações será retificada: "É justo da parte de Deus retribuir com tribulação aos que lhes causam tribulação, e dar alívio a vocês, que estão sendo atribulados."[19]

Simeon afirmou:

> [Deus] examina minuciosamente não somente as ações dos homens, como também suas disposições, a fim de retribuir-lhes de acordo com suas obras. No devido tempo, "ele derramará sobre [os perversos] armadilhas, fogo, enxofre e uma terrível tempestade", e eles "beberão até a última gota disso".[20]

Por outro lado, Deus ama "os justos e os contempla com prazer". Ele reserva para eles "um peso de glória proporcional a tudo o que fizeram e sofreram por ele". Se o cristão está convencido disso, quem ele precisa temer? Nenhuma arma direcionada contra ele pode prevalecer, a menos que Deus, em sua sabedoria infinita, ordene que isso aconteça. E aquele sobre quem o mal vier será recompensado cem vezes mais ainda nesta vida. Quanto mais, conclui Simeon, não será recompensado o mal "naquele mundo em que o próprio Deus será a porção inalienável de todo o seu povo"?[21]

Cristãos, ao longo dos séculos, têm sido confrontados pelo mesmo tipo de pensamento e, com frequência, trazem à mente a passagem incomparável do apóstolo Paulo, que se encontra no capítulo 8 da Carta aos Romanos, no Novo Testamento:

> Que diremos, pois, diante dessas coisas? Se Deus é por nós, quem será contra nós? Aquele que não poupou seu próprio Filho, mas o entregou por todos nós, como não nos dará com ele, e de graça, todas as coisas? Quem fará alguma acusação contra os escolhidos de Deus? É Deus quem os justifica. Quem os condenará? Foi Cristo Jesus que morreu; e mais, que ressuscitou e está à direita de Deus, e também intercede por nós. Quem nos separará do amor de Cristo? Será tribulação, ou angústia, ou perseguição, ou fome, ou nudez, ou perigo, ou espada? [...] Mas em todas estas coisas somos mais que vencedores, por meio daquele que nos amou. Pois estou

> convencido de que nem morte nem vida, nem anjos nem demônios, nem o presente nem o futuro, nem quaisquer poderes, nem altura nem profundidade, nem qualquer outra coisa na criação será capaz de nos separar do amor de Deus que está em Cristo Jesus, nosso Senhor. (vv. 31-39)

***

Seria natural pensar que os muitos milagres que Deus operava por meio de Eliseu terminariam com a morte do profeta. Contudo, uma das histórias mais estranhas da Escritura diz respeito a outro milagre associado a Eliseu, mas que ocorreu após sua morte. Este foi, em última análise, um milagre de *misericórdia*. Nada parecido com isso é registrado antes ou depois em toda a Bíblia.

A história é contada em 2Reis 13. A partir do versículo 20, lemos:

> Então Eliseu morreu e foi sepultado. Ora, tropas moabitas costumavam entrar no país a cada primavera. Certa vez, enquanto alguns israelitas sepultavam um homem, viram de repente uma dessas tropas; então jogaram o corpo do homem no túmulo de Eliseu e fugiram. Assim que o cadáver encostou nos ossos de Eliseu, o homem voltou à vida e se levantou. (vv. 20-21)

Em apenas dois versículos, acontece algo absolutamente impressionante! Isso foi, escreve Herbert Lockyer, "uma corroboração *post mortem* da eterna influência [de Eliseu]".[22] Em vida, muitos milagres que Deus realizara por meio dele foram manifestações de vida/poder ou ressurreição/energia que sujeitavam a morte. Agora, depois da morte de Eliseu, seus ossos deram prosseguimento ao seu ministério avivador e o concluíram. [...] Esse último milagre associado a Eliseu foi um sinal para Israel de que o Deus dele ainda vivia e estava pronto para realizar milagres como antes, se tão somente o buscassem e confiassem nele.[23]

Lockyer conclui dizendo que esse milagre foi um belo prenúncio do poder vivificante da morte de Cristo. Deste modo, o último milagre de Eliseu olhava para "Jesus, autor e consumador da nossa fé" (Hebreus 12:2).

Capítulo 8

A promessa da vinda de Cristo: o milagre da Encarnação

Para sinalizar ainda mais a graça do céu, este Filho foi dado milagrosamente.

— Hannah More[1]

O milagre central alegado pelos cristãos é a Encarnação. Eles dizem que Deus tornou-se homem. Todos os outros milagres preparam o caminho para ele ou dele resultam.

— C.S. Lewis[2]

"Mas a nossa paz está firmada em coisas impossíveis [...] em torno de uma incrível estrela."[3] Esses versos fazem parte do clássico poema *The House of Christmas* [A casa do Natal], de G.K. Chesterton.

De fato, a fé cristã *é* uma fé firmada em coisas impossíveis. Deus moveu um pedaço do céu para que seu Filho pudesse descer dali, habitar entre os homens e ser o remidor deles. Uma estrela riscou o negro céu a fim de que três homens da realeza pudessem encontrar a esperança de todos os séculos — aquele que era "a brilhante estrela da manhã". [4]

Depois, houve o milagre da Encarnação em si, a transformação de Deus em homem. A eterna segunda pessoa da Trindade assumiu a forma humana na pessoa de Jesus.[5] Foi um momento em que os santos propósitos de Deus foram alcançados por meio da ousada crença de uma jovem mulher de fé. No Evangelho de Lucas, essa história sem par é narrada. Lemos:

No sexto mês Deus enviou o anjo Gabriel a Nazaré, cidade da Galileia, a uma virgem prometida em casamento a certo homem chamado José, descendente de Davi. O nome da virgem era Maria. O anjo, aproximando-se dela, disse: "Alegre-se, agraciada! O Senhor está com você!"

Maria ficou perturbada com essas palavras, pensando no que poderia significar esta saudação. Mas o anjo lhe disse: "Não tenha medo, Maria; você foi agraciada por Deus! Você ficará grávida e dará à luz um filho, e lhe porá o nome de Jesus. Ele será grande e será chamado Filho do Altíssimo. O Senhor Deus lhe dará o trono de seu pai Davi, e ele reinará para sempre sobre o povo de Jacó; seu Reino jamais terá fim."

Perguntou Maria ao anjo: "Como acontecerá isso se sou virgem?"

O anjo respondeu: "O Espírito Santo virá sobre você, e o poder do Altíssimo a cobrirá com a sua sombra. Assim, aquele que há de nascer será chamado Santo, Filho de Deus. [...] Pois nada é impossível para Deus."

Respondeu Maria: "Sou serva do Senhor; que aconteça comigo conforme a tua palavra." (Lucas 1:26-35,37-38)

***

Além da corajosa fé de Maria na palavra do Senhor, conforme transmitida a ela pelo anjo Gabriel, há várias coisas nesta jovem que sempre devemos lembrar no que diz respeito à Encarnação. O teólogo Timothy George escreveu que

> Maria está posicionada, juntamente com João Batista, em uma intersecção singular entre a antiga e a nova aliança. O papel de Maria aponta para o passado. Nos Evangelhos, ela é o ápice de uma linhagem profética de mães virtuosas: Sara, Raquel [e] Ana.[6]

A diferença é que Maria deu à luz o Filho da promessa, ao passo em que essas outras mães louváveis deram à luz filhos importantes da promessa.

Em consonância com essa ideia, conforme observado pelo dr. George, "os evangélicos podem e devem se juntar a outros cristãos na celebração da Virgem Maria como *theotokos*, ou, de acordo com a tradução do clássico termo teológico feita pelo historiador dr. Jaroslav Pelikan, como 'aquela que deu à luz aquele que é Deus'."[7]

Essas são, de fato, distinções especiais a serem observadas em Maria — e razões profundamente importantes para agradecer a Deus por sua vida e sua fé excelentes. No entanto, outros aspectos de sua ousada crença também devem ser lembrados e celebrados. Ela teria um filho que, para todas as aparências convencionais daquela época, estaria fora do casamento. Isso significava muitas coisas. Uma delas é que José, o noivo de Maria e o homem que se casaria algum dia com ela, seria padrasto de Jesus.[8] Porém, de um ponto de vista mais imediato e preocupante, o futuro de Maria poderia ter acabado em desgraça se Deus não tivesse intervindo milagrosamente na vida de José.[9] Os motivos por que isso poderia ter acontecido e por que, entretanto, não aconteceu estão descritos em Mateus 1:18-25. Lemos ali:

> Foi assim o nascimento de Jesus Cristo: Maria, sua mãe, estava prometida em casamento a José, mas, antes que se unissem, achou-se grávida pelo Espírito Santo. Por ser José, seu marido, um homem justo, e não querendo expô-la à desonra pública, pretendia anular o casamento secretamente.
>
> Mas, depois de ter pensado nisso, apareceu-lhe um anjo do Senhor em sonho e disse: "José, filho de Davi, não tema receber Maria como sua esposa, pois o que nela foi gerado procede do Espírito Santo. Ela dará à luz um filho, e você deverá dar-lhe o nome de Jesus, porque ele salvará o seu povo dos seus pecados."
>
> Tudo isso aconteceu para que se cumprisse o que o Senhor dissera pelo profeta: "A virgem ficará grávida e dará à luz um filho, e o chamarão Emanuel", que significa "Deus conosco".
>
> Ao acordar, José fez o que o anjo do Senhor lhe tinha ordenado e recebeu Maria como sua esposa. Mas não teve relações com ela enquanto ela não deu à luz um filho. E ele lhe pôs o nome de Jesus.

***

Os cristãos, compreensivelmente, ficam admirados com os milagres que envolvem o nascimento de Jesus. No entanto, conforme o dr. George destacou, se pensarmos somente nessas coisas, poderemos deixar passar algo muito importante acerca do papel desempenhado por Maria na vida de Jesus durante seu crescimento. "Maria", escreve George, "não foi simplesmente o local da entrada de Cristo ao mundo, o canal por onde ele passou, tal como a água que escoa por um cano."[10] Não, mais do que isso, ela foi uma mãe que cuidou das necessidades físicas de Jesus na infância. Ela o amamentou, educou e ensinou-lhe os caminhos do Senhor. Ela também deve tê-lo ajudado a memorizar os Salmos e a orar, contribuindo assim, de forma muito vital, para que ele crescesse "em sabedoria, estatura e graça diante de Deus e dos homens" (Lucas 2:52).[11]

Além da criação amorosa, marca registrada de Maria como mãe, os grandes reformadores da tradição protestante também expressaram sua gratidão pelo papel que ela desempenhou na vida de Jesus. João Calvino referiu-se a ela como "tesoureira da graça", aquela que guardou a fé como um depósito. Por intermédio dela, escreve Calvino, nós recebemos o precioso dom de Deus. "Ela merece ser chamada de bendita, pois Deus lhe concedeu a distinção singular de preparar seu Filho para o mundo, em quem ela renasceu espiritualmente." Ao mesmo tempo, Martinho Lutero, quando foi isolado no castelo de Wartburg em 1521, preparou para publicação seu *Comentário ao Magnificat*. Naquela época, ele escreveu que Maria é a personificação da graça imerecida de Deus.[12]

No contexto da profunda e contínua apreciação desses reformadores por Maria, o próprio dr. George observou que "ela é chamada de bendita não por causa de sua virgindade ou humildade, mas por ter sido escolhida como pessoa e meio pelos quais a glória de Deus entraria na história humana de modo mais profundo". Conforme o poeta T.S. Eliot — em um eco do poema "The House of Christmas" [A casa do Natal], de Chesterton — escreveu em seu próprio poema, "The Four Quartets" [Quatro quartetos], Maria é onde "se atualiza a impossível união de esferas da existência, aqui passado e futuro estão conquistados e reconciliados".[13]

De forma suprema, os grandes reformadores reconheceram Maria "como aquela que ouve a Palavra de Deus e responde com fé, sendo assim justificada apenas pela fé". Talvez soe estranho, mas é verdade que "Maria foi uma discípula de Cristo antes de ser sua mãe, pois, se não tivesse crido, não teria concebido". E, no que diz respeito à sua fé, os reformadores a consideraram "não [como] conquista por mérito, mas como dom da graça divina". Em concordância, o dr. George escreve: "Isso significa que, quando louvamos e amamos Maria, é a Deus quem louvamos pelo favor gracioso que concedeu à sua serva escolhida."[14]

Naturalmente, aquilo que a própria Escritura nos diz sobre Maria é da mais irrefutável e primordial importância. No Novo Testamento, Maria é retratada como estando entre os últimos na cruz e os primeiros no cenáculo. Ela liga não somente o Antigo e o Novo Testamento por meio do nascimento de Jesus, mas também o encerramento de seu ministério terreno e o nascimento da Igreja.

E, conforme o dr. George observou, "é significativo o fato de que, na iconografia oriental, Maria nunca é retratada sozinha, mas sempre com Cristo, os apóstolos e os santos".[15]

A grande coragem e a fé intensa e perseverante de Maria foram novamente demonstradas quando, no momento em que "todos os discípulos (inclusive Pedro!) haviam fugido com medo" após a prisão e a crucificação de Jesus, Maria permaneceu fiel a Cristo e à sua palavra. Sua fidelidade na cruz mostrou que a verdadeira fé podia ser preservada em um único indivíduo, e, assim, Maria tornou-se a mãe (do verdadeiro remanescente) da Igreja.

É por isso, conclui, "que os reformadores honravam Maria".[16]

***

E quanto ao próprio Jesus?

Para os cristãos, Jesus é conhecido por muitos nomes nas Escrituras. Um deles é Emanuel. Em Mateus 1:23, lemos que este nome estava associado a uma promessa do livro de Isaías, no Antigo Testamento: '"A virgem ficará grávida e dará à luz um filho, e o chamarão Emanuel', que é traduzido como 'Deus conosco'."

Somente com a vinda de Cristo à terra, tomando sobre si a natureza humana, é que a promessa de nossa redenção e salvação pôde ser cumprida. A vinda de Jesus ao mundo foi profundamente necessária e serviu como fonte de bênçãos indizíveis. Esse fato foi retratado de modo belíssimo por G. K. Chesterton, o qual escreveu que "o lugar encontrado pelos pastores [...] foi um lugar onde os sonhos se tornam realidade"[17]. Em todos os Natais, nós paramos e trazemos novamente à memória o admirável significado do nome de Cristo: "e você deverá dar-lhe o nome de Jesus, porque ele salvará o seu povo dos seus pecados" (Mateus 1:21).

Esta é uma maneira muito proveitosa de começar a entender o significado daquilo que os estudiosos chamam de Encarnação. Isto é, a forma como Jesus foi concebido.

Aqui, podemos nos voltar para o teólogo J. I. Packer, que escreveu muito proveitosamente sobre o que significa Encarnação. Em primeiro lugar, escreve ele, a palavra *encarnação* significa "incorporar". É o mesmo significado de quando o apóstolo João declarou, em seu Evangelho, que "a Palavra tornou-se carne" (João 1:14). O conceito que está em vista "não é de que o Filho [de Deus] vestiu um corpo humano como se veste um casaco", nem "de que um ser humano e uma pessoa divina viviam juntas debaixo da mesma pele", tampouco "que uma pessoa divina veio possuir dois conjuntos de poderes (ou naturezas)".

Em vez disso, escreve Packer, "o Filho vivia sua vida aqui por meio do complexo mente-corpo que constitui a humanidade. [...] Sem diminuir sua divindade, ele acrescentou a ela tudo o que está envolvido em ser humano."[18] Totalmente divino e totalmente humano, ele cresceu no ventre de Maria, viveu na terra e agora reina eternamente no céu.[19]

Packer também escreve sobre como a doutrina e o milagre da Encarnação une os cristãos — independentemente da tradição de fé à qual estejam alinhados dentro da Igreja. Quando Jesus, escreve Packer, é aclamado como "uma pessoa de duas naturezas" — como ele de fato é segundo o Concílio de Calcedônia de 451 d.C. — , significa que, por meio da Encarnação, o Filho tornou-se mais do que era antes, pois um elemento humano foi integrante na vida já existente do Deus Trino. Ser totalmente humano e totalmente divino era uma parte indispensável da identidade, do destino e da glória do Filho. Todos os cristãos — evangélicos, ortodoxos e católicos — são unânimes nessa profissão.[20]

Essa análise sobre o significado de encarnação serve a um propósito muito bom, e todos os cristãos estão em dívida com o dr. Packer por sua excelente síntese. Todavia, a fim de obter a contínua admiração que o evento mais bendito de todos deve inspirar em nós, não há nada melhor do que voltar nossa atenção para o grande clérigo do século XVII, Jeremy Taylor.

A prosa de Taylor muitas vezes se parece com poesia, e seus escritos tocam o coração com um profundo senso de reverência. Suas palavras levam nosso coração para perto de Deus. Portanto, leremos a seguinte oração feita por ele, uma oração de gratidão a Deus pela vinda de Cristo.

> Ó eterno e onipotente Deus, enviaste teu santo anjo como embaixador à bendita Virgem, mãe de nosso Senhor, a fim de manifestar [...] teu eterno propósito [para] a redenção da humanidade por intermédio da Encarnação de teu Filho eterno.[21]

Taylor, então, descreve a Encarnação como os "primórdios da obra de nossa redenção". Tal pensamento inspirou muitos outros que o seguiram: uma doxologia à sua própria maneira, um cântico de louvor a Deus e seu propósito eterno. "Aquilo que mais brilha", escreve Taylor, "apresenta-se primeiro aos olhos; e a alma devota, na corrente das coisas excelentes e preciosas representadas no intento, no desígnio e nos primórdios da obra de nossa redenção."[22]

Por vezes, o próprio Taylor sentia-se enlevado pela noção de como a misericórdia, o amor e a graça de Deus inspiraram a Encarnação. Foi, escreveu ele, por simples e perfeita caridade e [pelas profundezas] da compaixão, que Deus enviou ao mundo seu único Filho como cura para os sofrimentos humanos, a fim de enobrecer nossa natureza pela união com a divindade, santificá-la com sua justiça, enriquecê-la com sua graça, instruí-la com sua doutrina, fortalecê-la com seu exemplo, resgatá-la da servidão, inseri-la na liberdade dos filhos de Deus e, por fim, transformá-la em participante da [sua] ressurreição.[23]

Jeremy Taylor não foi o único em meio aos grandes escritores e estudiosos das Escrituras a explorar as riquezas da linguagem oral com o objetivo de descrever tudo o que a Encarnação significa. Tomás de Aquino escreveu:

> De todas as obras de Deus, o mistério da Encarnação é a que mais transcende a razão. Nenhum feito divino mais impressionante poderia ser imaginado do que a transformação do verdadeiro Deus e Filho de Deus em um homem de verdade. A este milagre principal, todos os outros milagres estão subordinados.[24]

***

Em seu clássico texto *A cruz de Cristo*, John Stott escreveu muito sobre a natureza da Encarnação e por que ela possibilitou nossa redenção. Por exemplo, ele afirmou que a Encarnação é indispensável para a expiação. É especialmente essencial afirmar que o amor, a santidade e a vontade do Pai são idênticos ao amor, à santidade e à vontade do Filho. Deus estava em Cristo reconciliando o mundo consigo.[25]

Não obstante, houve também um custo implícito na Encarnação, o de "entrar em nossa condição para nos alcançar". Assim, somos informados de que, quando Deus enviou seu Filho, este nasceu "debaixo da Lei, a fim de redimir os que estavam sob a Lei" (Gálatas 4:4-5).[26] E, além disso, a Encarnação envolveu um grande sacrifício, uma vez que ele "esvaziou-se a si mesmo, vindo a ser servo, tornando-se semelhante aos homens" (Filipenses 2:7-8). Ao longo de seu ministério público, Jesus mostrou que viera não "para ser servido, mas para servir". Porém, Stott observou: "Segundo o ensinamento de Jesus e dos apóstolos, o auge de sua encarnação e de seu ministério foi a entrega de si mesmo na cruz como resgate de muitos" (Marcos 10:45).[27]

Além disso, Stott afirmou que "só uma encarnação poderia transpor essas divisões" entre nós e Deus. A Encarnação significou entrar no mundo de outras pessoas, incluindo o mundo de seus pensamentos e o mundo de sua alienação, sua solidão e sua dor. Além de tudo, a Encarnação levou inexoravelmente à cruz. Primeiro Jesus assumiu nossa humanidade, depois carregou nosso pecado. De todas essas formas, ele adentrou em nosso mundo para nos alcançar. Comparadas a isso, nossas modestas tentativas de alcançar pessoas parecem amadoras e superficiais.[28]

Podemos afirmar verdadeiramente, portanto, que não houve coisa alguma que Deus tenha se negado a fazer para nos redimir, nem mesmo a entrega de seu Filho para morrer na cruz.

No entanto, tudo isso começou com a palavra do Senhor a uma jovem mulher de grande fé. A promessa de coisas impossíveis. O local da estrebaria. Natal. Sábios seguindo uma grande estrela.

Todas essas coisas tornaram-se sinônimo da Encarnação e do nascimento de Cristo. Portanto, devemos nos ajoelhar e agradecer, da mesma forma que os pastores fizeram diante do milagre da vinda de nosso Senhor para habitar entre nós.

Ele deixou seu lar celestial a fim de que pudéssemos encontrar o caminho para casa — para a Jerusalém que subsiste eternamente. O final do poema de G.K. Chesterton faz uma bela declaração:

Para uma casa aberta, quando do dia o fim,
para o lar, os homens irão;
para um lugar mais antigo que do Éden o jardim
e uma cidade maior que de Roma a vastidão.
Para o fim da trajetória da estrela a vagar,
para as coisas que não podem ser, mas são,
para o lugar onde Deus ficou sem lar
e onde todos os homens o lar podem encontrar.[29]

Capítulo 9

Sinais e maravilhas: os milagres de Jesus

Ele começou a pregar com trinta anos de idade. Após aproximadamente três anos e meio pregando o evangelho, ele nos ensinou a vontade de seu Pai, revelando-nos os segredos da vida eterna, [...] a força de seus milagres e o poder de sua doutrina.

— Jeremy Taylor[1]

Nós contamos a história a partir do nascimento de Cristo. Para os cristãos, ele é tanto o autor quanto o centro da história. Deus tornou-se homem. Jesus viveu uma vida sem pecado e foi injustamente submetido à morte como um criminoso. No entanto, a morte não pôde detê-lo. Ele dominou a morte e, dessa forma, garantiu nossa redenção. Se alguma vez um milagre aconteceu ao longo de toda uma vida, foi na vida de Cristo.

O poeta T.S. Eliot escreveu, certa vez, sobre "o ponto imóvel do mundo giratório"[2]. Assim foi naquele estábulo, na cidade de Belém do antigo Oriente Próximo: a eternidade entrou no tempo. Deus tornou-se homem e, assim, iniciou nossa redenção. A Fonte de todos os milagres era, ela mesma, um milagre.

"Por causa de quem era, Cristo não podia deixar de fazer milagres."[3] Isso foi declarado por Herbert Lockyer em seu clássico texto *All the Miracles of the Bible* [Todos os milagres da Bíblia], publicado pela primeira vez em 1961 e ainda uma obra respeitável sobre o assunto.

Nunca foram escritas palavras tão verdadeiras quanto as de Lockyer ao descrever a pessoa de Jesus. Elas nada mais são do que um eco da própria Escritura, conforme lemos no Evangelho de João:

> Jesus realizou na presença dos seus discípulos muitos outros sinais milagrosos, que não estão registrados neste livro. Mas estes foram escritos para que vocês creiam que Jesus é o Cristo, o Filho de Deus e, crendo, tenham vida em seu nome. (20:30-31)

Lockyer escreve que um aspecto central dos milagres operados por Jesus é a maneira como eles refletiam seu caráter e expressavam naturalmente seu amor e sua compaixão pela humanidade.[4] Este pensamento evoca a bela passagem do livro de Isaías, no Antigo Testamento — o mesmo texto que o Senhor leu na sinagoga, em Nazaré, no dia em que iniciou seu ministério público.[5] Ali lemos:

> O Espírito do Soberano, o Senhor, está sobre mim, porque o Senhor ungiu-me para levar boas notícias aos pobres. Enviou-me para cuidar dos que estão com o coração quebrantado, anunciar liberdade aos cativos e libertação das trevas aos prisioneiros, para proclamar o ano da bondade do Senhor e o dia da vingança do nosso Deus; para consolar todos os que andam tristes e dar a todos os que choram em Sião uma bela coroa em vez de cinzas, o óleo da alegria em vez de pranto e um manto de louvor em vez de espírito deprimido. Eles serão chamados carvalhos de justiça, plantio do Senhor, para manifestação da sua glória. (Isaías 61:1-3)

No Evangelho de Lucas, vemos novamente Jesus declarando explicitamente as credenciais de seu ministério, desta vez em resposta a uma pergunta que lhe foi dirigida por dois seguidores de João Batista: "És tu aquele que haveria de vir ou devemos esperar algum outro?" (Lucas 7:20). A isso, Jesus deu uma resposta que representa a comovente contraparte da profecia feita a seu respeito em Isaías muitos séculos antes. "Voltem e anunciem a João", disse Jesus, o que vocês viram e ouviram: os cegos veem, os aleijados andam, os leprosos são purificados, os surdos ouvem, os mortos são ressuscitados e as boas-novas são pregadas aos pobres, e feliz é aquele que não se escandaliza por minha causa. (Lucas 7:22-23)

Outras passagens do Antigo Testamento apontam para a natureza ministerial de Jesus e para os milagres de seu ministério. O profeta Isaías, mencionado acima, falou em outro lugar sobre como seria o ministério de Cristo: rios de água viva fluiriam dele — uma das melhores metáforas da Escritura. Aqueles que depositassem sua fé nele encontrariam uma terra verdejante, a verdadeira terra prometida:

> Então os olhos dos cegos se abrirão e os ouvidos dos surdos se destaparão. Então os coxos saltarão como o cervo, e a língua do mudo cantará de alegria. Águas irromperão no ermo e riachos no deserto. A areia abrasadora se tornará um lago; a terra seca, fontes borbulhantes. (Isaías 35:5-7)

Aqui, o comentarista John Stott introduziu uma distinção muito importante na maneira como devemos enxergar os milagres de Cristo. O valor deles, escreveu Stott, "não é tanto pelo aspecto sobrenatural, mas pela importância espiritual". Os milagres de Cristo são tanto "sinais" quanto "maravilhas". Que tipo de sinais eram eles? Certamente "nunca foram realizados com egoísmo ou insensatez" nem foram ocorrências de "orgulho" ou ações destinadas "a forçar pessoas a serem submissas". Acima de tudo, os milagres de Cristo não eram tanto demonstrações de poderes especiais, mas, sim, ilustrações de autoridade moral. Eles eram, na verdade, representações das parábolas de Jesus. Eles demonstravam suas declarações visualmente. Aquilo que ele fazia dramatizava o que ele dizia.[6]

Tudo isso é claramente enfatizado no Evangelho de João. Esse livro da Bíblia foi estruturado de forma a destacar alguns "sinais" associados às grandes declarações ao estilo "Eu sou", feitas por Jesus no decorrer de seu ministério.[7]

O primeiro desses sinais deu origem a uma expressão comum — "mudar da água para o vinho" — e ocorreu durante um casamento em Caná da Galileia.

Por que Jesus fez isso? Simplesmente para garantir que os convidados dessa ocasião especial estivessem bem servidos de vinho? Não, seu verdadeiro objetivo era muito mais importante, e João nos diz qual era ele.

A água que Cristo transformou em vinho estava guardada em jarros de pedra, comumente utilizados para a purificação cerimonial. Esse talvez pareça um detalhe estranho de se incluir na história, mas o dr. Stott observa que, às vezes, a verdadeira chave para a compreensão do texto está em detalhes aparentemente pequenos. Eles dão pistas para a revelação da riqueza e do significado de passagens das Escrituras.

Como é o caso da referência, no relato, às jarras de pedra para purificação. A água que estava guardada nos jarros era um símbolo da antiga religião — a religião da lei que povo hebreu conhecia há séculos. O vinho no qual Cristo transformou a água era um símbolo da nova religião que ele estabeleceria, o cristianismo. Stott expressou isso da seguinte forma: "Assim como ele transformou a água em vinho, o evangelho [de Cristo] substituiria a lei. O sinal [ou milagre] deu respaldo à alegação de que Jesus era aquele que introduziria esta nova ordem. Ele era o Messias."[8]

Quando nos voltamos para a história do milagre conhecido como "a multiplicação dos pães", também descobrimos que há muito mais nele do que a saciação da fome, por mais importante que isso tenha sido. Este milagre, aprendemos, ilustrou "a alegação que Cristo fez de que saciaria a fome do coração humano". É como ele disse em João 6:35: "Eu sou o pão da vida. Aquele que vem a mim nunca terá fome; aquele que crê em mim nunca terá sede."

Depois, em João 9:1-11, lemos o relato de quando Cristo abriu os olhos de um homem cego de nascença. Apenas um capítulo antes, em João 8:12, Jesus havia dito: "Eu sou a luz do mundo. Quem me segue, nunca andará em trevas, mas terá a luz da vida." A ligação aqui é clara: se Cristo "era capaz de restaurar a vista aos cegos, poderia abrir os olhos das pessoas para que vissem e conhecessem Deus".[9]

Em nenhum lugar a interação entre milagre e propósito é vista de modo mais belo do que na ressurreição de Lázaro, narrada em João 11:38-44. A história relatada aqui é repleta de esperança, mas também de muitas outras coisas.

> Jesus, outra vez profundamente comovido, foi até o sepulcro. Era uma gruta com uma pedra colocada à entrada. "Tirem a pedra", disse ele.
>
> Disse Marta, irmã do morto: "Senhor, ele já cheira mal, pois já faz quatro dias."
>
> Disse-lhe Jesus: "Não falei que, se você cresse, veria a glória de Deus?"
>
> Então tiraram a pedra. Jesus olhou para cima e disse: "Pai, eu te agradeço porque me ouviste. Eu sei que sempre me ouves, mas disse isso por causa do povo que está aqui, para que creia que tu me enviaste."
>
> Depois de dizer isso, Jesus bradou em alta voz: "Lázaro, venha para fora!" O morto saiu, com as mãos e os pés envolvidos em faixas de linho e o rosto envolto num pano.
>
> Disse-lhes Jesus: "Tirem as faixas dele e deixem-no ir."

"Para que creia que tu me enviaste." Enviado para qual propósito? Aqui as reflexões de John Stott levam-nos ao cerne da questão. "Jesus", disse ele, "havia ressuscitado um homem morto." Isso foi um sinal, pois a vida do corpo simboliza a vida da alma. A ressurreição de Lázaro foi o equivalente a dizer que Cristo seria a vida do cristão antes da morte e a ressurreição do cristão após a morte. Além disso, um milagre como esse representou uma parábola muito poderosa, ilustrando o fato de que, "como seres humanos, nós estamos espiritualmente famintos, cegos e surdos, e somente Cristo pode saciar nossa fome, restaurar nossa visão e ressuscitar-nos para uma nova vida."[10]

Os milagres atestam a realidade de tudo aquilo que Cristo deseja nos dar se tão somente crermos.

***

Ao analisarmos os milagres de Cristo, vale muito a pena considerar o que o grande pregador britânico Charles Spurgeon disse, certa vez, sobre o assunto. "Deus abençoará a terra por causa de Cristo", disse Spurgeon, "da mesma forma que ele a amaldiçoou uma vez por causa do homem." Em um comentário sobre essa forte declaração, o escritor Randy Alcorn observou que "Deus nunca desistiu da criação original". No entanto, nós frequentemente não entendemos todo o vocabulário bíblico que esclarece esse ponto, tais como as palavras *reconciliar, redimir, restaurar, recuperar, retornar, renovar, regenerar* e *ressurgir*. Em vista disso, Alcorn declarou veementemente que "é impossível entender o ministério de Cristo sem ter uma visão mais ampla de todo o plano salvífico da redenção".[11]

Já paramos para considerar isso? O conhecido estudioso Albert Wolters escreveu que todos os milagres de Jesus (exceto o da maldição da figueira) "são milagres de restauração: restauração de saúde, de vida [ou] de liberdade em caso de possessão demoníaca". Esses milagres, concluiu Wolters, "oferecem-nos uma amostra do significado da redenção: libertar a criação das garras do pecado e do mal e restabelecer o ser criado ao modo de vida designado por Deus".[12]

Como seria de se esperar, Spurgeon tinha muito mais a dizer sobre os milagres de Cristo do que o mencionado acima. Em um sermão feito no Tabernáculo Metropolitano de Londres, ele falou sobre o "testemunho" que os milagres dão. "Nosso Senhor", disse ele, "afirmou que seus milagres e sua obra em vida davam testemunho suficiente de seu messiado: '[...] a própria obra', [disse Jesus] 'que o Pai me deu para concluir, e que estou realizando, testemunha que o Pai me enviou.'"[13]

A que conclusão Spurgeon chegou com isso? Para ele, as palavras de Cristo eram muito claras. Ele observou:

> Talvez não haja melhor evidência da verdade acerca da missão de nosso Salvador do que seu caráter, sua vida e seus milagres. As verdades que re-

velou, as perfeições que demonstrou e as maravilhas que realizou — tudo foi para mostrar que ele era, de fato, o ungido de Deus e o enviado para ser o Salvador dos homens.[14]

***

Além da discussão precedente sobre os milagres de Cristo, também é importante considerar as palavras empregadas no Novo Testamento em referência a eles e o que cada uma delas tem a nos ensinar.

Existem, aprendemos com Herbert Lockyer, três palavras gregas utilizadas no Novo Testamento para denotar milagres. *Terata*, que significa "maravilha"; *semeion*, que significa "sinal"; e *dunamis*, que significa "poder", de onde deriva nossa palavra "dinamite".[15]

Por que gastar tempo com um breve estudo de palavras? Não se trata de um exercício acadêmico enigmático? Longe disso. Lockyer escreve que "nenhum termo pode esgotar todos os significados de um milagre". É por isso que "diversos termos são empregados para definir milagres" — "somente [...] todos eles juntos [proporcionam] um conceito adequado daquilo que desejamos entender".[16]

Então, vamos à primeira de nossas três palavras: *terata*, ou maravilha. Esta palavra, escreve Lockyer, "indica o estado mental ocasionado nas testemunhas oculares de atos milagrosos. Espanto é gerado nelas. O caráter extraordinário do milagre é observado e guardado na memória". Mais do que isso, *terata* é a palavra mais empregada em referência a milagres.[17]

Neste ponto, Lockyer dá uma palavra de alerta. Nas situações em que a palavra *terata* é utilizada, devemos considerar algumas questões. (1) É bem verdade, escreve ele, que "tal demonstração de poder é contrária à expectativa anterior — oposta a qualquer lei conhecida [pelas testemunhas oculares de Jesus]". (2) Estes milagres, entretanto, nunca devem "ser considerados meramente 'maravilhas' que produzem um deslumbramento momentâneo. Seus propósitos devem receber atenção".[18]

Aqui, um trecho maravilhoso dos escritos do teólogo Frédéric Godet capta exatamente o que Lockyer tentou expressar:

> Os milagres de Jesus não são meros prodígios (*terata*) com o objetivo de surpreender a imaginação. Há uma estreita relação entre estes fatos maravilhosos e a personalidade daquele que os realiza. Eles são símbolos visíveis do que ele é e do que veio fazer, imagens estas que surgem como raios do eterno milagre da manifestação de Cristo.[19]

Semeion, palavra grega que significa "sinal", carrega a conotação de que, escreve Lockyer,

> os milagres [eram] selos por meio dos quais Deus validava aquele que os operava. Em *semeion*, o objetivo ético do milagre é o que mais se sobressai. O milagre devia ser considerado um sinal e uma indicação da proximidade da presença e da obra de Deus e uma prova da legitimidade da revelação.[20]

Um "sinal", continua ele, "designa uma prova ou uma evidência fornecida por um conjunto de fatos que atesta a realidade e a legitimidade de outros". No que diz respeito à pessoa de Cristo, ou a um apóstolo como Paulo, os "sinais" realizados eram atos que legitimavam "a reivindicação, por parte de quem operava o milagre, de ser aceito como representante de Deus". Eles eram "marcas de poder", ou, pensando de outra maneira, selos divinos de aprovação. A tradução da Nova Versão Internacional de Atos 14:3 é um excelente exemplo disso: "Paulo e Barnabé passaram bastante tempo ali, falando corajosamente do Senhor, *que confirmava a mensagem de sua graça realizando sinais e maravilhas pelas mãos deles*" (ênfase acrescentada).

Dunamis, palavra grega que significa "poder", tem um contexto fascinante de significado. Conforme seu emprego na Bíblia, milagres são "poderes" no sentido de que "manifestam o imenso poder de Deus, inerente ao próprio Cristo". O plural de *dunamis*, "poderes", é a mesma palavra que foi traduzida na versão King James da Bíblia como "obras maravilhosas" (em Mateus 7:22, por exemplo) ou "obras poderosas" (em Mateus 11:20, Marcos 6:14 e Lucas 10:13, por exemplo). O plural de *dunamis* também é traduzido como "milagres" em Atos 2:22, Atos 19:11, 1Coríntios 12:10,28 e Gálatas 3:5.[21]

Um versículo da Escritura, Atos 2:22, é uma passagem em que todas as três palavras gregas analisadas são empregadas juntas. Está escrito: "Jesus de Nazaré foi aprovado por Deus diante de vocês por meio de milagres [*dunamesin*], maravilhas [*terasin*] e sinais [*semeois*] que Deus fez entre vocês por intermédio dele."[22]

Uma passagem como essa carrega a riqueza daquilo que devemos saber e ter em mente no que diz respeito a milagres. Eles são operados por um Deus Todo-poderoso. Eles têm o objetivo de estimular um senso de admiração e adoração em nós, uma vez que louvamos aquele que é a origem de tais bênçãos. Por fim, eles são sinais (símbolos ou insígnias) dados em confirmação da mensagem da graça de Deus quando ele capacita seus servos, tais como Paulo e Barnabé, a operar sinais milagrosos e maravilhas (Atos 14:3).

***

Quanto ao próprio Jesus, John Laidlaw, conhecido estudioso da Bíblia do século XIX, identificou quatro tipos de milagres: (1) milagres de natureza, (2) milagres de cura, (3) ressurreição de mortos e (4) um milagre pós-ressurreição.[23]

Conforme identificado por Laidlaw, *milagres de natureza* referem-se àqueles que demonstraram o poder de Cristo sobre a natureza. Foram oito ao todo. A transformação da água em vinho é descrita em João 2. A história da grande pesca de peixes é contada em Lucas 5. A calmaria da tempestade aparece no final de Marcos 4. O milagre dos pães é encontrado em Mateus 14, mesmo capítulo que detalha a cena em que Cristo caminha sobre as águas. Marcos 8 é onde encontramos a história da segunda provisão milagrosa. O final de Mateus 17 é onde está a história do peixe capturado com uma moeda na boca. A ocasião em que a figueira sem frutos fica seca é descrita em Mateus 21.[24]

Em seguida, Laidlaw identificou vinte *milagres de cura* diferentes que aconteceram durante o ministério de Jesus. No final de João 4, lemos sobre a cura do filho do oficial. Lucas 4:33-35 narra o livramento de um homem possesso por um demônio na sinagoga. A cura da sogra de Simão Pedro é descrita em Mateus 8. Lucas 5 fala sobre a purificação de um leproso. O capítulo 2 do Evangelho de Marcos é a passagem em que Cristo cura um paralítico pela palavra do seu poder. Um capítulo à frente, no mesmo livro, Jesus cura um homem de mão atrofiada. A cura do servo do centurião, o qual tinha grande fé, acontece em Lucas 7.[25]

João 5 apresenta a história de como um homem, há 38 anos enfermo, foi curado por Jesus no tanque de Betesda. Em Mateus 8, os gadarenos endemoninhados foram libertos por Cristo, enquanto a mulher com fluxo de sangue teve a saúde restaurada no capítulo 8 do Evangelho de Lucas. Mateus 9 é a passagem em que duas curas são realizadas pelas mãos de Cristo: a cura de dois cegos e a cura do mudo endemoninhado. A libertação da filha possessa de uma mulher sírio-fenícia acontece em Mateus 15. Ao viajar para Decápolis, Jesus curou um homem surdo e gago, cuja história é recontada no final de Marcos 7. Um capítulo à frente, em Marcos 8, ocorre o milagre de Jesus para curar o cego em Betsaida. Mateus 17 é o texto em que Cristo cura um garoto epilético. Em João 9, a cura de um cego de nascença é descrita, enquanto a cura de uma mulher oprimida durante 18 anos por um "espírito de enfermidade" é relatada em Lucas 13. A cura de um homem acometido por hidropisia é realizada por Cristo em Lucas 14, e a purificação de dez leprosos, em Lucas 17. E, por fim, Bartimeu, o mendigo cego, é curado pelo Senhor em Marcos 10.[26]

Houve três ocasiões em que Cristo *levantou alguém dentre os mortos* na Escritura. Em Marcos 5:21-23, Jesus trouxe de volta à vida a filha de um líder da sinagoga chamado Jairo. Lucas 7:11-17 é onde é feito o relato de Jesus ressuscitando o filho da viúva na cidade de Naim. A ressurreição de Lázaro de Betânia, discutida anteriormente, é descrita no Evangelho de João, capítulo 11.[27]

Por último, Laidlaw chamou atenção para o único *milagre pós-ressurreição* realizado por Cristo. Em João 21, Cristo apareceu aos seus discípulos no mar da Galileia e disse-lhes onde lançar as redes. Quando atenderam à sua ordem, eles "não conseguiam recolher a rede, tal era a quantidade de peixes" (João 21:6).

Esse foi um milagre maravilhoso, tanto em conteúdo quanto em simbolismo. Em João 14:12, o Senhor disse: "Digo a verdade: Aquele que crê em mim fará também as obras que tenho realizado. *Fará coisas ainda maiores do que estas, porque eu estou indo para o Pai*" (ênfase acrescentada). A pesca da vasta quantidade de peixes foi um prenúncio da afirmação feita por Cristo de que transformaria seus discípulos em "pescadores de homens". Grande e magnífica seria a colheita de almas para o Pai celestial nos anos vindouros. Grandes e magníficos, também, seriam os milagres realizados por intermédio dos discípulos pelo grande poder de Deus. Para todo o sempre, essas manifestações de graça apontariam para Cristo.

Capítulo 10

Crucificação e ressurreição: os milagres da nossa redenção

Então, Cristão se alegrou e disse: "Ele me deu descanso por meio de sua dor, e vida por meio de sua morte." Assim, ficou em pé por um momento para contemplar e admirar, a fim de que a visão da Cruz aliviasse seu fardo.

Ora, enquanto observava, três seres resplandecentes foram até ele e o cumprimentaram, dizendo: "Paz seja contigo." O primeiro falou: "Teus pecados sejam perdoados."

— *O PEREGRINO*[1]

Um trecho de *The Ball and the Cross* [A esfera e a cruz], um dos romances mais conhecidos de G.K. Chesterton, é bastante citado. O cenário é o seguinte: dois adversários, de espadas desembainhadas, estão determinados a iniciar um duelo — James Turnbull, um ateu, contra Evan MacIan, um católico romano.

Trata-se, entretanto, de um duelo muito além das formas físicas de combate mortal. Havia forças maiores em ação, das quais eles estavam apenas parcialmente conscientes. Elas eram forças cósmicas, relacionadas a questões da eternidade. Assim, entramos em um lugar da ficção em que se originou uma das mais belas declarações de Chesterton sobre a cruz. Quando os dois adversários estão prestes a se confrontar, Turnbull diz, com absoluta seriedade:

"Coragem, meu amigo, nós chegamos à terra da honra."

MacIan, sem notar a incôngrua expressão "meu amigo", acenou várias vezes com a cabeça, sacou a espada e lançou a bainha para longe, no caminho atrás de si.

"Sim", bradou ele com voz ressoante, "nós lutaremos aqui, e *Ele* assistirá."

Turnbull olhou de relance para o crucifixo, com uma espécie de alegria ameaçadora, e disse: "Ele pode, sim, assistir, mas verá sua cruz ser derrotada."

"A cruz não pode ser derrotada", disse MacIan, "pois ela é a Derrota."[2]

Há dois níveis de significado dentro do que Chesterton disse aqui. Em um nível, tudo o que os seguidores de Cristo depositaram nele como esperança foi destruído. Quando ele foi capturado pelas autoridades romanas, seus discípulos fugiram com medo para salvar a vida. Eles foram dispersos e totalmente devastados. O mestre e senhor deles — aquele que consideravam Salvador — estava para morrer como um criminoso. A vitória representada pela entrada triunfal de Cristo em Jerusalém transformou-se em derrota — a qual não poderia ter sido mais completa.

Tudo isso foi parte do terrível prelúdio da crucificação de Cristo. No entanto, o que estava por vir — em que os cristãos têm crido durante 2 mil anos — era o fato de que a morte de Jesus não seria o fim da história. Havia outro capítulo a ser escrito, no qual a morte seria engolida por uma vitória totalmente cósmica. Era o milagre da ressurreição. Cristo derrotaria a própria morte. Conforme John Stott escreveu tão belamente, "a maioria dos homens vive e morre, mas Cristo morreu e viveu!"[3] As palavras de um hino antigo, porém atemporal e intenso, dizem o seguinte:

A morte conquistou
Com grande glória!
Oh, graças, alcançou
Vida eternal.
Da sepultura saiu!
Com triunfo e glória ressurgiu!
Ressurgiu, vencendo a morte e o seu poder;
Pode agora a todos vida conceder!
Ressurgiu! Ressurgiu!
Aleluia! Ressurgiu! [4]

"Sua ressurreição produziu uma revolução total na condição humana", disse a poetisa e dramaturga Hannah More. Trata-se da "principal articulação em torno da qual todo o cristianismo revolve. [...] Se esta doutrina pudesse ser descartada, toda a trama do cristianismo seria subvertida".[5]

A ressurreição de Cristo como cerne do cristianismo é um tema recorrente desde os escritos do apóstolo Paulo até Billy Graham. Consulte o capítulo 15 da Primeira Carta de Paulo aos Coríntios, onde ele declara explicitamente, no versículo 14: "Se Cristo não ressuscitou, é inútil a nossa pregação, como também é inútil a fé que vocês têm." Mas — e este era o hino da vitória de Paulo — "*de fato* Cristo ressuscitou dentre os mortos" (v. 20, ênfase acrescentada). O cabeçalho dessa passagem é uma declaração bem apropriada: "O Cristo ressurreto, a realidade da fé." De acordo com esse pensamento, Paulo escreve: "O último inimigo a ser destruído é a morte" (v. 26). Isso Cristo já fez. O Cristo ressurreto tornou-se nossa incomparável esperança, a eterna esperança de todos os que crerem.[6]

Paulo logo acrescentou que isso não foi meramente uma ideia admirável, um pensamento consolador, como se estivesse dizendo: "ele vive em nosso coração". Não, Paulo insistiu no fato de que havia evidências da ressurreição de Cristo. Havia testemunhas oculares dessa verdade transcendente, e elas ainda estavam vivas quando ele redigiu aquelas palavras.

"Cristo morreu pelos nossos pecados, segundo as Escrituras", declara Paulo em 1Coríntios 15,

> foi sepultado e ressuscitou no terceiro dia, segundo as Escrituras, e apareceu a Pedro e depois aos Doze. Depois disso apareceu a mais de quinhentos irmãos de uma só vez, *a maioria dos quais ainda vive* [...]. Depois apareceu a Tiago e, então, a todos os apóstolos [...] depois destes apareceu também a mim, como a um que nasceu fora de tempo." (vv. 3-8, ênfase acrescentada)

A ressurreição foi um milagre com provas. Jesus "pode também salvar perfeitamente os que por ele se chegam a Deus, vivendo sempre para interceder por eles" (Hebreus 7:25).

O *Livro de Oração Comum* retrata a esperança do cristão de forma tão comovente quanto outros textos valiosos. Ele dá louvor ao "Deus Todo-poderoso que, por meio de seu Filho unigênito, Jesus Cristo, subjugou a morte e abriu-nos a porta para a vida eterna"[7].

Hannah More, membro da Igreja da Inglaterra, escreveu de modo emocionante sobre aqueles que deram a vida para professar fé inabalável nessa bendita esperança. "Por que o apóstolo Paulo e tantos outros mártires expuseram a vida ao perigo contínuo?", pergunta ela.

> Porque, salvo por firme convicção, eles ressuscitariam assim como Cristo foi ressurreto. Caso lhes fosse roubada essa confiança sustentadora, caso lhes fosse tirado esse glorioso prospecto, seu zelo perderia o caráter de virtude, e sua piedade perderia a pretensão de sabedoria. A perseverança seria tolice. Grande, portanto, devia ser a motivação, poderosas deviam ser a confiança e a certeza, clara e forte devia ser a convicção — de modo que os sofrimentos passageiros não fossem dignos de comparação com as glórias garantidas pela ressurreição de Cristo.[8]

Voltando ao passado recente, encontramos Billy Graham expressando esta verdade singular para o nosso momento histórico. Em um artigo publicado na revista *Time* em junho de 2001, "The Message of Miracles" [A mensagem dos milagres], dr. Graham é citado declarando que, se fosse inimigo do cristianismo, "teria como alvo direto a ressurreição, porque ela é o coração do cristianismo". A ressurreição física de Cristo é crucial, diz Graham, pois, sem ela, "teríamos de descartar a história da Páscoa". Jesus mostrou aos discípulos as marcas dos cravos em suas mãos. E, se Cristo não tivesse ressurgido, "nada disso teria significado", como diz o apóstolo Paulo.[9]

No século XIX, A.R. Fausset, clérigo de York, declarou que a ressurreição é o maior milagre encontrado na Escritura ou na história. A ressurreição, escreve ele, "é o milagre central, para onde todos os outros convergem".[10]

Essa foi a realidade que sustentou Estêvão ao enfrentar a morte iminente. Suas últimas palavras foram um testemunho que expressou a beleza e o poder sustentador desse milagre, em todas as suas facetas. Estêvão disse:

> Israelitas, ouçam estas palavras: Jesus de Nazaré foi aprovado por Deus diante de vocês por meio de milagres, maravilhas e sinais que Deus fez entre vocês por intermédio dele, como vocês mesmos sabem. Este homem foi entregue por propósito determinado e pré-conhecimento de Deus; e vocês, com a ajuda de homens perversos, o mataram, pregando-o na cruz. Mas Deus o ressuscitou dos mortos, rompendo os laços da morte, porque era impossível que a morte o retivesse.

A respeito dele, disse Davi:

"Eu sempre via o Senhor diante de mim.
Porque ele está à minha direita,
não serei abalado.
Por isso o meu coração está alegre e a minha língua exulta;
o meu corpo também repousará em esperança [...]"

(Atos 2:22-26)

Estêvão viveu e morreu na certeza dessa verdade. Ao longo dos séculos, inúmeras pessoas fizeram o mesmo, e isso tem sido a base de suas crenças, bem como a fortaleza de sua alma.

***

Todavia, diante de um mundo atento e cético, a doutrina da ressurreição parece ser o auge da insensatez. "Quem já ouviu falar de um Deus sofredor?", escreve o acadêmico de Oxford Alister McGrath. "A ideia é muito tola. Deus está lá em cima, no céu, e lá ficará." Então, após uma breve pausa, McGrath prossegue: "Mas não seria maravilhoso se isso fosse verdade? Se Deus viesse nos visitar, como um grande rei que visita seus súditos? Ou, melhor ainda, se viesse habitar entre nós?"[11]

Isso nada mais é do que um eco das palavras escritas pelo apóstolo Paulo vinte séculos antes, pois, conforme ele reconheceu, "a mensagem da cruz é loucura para os que estão perecendo". O cerne da questão, entretanto, é que "para nós, que estamos sendo salvos, é o poder de Deus" (1Coríntios 1:18).

Poucos escreveram de forma tão talentosa e memorável sobre a ressurreição quanto John Stott, ex-pastor da Igreja All Souls, em Langham Place, Londres. Ele tinha o dom inigualável de apresentar os ensinamentos do cristianismo àqueles que estavam sem igreja ou que eram curiosos quanto às alegações da fé sobre a verdade. Suas reflexões sobre a ressurreição, conforme registradas em seu livro *Basic Christianity* [Cristianismo básico], não eram exceção. Ele era capaz de examinar o contexto do mundo antigo, no qual a ressurreição aconteceu, e fazer conexões com nossa própria época, na qual o ceticismo em relação a esse ensinamento continua prevalente.

"Se a ressurreição for verdade", escreve Stott, "ela tem grande importância." O que torna Jesus um ser singular, acima de todos os outros, não é a questão de sua sobrevivência espiritual ou de sua ressurreição física. Não, a conquista da morte por Cristo e sua ressurreição é que são os elementos-chave, pois prenunciaram um plano de existência completamente novo. Ninguém mais, em toda a história humana, teve essa experiência. É por isso que os homens modernos desdenham o cristianismo tanto quanto os filósofos atenienses que ouviam Paulo pregar no areópago há vinte séculos. Eles escarneciam, como muitos hoje em dia, de qualquer ideia sobre a ressurreição dos mortos.[12]

O argumento aqui não é que a ressurreição de Cristo estabeleça sua deidade. Não, a questão fundamental é que a ressurreição é consistente com sua deidade. Pense nisso por um momento. Não é de se esperar que uma pessoa sobrenatural venha para o nosso planeta e o deixe de modo também sobrenatural? Portanto, não deveria ser surpresa que isto, na verdade, é o que o Novo Testamento ensina. Isso é, consequentemente, aquilo em que a Igreja cristã sempre acreditou. O nascimento de Cristo foi natural, mas sua concepção foi sobrenatural. Sua morte foi natural, mas sua ressurreição foi sobrenatural. Sua concepção e sua ressurreição milagrosas não provam sua deidade, mas, sim, estão em conformidade com ela.[13]

Isso nos leva à questão dos milagres em si. Cristo era uma pessoa sobrenatural. Milagres são consistentes com sua identidade. O escritor George MacDonald entendeu essa profunda verdade e todas as suas implicações. Ele fez um contraste que colocou a questão sob uma perspectiva adequada. "Eu não me espanto com aqueles para os quais os milagres são uma pedra de tropeço", declarou ele. "Eu me espanto um pouco com *aqueles que conseguem crer em Cristo,* e, mesmo assim, consideram os milagres como pedras de tropeço."[14]

Por que a ressurreição é importante? Ou, considerando a questão como MacDonald, por que esse milagre foi necessário? Ele foi, diz George, "a melhor esperança que poderia ser dada de uma vida além-túmulo". Então, segue uma exploração de tudo o que flui dessa crença. Ele declara:

> Se Cristo ressuscitou, então o túmulo da humanidade está vazio. [Se, como cristãos] nós ressuscitamos com ele [...], a morte não tem mais domínio sobre nós. De todos os homens e mulheres que já morreram, pode-se dizer: ele, ou ela, não está aqui, mas ressuscitou e não está mais diante de nós. [...] O Senhor esteve deitado na sepultura, mas esta foi apenas uma cama da qual ele se levantou revigorado. [...] [Da mesma forma], podemos dizer de cada irmão: não está morto, mas dorme; ele também está vivo e despertará de seu sono.[15]

***

Na história sobre a morte de Lázaro, sua irmã Marta — a respeito de quem sabemos tão pouco — proferiu uma frase que provocou uma resposta de Jesus pela qual os cristãos são gratos há milênios. Com dor e sofrimento, ela disse: "Eu sei que ele [meu irmão] vai ressuscitar na ressurreição, no último dia" (João 11:24). Ela achava que o irmão estava morto e que nunca mais o veria na terra.

Em resposta, Jesus falou, concedendo consolo e esperança perenes: "Eu sou a ressurreição e a vida", declarou o Senhor. "Aquele que crê em mim, ainda que morra, viverá; e quem vive e crê em mim, não morrerá eternamente. Você crê nisso?" (vv. 25-26).

Esse é o evangelho completo em 29 palavras. Palavras de profecia e confirmação, palavras de confiança e esperança transcendentes. "Eu sou a ressurreição e a vida." Essa foi uma promessa que se tornou realidade, uma promessa feita a todos os que viriam a crer.

"A cruz não pode ser derrotada", escreveu Chesterton, "pois ela é a Derrota." O que ele quis dizer? Seu conterrâneo Charles Spurgeon sabia. E, em palavras que ainda comovem a alma mais de cem anos após terem sido escritas, ele afirmou que nós devemos manter nossa atenção cada vez mais fixa na ressurreição, *pois nela está a sua esperança.* Preste atenção nisso! Nosso Senhor "foi entregue pelas nossas ofensas". Deus o entregou para a justiça, como se dissesse: "Condenem-no, açoitem-no, crucifiquem-no, pois ele se tornou maldição pelo meu povo. Eu o entreguei, eu o deixei, eu o abandonei."

Observe o soldados conduzindo Cristo pelas ruas de Jerusalém! Observe-os cravando suas mãos e seus pés na rude cruz! Observe-o sendo levantado para morrer em agonia. [...] [Depois disso] os soldados tomam esses mesmos membros preciosos, enrolam-nos em linho branco e colocam-nos na sepultura. Ele é entregue ao túmulo por causa de nossas ofensas. Para lá, foi todo o meu pecado e os pecados de todos os que creem. Ele deu um fim ao pecado com sua morte. A ira de Deus foi derramada sobre ele [...], e agora esses pecados desapareceram para sempre! Como sabemos? Sabemos porque nosso Fiador está livre.[16]

Capítulo 11

Uma luz do céu: o milagre da conversão de Paulo

Sabe, eu não sei explicar direito para você como ele fez isso. Mas ele se mostrou para mim de uma maneira tão santa, tão completa, que eu morreria por essa fé e por essa crença. Isso é mais do que uma crença: ele mora em meu coração. [...]

As pessoas que me conheceram antes não imaginavam que eu poderia crer em algo com tanta firmeza. O evangelho é simples assim: Jesus perdoa todos os seus pecados se você se chegar humildemente a ele, se prostrar sobre os seus pés e dizer: "Tu és o Senhor, e eu o seguirei pelo resto da minha vida na terra. Assim, passarei a eternidade contigo e com a glória de teu Pai."

— Keith Green[1]

A história do primeiro milagre associado a Paulo de Tarso é a de sua conversão.

Poucas histórias na Escritura são mais conhecidas do que essa, e o relato da vida de Paulo ficou famoso. Uma expressão que o descreve tornou-se parte da língua inglesa. Muitos falantes, se não a maioria, já ouviram a expressão "uma experiência à estrada de Damasco". Conforme interpretação geral, ela se refere a uma epifania ou uma súbita percepção com consequências de grande alcance.

A conversão de Paulo na estrada de Damasco teve consequências tão amplas, que praticamente desafia a possibilidade de descrição. Ela acarretou uma série de acontecimentos que mudaram o destino de nações — inclusive nações que ainda não existiam na época — e continentes que nem ele nem qualquer um de seus contemporâneos conheciam. Paulo, o grande missionário da Igreja cristã primitiva, foi um importante responsável pela chegada do evangelho à Europa. Dali, nos séculos seguintes, o cristianismo acabou se espalhando e foi difundido por todos os cantos do mundo, como se vê hoje. Bilhões de pessoas atualmente se consideram cristãs, e todas as tradições de fé do cenário cristão podem traçar sua linhagem espiritual a Paulo e suas grandes jornadas missionárias.

A conversão foi um milagre que prenunciou a transformação de Paulo, a qual, por sua vez, transformaria a história. Ele era um homem que lutava contra Deus o tempo todo e servia como agente da terrível perseguição contra a fé que um dia ele mesmo abraçaria.

Não há melhor guia para entender a natureza e a importância desse milagre do que John Stott, que escreveu detalhadamente a respeito disso em seu livro *Por que sou cristão*[2]. Ele começa descrevendo uma experiência bem comum. Muitos de nós já ouviram alguém dizer: "Eu não tive experiência alguma do tipo 'estrada de Damasco'. Não tive nenhum estalo ou mudança de pensamento." As pessoas dizem isso, escreve Stott, porque acham que a conversão de Paulo foi súbita.

Porém, elas estão enganadas. A experiência de Paulo na estrada de Damasco foi, na verdade, o auge de toda uma série de experiências ocorridas anteriormente em sua vida. Durante um longo tempo, Paulo resistiu ao chamado de Deus em seu coração. O milagre de sua experiência na estrada para Damasco foi o catalisador final para que ele adotasse a fé.

A fim de começarmos a explorar o contexto de uma série de experiências, devemos iniciar com uma passagem de Atos 26. Na época, Paulo era chamado de Saulo. Ao narrar a história de sua conversão, ele registra a seguinte recordação:

> Numa dessas viagens eu estava indo para Damasco [...]. Por volta do meio-dia, [...] estando eu a caminho, vi uma luz do céu, mais resplandecente que o sol, brilhando ao meu redor e ao redor dos que iam comigo. Todos caímos por terra. Então ouvi uma voz que me dizia em aramaico: "Saulo, Saulo, por que você está me perseguindo? Resistir ao aguilhão só lhe trará dor!" (vv. 12-14)

A palavra-chave nessa passagem é *aguilhão.* O que é um aguilhão? A origem deste termo é a palavra grega *kentron,* que pode ser traduzida como "espora", "chicote" ou "aguilhão". Autores clássicos, como Ésquilo, empregaram essa palavra metaforicamente. Contudo, para nossos propósitos, sua utilização no livro de Provérbios, no Antigo Testamento, é bastante significativa: "O chicote é para o cavalo; o freio, para o jumento; e a vara, para as costas do tolo!" (26:3).

Tendo isso em mente, podemos ver agora que, quando Jesus falou a Paulo por meio da visão miraculosa na estrada para Damasco, ele estava se comparando a um fazendeiro que tenta treinar um potro relutante. Jesus aguilhoou continuamente a consciência de Paulo, mas ele resistia, com teimosia, à inexorável e constante busca amorosa de Deus. Paulo recusava-se a entregar o coração para Deus e foi "doloroso, até mesmo fútil, resistir ao aguilhão".[3]

Mas o que eram esses aguilhões? Como Jesus o perseguiu e aguilhoou? Podemos reunir evidências a partir de passagens no livro de Atos e também de vislumbres autobiográficos nas cartas de Paulo.[4]

Vemos primeiro que Jesus aguilhoou Paulo — ou Saulo, como era então chamado — na mente. Saulo, um homem brilhante, educado pelo grande rabino Gamaliel, era cercado por toda a sabedoria coletiva da fé judaica. Moralmente, ele vivia uma vida de muita integridade e era incrivelmente zeloso em seu comprometimento com a fé. Conforme escreveu em Filipenses 3:5-6 mais tarde, ele era "circuncidado no oitavo dia de vida, pertencente ao povo de Israel, à tribo de Benjamim, verdadeiro hebreu; quanto à Lei, fariseu; quanto ao zelo, perseguidor da igreja; quanto à justiça que há na Lei, irrepreensível".

Tudo o que Saulo havia escutado sobre Jesus de Nazaré representava uma afronta blasfema àquilo que ele conhecia e prezava. Jesus não poderia ser o Messias prometido, mencionado no Antigo Testamento. Afinal, não havia ele sofrido a morte de um criminoso, por crucificação? E o livro de Deuteronômio não ensinava que "qualquer que for pendurado num madeiro está debaixo da maldição de Deus" (21:23)? Sem dúvida — pensava Saulo — Cristo havia sido o pior tipo de impostor e merecera aquele castigo. E quanto aos seus supostos seguidores: não mereciam eles o mesmo destino?

Tudo isso ocupava a mente consciente de Saulo. Porém, no inconsciente, talvez as coisas fossem diferentes. Sim, tudo o que ele ouvia sobre a morte vergonhosa de Jesus era verdade. Mas e quanto aos rumores inquietantes dos quais ele também ficava sabendo? Rumores sobre a beleza e a autoridade do ensinamento de Jesus ou sobre a mansidão, a bondade e a excelente qualidade de seu caráter? Havia, ainda, outros rumores que falavam de sua obra misericordiosa para com os pobres e outras ações poderosas de cura. Um rumor, acima de todos os outros, era especialmente preocupante: as pessoas diziam que a morte não havia sido o fim de Jesus.

Muitas delas alegaram ter visto Jesus, tocado-o e falado com ele *depois* de sua morte.[5] Se houvesse alguma verdade nesses rumores, qualquer grau de verdade, talvez a percepção de Saulo sobre as coisas precisasse mudar. Talvez houvesse diferentes considerações a serem feitas. Havia apenas um problema: ele se recusava a isso.

***

Segundo, Jesus aguilhoou Saulo na memória. Conforme lemos no livro de Atos, Saulo havia estado presente no apedrejamento do mártir Estêvão. Ele viu a face de Estêvão brilhando como "o rosto de um anjo" (Atos 6:15). Ele ouviu Estêvão dizer, às portas da morte, que conseguia ver "Jesus em pé, à direita de Deus" (Atos 7:55). E ele estava lá quando Estêvão, por fim, clamou: "Senhor Jesus, recebe o meu espírito. [...] Senhor, não os considere culpados deste pecado" (Atos 7:59-60). Todas essas coisas estavam gravadas na memória de Paulo. Ele havia sido cúmplice da morte de Estêvão. Como então poderia não ficar incomodado ao pensar nesse homem valente, disposto a morrer por suas convicções — um homem corajoso o qual ele mesmo havia ajudado a matar?[6]

Terceiro, Jesus aguilhoou Saulo na consciência. Conforme vimos anteriormente, Saulo considerava-se totalmente íntegro quanto à conformidade aos ensinamentos da lei mosaica. "Irrepreensível" foi como ele se descreveu.

Mas e agora? Como ele se via após participar da morte de Estêvão? Não havia ele ajudado a cometer um assassinato? E os Dez Mandamentos não declaravam "Não matarás"?

Além disso, conforme Paulo admitiu posteriormente em Romanos 7, ele havia conhecido "todo tipo de desejo cobiçoso" (v. 8). Isso devia ser profundamente perturbador para ele, pois os Dez Mandamentos também declaravam "Não cobiçarás".

Mesmo assim, Saulo cobiçou constantemente ao longo de sua vida. Cobiça, escreve Stott, é um "desejo insaciável"[7]. Saulo sabia que era culpado desse pecado, e Stott comparou o que ele deve ter sentido diante dessa percepção a um trecho dos escritos de C.S. Lewis. "Pela primeira vez", lembra Lewis em sua autobiografia, *Surpreendido pela alegria*, "examinei a mim mesmo com um propósito seriamente prático. E ali encontrei o que me assustou: um bestiário de luxúrias, um hospício de ambições, um canteiro de medos, um harém de ódios mimados. Meu nome era Legião."[8]

Saulo, tempos depois, escreveu a seu próprio respeito em um tom muito semelhante à dura linguagem de Lewis.

> De fato, eu não saberia o que é pecado, a não ser por meio da Lei. Pois, na realidade, eu não saberia o que é cobiça, se a Lei não dissesse: "Não cobiçarás". *Mas o pecado [...] produziu em mim todo tipo de desejo cobiçoso. [...]* [e] quando o mandamento veio, o pecado reviveu, e eu morri. (Romanos 7:7-9, ênfase acrescentada)

Por último, Jesus aguilhoou Saulo no espírito. Stott disse que, com isso, se referia "àquela parte da constituição humana que está ciente da realidade transcendente de Deus".[9] Como judeu, zeloso de sua fé, Saulo naturalmente cria em Deus. Mas, em vista do que já dissemos sobre a natureza profundamente pecaminosa de seu coração, Saulo estava diante de um problema realmente preocupante. Ele aprendera desde a juventude que o pecado separa as pessoas de Deus. Aqueles que eram culpados de pecado eram alienados de Deus por meio das mais terríveis maneiras, pois ele odeia o pecado. Se fosse pecador — como, lá no fundo, Saulo bem sabia que era — ele estaria afastado de Deus e não teria qualquer esperança.

Tudo isso contribuiu para o surgimento de uma tempestade de inquietação e dor inconfessa. Jesus estivera aguilhoando a mente de Saulo, enchendo-a de dúvidas quanto ao fato de Cristo ser ou não um impostor. Jesus estivera provocando a memória de Saulo com imagens recorrentes do rosto de Estêvão — de suas palavras, de sua imensa dignidade e de sua morte corajosa. Jesus estivera aguilhoando as profundezas da consciência de Saulo, condenando-o por desejos malignos que conflitavam dentro de seu coração. E Jesus estivera condenando Saulo em seu espírito. Isso havia se tornado para ele um "grande vácuo de alienação". Durante anos, tais coisas haviam acontecido. Jesus estivera machucando Saulo para que ele pudesse, finalmente, encontrar a verdadeira cura. O próprio fanatismo com o qual Saulo perseguia os cristãos não evidenciava, afinal, uma profunda disposição para uma desordem interior?[10]

Tudo isso, considerado em conjunto, significou que, quando Jesus apareceu a Saulo na estrada para Damasco, aconteceu um milagre que provocou sua renúncia final. Jesus revelou-se a Saulo, e este caiu ao chão, chamando-o Senhor. Sua experiência de conversão foi tão incrível e profunda, que ele passou a ser conhecido como Paulo. Ele passou a ser um homem completamente diferente, um novo homem, um cristão.[11]

***

Vai de encontro à sabedoria convencional pensar que alguns milagres levam tempo ou são o auge de toda uma série de experiências de vida. De alguma forma, a palavra *milagre* parece transmitir a ideia de transformação rápida ou de algo que acontece em um momento tumultuado.

A conversão de Paulo opõe-se a essa percepção. A paciência de Deus ao atraí-lo para a fé foi a marca registrada do ocorrido. Esse pensamento foi bem captado por uma frase escrita séculos atrás. "Uma mão graciosa", diz ela, "conduz-nos por caminhos que desconhecemos e abençoa-nos não somente sem, mas até mesmo contra nossos planos e disposições."[12]

A cristandade nunca teria vindo à existência da maneira como veio se não fosse essa tremenda e transformadora verdade. Paulo tornou-se o grande missionário da região que agora conhecemos como Europa. Suas cartas, conforme registradas no Novo Testamento, estabeleceram e apresentaram muitos dos principais dogmas doutrinários. Além disso, como o apóstolo Pedro observou na Escritura, Paulo defendeu o cristianismo intelectualmente, tornando-se o primeiro e, de acordo com alguns, o maior apologista de todos.[13] Tudo isso foi possibilitado pelo ocorrido na estrada para Damasco: um milagre que repercutiu ao longo de toda a história subsequente.

PARTE II

Milagres na vida do povo de Deus

Agora, nós deixaremos o panorama de milagres apresentados nas Escrituras e passaremos a uma série de momentos e histórias importantes da obra de Deus na vida de seu povo ao longo da história da Igreja e da era moderna. O compositor de hinos Isaac Watts escreveu, certa vez: "Deus, nosso auxílio em épocas passadas, nossa esperança para os anos futuros."[1] Milagres não são acontecimentos restritos aos tempos antigos. Eles agraciam nosso momento histórico atual também.

É extremamente importante tomarmos conhecimento de que os anais da Igreja e o passado mais recente estão repletos de exemplos de condutas milagrosas de Deus. Afinal, de 2 mil anos para cá, a esperança do céu tem chamado pessoas de formas extraordinárias. Quando paramos para considerar tais histórias, a voz de Deus também passa a nos chamar. Se reservarmos tempo para ouvi-las, nossa fé poderá ser aprofundada e imensamente enriquecida.

Capítulo 12

Perpétua: milagres na vida e na morte de uma mártir

Grande parte do interesse atual pela "espiritualidade" sofre de um tipo de amnésia: ele é esquecido ou distraído quanto à existência de um poço com séculos de profundidade, um poço cheio de heranças que podem enriquecer nossa vida. [...] Deus opera além de nossas pequenas experiências pessoais e além do tempo de nossa própria vida.

— LEIGHTON FORD[1]

A época de Perpétua dista da nossa em aproximadamente 2 mil anos. No início do terceiro século, o Império Romano dominava grande parte do mundo conhecido, bem como a vida de todos os que faziam parte de suas províncias. Se alguém entrasse em conflito com as autoridades, seria morto. Para os cristãos que viviam nessa época, o martírio era uma possibilidade sempre presente.

Por intermédio de um dos primeiros pais da Igreja primitiva, Tertuliano, nós sabemos algo sobre o preconceito perigoso e violento que caracterizava o antigo Império Romano em relação aos cristãos. "De todas as derrotas militares", declarou Tertuliano, de todos os sofrimentos populares, os cristãos eram acusados de ser a causa. Se o Tibre transbordasse ou se o Nilo não transbordasse, se os céus permanecessem no lugar ou se a terra se movesse, se houvesse fome ou pestilência, era sempre assim: "[Joguem] os cristãos aos leões!"[2]

Esse preconceito era amplamente compartilhado pelo Exército romano. Os soldados estavam acostumados a estabelecer e depor comandantes, e não toleravam subordinados que não apenas alegavam, como também exerciam a independência.[3]

Sinais de alerta da futura violência puderam ser vistos no caso de Apolônio, um senador romano preso durante o reinado do imperador Cômodo sob acusação de ser cristão. Ele foi levado diante do Senado, mas recusou-se a renunciar a fé e fez um longo discurso de defesa. Apolônio foi, portanto, condenado à morte, e a sentença serviu de argumento, não muito tempo depois, para um édito decretado pelo imperador Severo, o qual proibia conversões ao cristianismo.[4]

Dentre os primeiros a sofrerem martírio por causa dessa ordem, havia cinco jovens convertidos em Cartago. Dois deles eram mulheres. Uma, de família nobre, chamava-se Perpétua.[5]

Quando foi presa, Perpétua tinha cerca de 22 anos e amamentava um filho pequeno. Dizia-se que ela era "de família e educação excelentes".[6]

A posteridade foi muito favorecida pelo fato de Perpétua ter registrado seu próprio relato de tudo o que sofreu até o martírio. As páginas seguintes foram inspiradas nesse documento, a fim de recriar a história o máximo possível. As palavras dela merecem reviver para que essa fé fale aos que estão aqui hoje.

"Desde o momento", conta-nos Perpétua, "que me uni aos meus companheiros na profissão de Cristo, meu pai não somente desejou que eu me afastasse de meu objetivo por meio de argumentos, como também tentou insistentemente destruir minha fé."

— Pai — disse ela um dia —, o senhor está vendo este vaso aqui, um jarro, seja lá o que for?

Ele acenou com a cabeça.

— Sim, estou vendo — disse ele.

— Bem — prosseguiu —, é possível chamar algo por qualquer outro nome que não seja o dele?

— Não.

— Então — disse Perpétua com uma serena determinação — eu também não posso me chamar de outra coisa a não ser aquilo que realmente sou: cristã.

Muito irritado, o pai agarrou-a como se estivesse convencido a agir com violência. Contudo, sua raiva acalmou-se um pouco e ele apenas sacudiu a jovem. Então, saiu de sua casa nervoso e só retornou após alguns dias.

Pouco tempo depois, Perpétua foi batizada. O Espírito Santo anunciou-lhe que, em breve, enfrentaria sofrimento como consequência do batismo. Após alguns dias, ela foi presa. "Oh, que dia terrível!", lembrou. "Havia um ódio pavoroso crescendo na multidão, e os soldados me empurravam! [O pior de tudo foi que] eu estava tomada pela ansiedade por conta do meu bebê."

Mesmo assim, durante sua época de maior necessidade, Perpétua foi consolada pela bondade dos amigos. "Então Tércio e Pompônio", disse ela, "diáconos abençoados que ministravam a nós, conseguiram, por meio de suborno, permissão para sairmos durante algumas horas e tomar um pouco de ar em uma parte melhor da prisão." Assim, ela ganhou um pouco de liberdade e pôde amamentar seu bebê. Essa era a razão pela qual ficou mais grata, visto que a criança já estava enfraquecida por causa da fome.

Durante esse tempo, Perpétua falou com sua mãe e entregou-lhe o filho. Por um lado, ficou aliviada. Mas, por estar separada da família, especialmente de seu bebê, Perpétua ficou cada vez mais preocupada e, por muitos dias, angustiou-se com isso.

Então uma pequena misericórdia lhe foi concedida: ela recebeu permissão para que seu filho ficasse com ela na prisão. Diante da notícia, Perpétua imediatamente começou a ganhar forças. Ao ser reunida com seu filho, ela lembra: "Minha prisão transformou-se subitamente em um palácio para mim, a ponto de eu preferir ficar ali do que em qualquer outro lugar."

Foi nessa época que Perpétua recebeu o milagre de uma visão. Seu irmão na fé e companheiro de cela, Sáturo, foi até ela e disse:

— Irmã, tu já estás em posição de pedir uma visão a Deus, a fim de que te seja mostrado se sofreremos ou se seremos libertos.

Alguma coisa nessa admoestação tocou Perpétua e ressoou em harmonia com seu espírito. Ela concordou com o que Sáturo dissera.

— Amanhã — disse-lhe — eu te direi o que o Senhor me falou.

Tendo dito isso, foi orar. Enquanto rogava ao Senhor, Perpétua recebeu uma visão milagrosa. "Eu vi", lembrou ela, uma escada colossal de bronze que chegava até o céu. Ela era, entretanto, estreita, de modo que apenas uma pessoa podia subir por vez. Nos lados, vi todo o tipo de instrumento de ferro afixado — espadas, lanças, ganchos, adagas —, e caso alguém subisse descuidadamente ou sem colocar a atenção no alto, seria despedaçado, e pedaços de sua carne ficariam presos nestes utensílios de ferro.

Ela também observou outras coisas na visão. "Havia também", disse ela, "debaixo da escada, um dragão gigantesco, que colocava armadilhas para as pessoas que passavam por ali e amedrontava-as para que não tentassem subir." Enquanto contemplava a visão, seu amigo Sáturo subiu primeiro na escada. Ele tinha, lembrou Perpétua, "se entregado por nós voluntariamente após termos sido presos, pois ele foi a pessoa que nos ensinou sobre a fé".

Quando Sáturo chegou ao topo da escada, virou-se e disse:

— Perpétua, estou esperando por você. Cuidado para não ser mordida por esse dragão.

A isso, ela respondeu:

— Em nome de Jesus Cristo, ele não me machucará.

Então, a visão mudou. O dragão, como se estivesse com medo dela, esticou lentamente a cabeça para baixo da escada, e Perpétua pisou em sua cabeça como se estivesse pisando no primeiro degrau.

Ao se aproximar do topo da escada, ela viu um grande jardim. No meio, havia um homem alto de cabelos brancos com vestes de pastor, que estava sentado ordenhando ovelhas, e uma multidão vestida de branco ao seu redor.

Ao se aproximar, ele levantou a cabeça e, vendo-a, disse: "Seja bem-vinda, filha." Então, chamou-a e deu-lhe um pedaço do queijo que estava fazendo. Recebendo-o com as mãos unidas, como na Eucaristia, ela comeu do alimento. Em seguida, todos os que a rodeavam disseram: "Amém".

Ao som desta palavra, ela despertou, ainda sentindo na boca o doce sabor.

No dia seguinte, Perpétua foi até Sáturo e contou-lhe sobre a visão. Ambos concordaram que seu significado era de que sofreriam martírio.

Pouco tempo depois, eles receberam a ordem de ser interrogados pelas autoridades romanas. Na mesma hora, o pai de Perpétua veio da cidade de Cartago. Aborrecido e desgostoso com o comportamento dela, sua missão era novamente destruir sua fé. Ao fazê-lo, ele falou com grande comoção:

— Filha — disse ele —, tenha misericórdia de meus cabelos brancos; tenha misericórdia de seu pai, se é que sou digno de ser chamado de pai por você. Não me desonre diante dos homens. Pense em seus irmãos; pense em sua mãe e em sua tia. Olhe para seu filho, que não pode viver sem você. Abandone essa fé e não nos separe completamente.

Tudo isso o pai disse com muito amor, beijando suas mãos, lançando-se aos seus pés e, com lágrimas, chamando-a não de "filha", mas de "senhora".

Isso causou enorme sofrimento a Perpétua, pois somente ele, dentre todos os parentes, "não se regozijava com o martírio". Então, ela procurou consolá-lo, dizendo:

— Isso será feito como Deus desejou, pois sei que não fomos colocados aqui por meio de nosso próprio poder, mas pelo poder de Deus.

Ouvindo isso, seu pai deixou-a com grande tristeza.

Poucos dias se passaram até que Perpétua e seus colegas cristãos foram repentinamente levados para o julgamento em praça pública. O rumor imediatamente correu pela vizinhança, e uma imensa multidão se reuniu. Um por um, cada um dos prisioneiros, colegas de Perpétua, foi colocado no banco dos réus e interrogado. Todos confessaram a fé em Cristo.

Por fim, chegou a vez dela. Durante o interrogatório, seu pai apareceu no local com o neto e chamou a atenção da filha no degrau do estrado, dizendo:

— Tenha misericórdia de seu filho!

Diante disso, o oficial romano responsável falou:

— Tenha misericórdia das cãs de seu pai; tenha misericórdia de seu filho pequeno. Ofereça um simples sacrifício pela segurança do imperador.

O coração de Perpétua deve ter sido dilacerado pela escolha posta diante dela, mas, mesmo assim, não abandonou a fé.

Reunindo forças, ela disse ao procurador, com tranquilidade e coragem:

— Não sacrifico.

— É cristã? — perguntou o procurador.

— Sim. — disse ela.

Vendo isso, o pai de Perpétua começou a implorar-lhe para que renunciasse a fé. No entanto, irritado com a interrupção dos procedimentos, o procurador ordenou que ele fosse açoitado com vara. "Senti aqueles açoites tão profundamente, como se eu mesma tivesse apanhado", lembrou Perpétua, "e senti-me péssima pela velhice infeliz de meu pai."

Depois disso, o procurador pronunciou a sentença, condenando Perpétua e seus companheiros de cela a serem jogados para as feras na arena.

Agora que conhecia seu destino, Perpétua pediu permissão para amamentar o filho pela última vez. Ela pediu ao pai que o trouxesse, mas ele se recusou a entregá-lo.

Vários dias se passaram, durante os quais Pudente — o auxiliar, ou comandante do cárcere — começou a mostrar um pouco de humanidade, permitindo que as pessoas entrassem para visitar Perpétua e seus companheiros de cela.

Quando o dia de ir para a arena se aproximava, seu pai visitou-a novamente. Abatido pelo desespero, ele começou a arrancar a barba e jogá-la no chão. Então, ele mesmo se lançou ao chão em súplicas, alegando sua idade e seu sofrimento. Profundamente comovida, Perpétua angustiou-se em vê-lo em tal estado.

Um dia antes de ser obrigada a lutar na arena, Perpétua teve outra visão. Nela, viu Pompônio, um diácono que conhecia, vindo até a porta do cárcere e batendo com força. Ela foi até a porta e abriu-a para ele. Pompônio permaneceu ali, vestido com um manto branco largo, e disse:

— Perpétua, nós estamos esperando por você. Venha.

Então ele tomou sua mão, e os dois passaram por lugares difíceis e tortuosos. Por fim, com dificuldade, chegaram ofegantes ao anfiteatro, e ele a levou para o meio da arena, dizendo:

— Não tema: eu estarei aqui com você e a ajudarei.

Então, partiu.

Conforme a visão prosseguia, Perpétua observou uma vasta multidão que assistia avidamente a tudo o que acontecia na arena. Ciente de que seria entregue às feras, ela se perguntava porque os animais não eram postos para lutar.

Então, a jovem descreveu um egípcio de aparência terrível vindo em sua direção com alguns comparsas, prontos para lutar com ela. Nesse momento, ela foi preparada para o combate de acordo com o costume.

Antes de ser enviada para a luta, apareceu um homem de enorme estatura, cuja altura era maior que o anfiteatro. Ele usava uma túnica larga e púrpura, com duas faixas largas no meio do peito, e calçados adornados de ouro e prata. Ele carregava uma vara, como um mestre de esgrima, e um galho verde no qual havia maçãs douradas. Após pedir silêncio, ele disse: "Este egípcio, se vencer, matará Perpétua à espada; mas, se ela vencer, receberá este galho."

Então, o homem de grande estatura ausentou-se por um tempo, e Perpétua foi enfrentar o inimigo egípcio. Quando começaram a trocar golpes, ele tentou pegá-la pelos pés, mas a jovem acertou seu rosto com o calcanhar. Suspensa no alto, Perpétua começou a golpeá-lo mesmo sem apoiar-se no chão. Depois, uniu as mãos, entrelaçou os dedos e agarrou-o pela cabeça, fazendo-o cair sobre o próprio rosto. Por fim, pisou em sua cabeça.

Diante disso, os espectadores da visão de Perpétua começaram a gritar e entoar salmos. Ela deixou o local do combate e caminhou até o homem de grande estatura. Dele, recebeu o galho, que parecia simbolizar a paz. Ele a beijou e disse: "Filha, paz seja contigo."

Então, Perpétua dirigiu-se, com honra, até o portão Sanavivaria, o portão reservado para os combatentes que sobreviviam às competições na arena. Depois disso, despertou.

***

A narrativa de Perpétua termina aqui, e o relato de seu martírio foi feito pelo cronista mencionado no início deste capítulo — o pai da Igreja, Tertuliano.

Perpétua e seus companheiros de cela, escreve ele, "saíram da prisão e foram para o anfiteatro como se estivessem indo para o céu: alegres, com o semblante radiante e, caso tremessem, era de alegria, não de medo."

Quando foram levados ao portão, onde, seguindo o costume, seriam obrigados a colocar vestimentas específicas, os sacerdotes de Saturno e as mulheres devotas de Ceres disseram a Perpétua e seus companheiros: "Nós juramos pela nossa vida que não os obrigaríamos a fazer isso." Assim, o tribuno permitiu que fossem conduzidos à arena com as roupas do corpo.

Então Perpétua entoou um salmo. Seus irmãos na fé, Revocato, Saturnino e Sáturo, repreenderam os espectadores do combate e, ao localizarem o procurador, disseram-lhe: "Você pode nos julgar agora, mas Deus o julgará depois."

Ao ouvir essas coisas, os espectadores ficaram enfurecidos e exigiram que os homens fossem punidos com açoites na frente dos que lutariam com as feras. Quando isso foi decidido, Revocato, Saturnino e Sáturo regozijaram-se, pois participariam de algo semelhante aos sofrimentos de Cristo.

Nos dias anteriores ao combate na arena, cada um dos homens conversou sobre o tipo de morte que desejaria enfrentar. Saturnino disse que queria ser jogado às feras, a fim de obter uma coroa mais gloriosa. E assim aconteceu. No início da peleja, ele foi lançado a um leopardo. Depois, ainda vivo, foi colocado sobre uma plataforma e malhado por um urso.

Sáturo, de sua parte, temia ser morto por um urso mais do que qualquer outra coisa, mas achou que poderia morrer mais rápido se fosse atacado por um leopardo. Sua morte acabou sendo mais difícil e demorada. Ele foi obrigado a enfrentar um javali, mas o guerreiro que o amarrara à fera foi traspassado, morrendo logo após o fim do espetáculo, e Sáturo foi apenas arrastado por ela. Depois, quando o amarraram ao urso sobre a ponte, o animal recusou-se a sair da jaula. Assim, Sáturo foi trazido de volta mais uma vez ileso.

As moças, incluindo Perpétua, foram obrigadas a enfrentar uma vaca ensandecida, provocada e irritada para esse propósito. Após a fera ter sido preparada, elas foram trazidas, despidas e cobertas apenas com redes.

A multidão estremeceu ao ver uma menina pura e uma jovem que acabara de amamentar. Nessa difícil situação, elas foram chamadas de volta e vestidas com roupas frouxas. Perpétua foi atirada primeiro pelos chifres da vaca e caiu sobre os lombos. De alguma forma, ela conseguiu se sentar e puxar sua túnica, a qual tinha sido rasgada no lado.

Depois ficou de pé e, ao ver que Felicidade, a menina mais nova, havia sido arremessada também, foi até ela, estendeu-lhe a mão e levantou-a. Ambas permaneceram igualmente firmes e, assim que a crueldade da multidão foi controlada, foram chamadas de volta para o portão Sanavivaria — o qual, lembrando, era o portão reservado para os combatentes que sobreviviam às lutas na arena.

Ali, Perpétua foi recebida por um catecúmeno chamado Rústico, que se tinha apegado a ela. Como se estivesse despertando de um sono (por estar cheia do Espírito e em êxtase), ela começou a olhar em volta e, para total espanto de todos, perguntou: "Quando vamos ser levadas para a fera?"

Disseram-lhe que isso já tinha acontecido, mas ela não acreditou até ver algumas marcas da violência no próprio corpo e nas roupas. Então, tendo chamado o irmão, dirigiu-se a ele e ao catecúmeno, dizendo: "Permaneçam firmes na fé e amem uns aos outros. Não permitam que os sofrimentos lhes sirvam de tropeço."

Da mesma forma, Sáturo, que estava em outro portão, exortava Pudente, o ajudante (que se tornara cristão), dizendo: "Ou seja, conforme eu esperava e previ, escapei absolutamente de todas as feras até agora. Então, crê de todo o coração. Estou prestes a ir até lá e, com uma única mordida de leopardo, morrerei."

Assim, ao final do combate na arena, soltaram um leopardo, e Sáturo foi mordido. Saiu-lhe tanto sangue, que as pessoas gritavam com amargo desprezo, zombando do rito cristão do Batismo: "Bem-lavado, bem-lavado!"

Sáturo, gravemente machucado, tomou um pequeno anel de seu dedo e, tendo mergulhado-o em sua ferida, deu-o a Pudente como sinal e lembrança de seus sofrimentos. Ao morrer, disse-lhe: "Adeus. Lembre-se de mim e de minha fé. Não permita que essas coisas lhe aborreçam, mas, sim, que o fortaleçam." Desfalecido, ou quase, ele foi colocado junto com os outros no local costumeiro para decapitação.

Depois disso, quando os espectadores da arena exigiram que Perpétua e os cativos restantes fossem trazidos para o meio deles a fim de que pudessem ver a espada perfurando seus corpos, a jovem e seus amigos voluntariamente se levantaram e caminharam até o local apontado pela multidão.

Antes disso, trocaram ósculos de paz, mencionados na Escritura. Outros, incapazes de se mexer e, portanto, de se despedir dos amigos desta forma, foram mortos à espada em silêncio.

Sáturo foi o primeiro a morrer. Depois, Perpétua segurou a mão do gladiador que fora designado para matá-la. Ele parecia acovardado diante do que fora obrigado a fazer, e sua mão estava hesitante. Em um ato de grande coragem, ela mesma guiou a mão do algoz, juntamente com a espada que empunhava, em direção à própria garganta. Alguns momentos mais tarde, ela estava morta.

Nenhuma palavra parece ser adequada para descrever o que Perpétua e seus irmãos na fé sofreram. O tributo de Tertuliano, embora conciso, talvez seja a única coisa possível de ser dita. Ele escreveu: "Oh, valentes e benditos mártires!"[7]

Capítulo 13

Agostinho: milagres na vida de um filósofo

Assim como Dante, Agostinho avançava simultaneamente para fora, explorando a revelação de Deus, e para dentro, permitindo que a revelação afetasse-o e modificasse-o.

— GARRY WILLS[1]

As Confissões falam por si. Na posição de mais antiga autobiografia, ela permanece sendo insuperável como registro sincero e profundo do desvelamento de uma alma piedosa e excelente diante de Deus.

— CHARLES W. ELIOT, PRESIDENTE DE HARVARD[2]

Fim de verão, 386 d.C., Agostinho de Milão, 33 anos de idade, estava sofrendo uma crise espiritual. Extremamente ambicioso, desejava tudo o que o mundo tinha a oferecer. Ele almejava prestígio e já tinha alcançado reconhecimentos bastante disputados por conquistas intelectuais. Era igualmente dedicado à busca por prazer e sexo, tendo, inclusive, um filho bastardo com uma mulher.

Apesar disso, Agostinho foi inexplicavelmente atraído para as coisas que os cristãos compartilhavam com ele acerca da vida que levavam. Ele se sentia dilacerado e não conseguia encontrar paz. Estava diante de seu próprio obstáculo espiritual e não sabia para onde ir.

Foi então, em setembro de 386, que sua vida foi mudada para sempre pelo milagre que passaria a ser chamado de "grande golpe da graça".[3] Foi um milagre que o colocou de joelhos e depois o levantou para trilhar o caminho que viria a ser a trajetória de um santo.

Agostinho registrou tudo o que ocasionara essa grande transformação em sua vida. Suas memórias dessa época constituem o ponto central de um livro que se tornou um clássico da literatura mundial: *Confissões*, de Santo Agostinho. Em suas páginas, os milagres que Deus operou na vida desse homem resplandecem com uma luz que dezesseis séculos não puderam apagar. Começaremos com o relato da crise espiritual que ameaçou dominá-lo.

Um dia, na companhia de seu amigo Alípio, a antiga e agonizante preocupação de Agostinho quanto à sua condição espiritual ameaçou oprimi-lo. Por mais que tivesse tentado, ele não conseguia sentir paz em relação às questões do destino eterno. Ele e Alípio conversavam em um lindo jardim, mas Agostinho não se sentia confortado pelo ambiente agradável nem consolado pela companhia do amigo. Levantando-se, disse que precisava ficar sozinho por um instante. Enquanto se afastava, lágrimas escorreram. Ele se sentia mais perdido do que nunca. Agostinho sentou-se debaixo de uma figueira, e todo aquele fluxo de tristeza verteu sobre ele.

Mas foi então, enquanto sentia uma contrição muito amarga no coração, que ele pareceu ouvir uma voz vinda de uma casa vizinha, de um garoto ou uma garota — ele não tinha certeza — cantando e repetindo as palavras: "Pegue e leia, pegue e leia".

Instantaneamente, suas lágrimas pararam. Ele começou a pensar, com mais atenção, se as crianças costumavam fazer esse tipo de coisa enquanto brincavam, mas não conseguia se lembrar de ter ouvido algo a respeito. Então, levantou-se e caminhou até onde havia colocado sua cópia dos escritos do apóstolo Paulo. Ao tomá-la nas mãos, começou a ler o primeiro capítulo que encontrou. A primeira passagem que viu continha estas palavras:

> Comportemo-nos com decência, como quem age à luz do dia, não em orgias e bebedeiras, não em imoralidade sexual e depravação, não em desavença e inveja. Ao contrário, revistam-se do Senhor Jesus Cristo e não fiquem premeditando como satisfazer os desejos da carne. (Romanos 13:13-14)

Ele parou ali. Conforme recordaria mais tarde, "nem precisei continuar lendo". "Imediatamente, ao final da frase, uma espécie de luz de serenidade invadiu meu coração, e todas as trevas de dúvida desapareceram."[4]

***

Por ter ouvido e obedecido uma voz milagrosa, Agostinho iniciou a jornada que o transformaria no homem que os cristãos passariam a respeitar ao longo dos séculos, o homem cujos escritos seriam estimados por muitos: Santo Agostinho de Hipona.

Agostinho deixou muitas coisas de herança para a literatura e para a história do mundo ocidental. Dentre elas, o presente de uma autobiografia. Antes de sua época, era raro, se é que houve, algum livro redigido totalmente em primeira pessoa. Por meio do uso da palavra *eu* na redação da renomada obra *Confissões*, ele mudou o curso da literatura para sempre. Sua autobiografia foi a primeira de todas e ainda hoje é uma das mais importantes.

***

É fascinante, dada a natureza milagrosa da conversão de Agostinho, o fato de ele achar, em seus primeiros anos como bispo, que "provas espetaculares" — ou milagres — não eram mais necessários para levar pessoas à fé.[5] Foi isso o que um ilustre biógrafo, Peter Brown, escreveu.

Ao longo do tempo, entretanto, o entendimento de Agostinho acerca dos milagres mudou e cresceu, bem como sua visão quanto ao lugar deles em nossa vida. Como homem mais velho, ele percebeu que a raça humana havia permanecido igual em grande parte: sempre frágil, sempre precisando de uma autoridade convincente. "O Deus de nossos pais", escreveria ele, "também é nosso Deus." [...] Deus podia determinar completamente, para si mesmo [...] a frequência com que os milagres deveriam ou não ocorrer.[6]

Essa visão da soberania de Deus enriqueceu profundamente o entendimento de Agostinho sobre os milagres. "Deus", declarou ele em um sermão de anos posteriores, "nunca deixa de dar testemunho, e ele sabe a forma correta de trazer seus milagres à nossa percepção. Ele sabe como agir de modo a serem notáveis. Ele sabe como agir de modo a não se tornarem lugar-comum."[7]

Outras facetas da natureza dos milagres fluem dessa verdade central. Agostinho viveu em uma época nada diferente da nossa, em que as pessoas "consultavam as estrelas" para tentar discernir o significado da vida ou o que o futuro traria. Em oposição a um cenário de astrologia tão predominante, ele redigiu esta admirável reflexão sobre a estrela que anunciou o nascimento de Cristo:

> [Alguns] conjecturam que Cristo nasceu sob o controle das estrelas só porque os magos viram uma estrela no Oriente na noite de seu nascimento.

> [...] [Todavia] Cristo não nasceu sob o controle [da estrela], mas surgiu como seu controlador. Ela não obedeceu à órbita estelar nos céus, mas [em vez disso] indicou [...] aos homens que procuravam por Cristo [...] o exato local em que ele havia nascido. Portanto, não foi a estrela que fez Cristo nascer de forma maravilhosa, mas foi Cristo quem fez a estrela aparecer de forma maravilhosa. Também não foi a estrela que controlou os milagres de Cristo, mas Cristo quem revelou a estrela como um de seus milagres. Veja, quando nasceu da mãe, ele deu à terra uma nova estrela no céu, assim como, quando nasceu do Pai, ele formou a terra e o céu.[8]

Em outras partes de seus sermões, Agostinho escreveu detalhadamente sobre as razões de os milagres terem marcado o ministério terreno de Jesus. Ele escreveu:

> A razão de nosso Senhor Jesus Cristo ter operado milagres foi comunicar algo por meio deles, de modo que, além do fato de eles serem, em si, maravilhosos, tremendos e divinos, nós também pudéssemos aprender algo com eles.[9]

A partir dessa ideia, ele declarou:

> Nosso Senhor Jesus Cristo quis que as coisas criadas materialmente por ele também fossem compreendidas espiritualmente. [...] Ele não operava milagres apenas por operar. Ele os realizava a fim de que fossem maravilhosos para os que os vissem e verdadeiros para os que os compreendessem.[10]

Tais reflexões sobre a natureza dos milagres produziram um fluxo ainda maior de ideias. Mergulhando sua pena no tinteiro, Agostinho prosseguiu. Milagres, declarou ele, são uma espécie de mistério para a maioria das pessoas, à semelhança de cartas escritas em belos códices, as quais são impossíveis de serem lidas. É bem verdade que tais pessoas elogiam muito a caligrafia e a beleza das cartas. Não obstante, elas não fazem a menor ideia do que essas cartas significam ou do que têm a dizer. Mas há outras, algumas poucas pessoas afortunadas, que são capazes de apreciar o talento do escriba, bem como de captar o significado do que ele escreveu.

Da mesma forma, argumenta Agostinho, algumas pessoas da época de Cristo contemplavam seus milagres mas não entendiam seu significado. Contudo, havia outras que tanto se impressionavam diante das coisas que aconteciam quanto eram enriquecidas por entender seu significado. “Este é o grupo ao qual devemos pertencer", declarou Agostinho, "àqueles que se encontram na escola de Cristo."[11] Sua oração era de que Deus abrisse o entendimento das pessoas. Ele desejava que todos fossem contados como alunos na escola de Deus.

***

Para muitos, é difícil escolher entre *Confissões*, de Agostinho, e sua outra grande obra, *A cidade de Deus*. Felizmente, nós não precisamos escolher aqui uma favorita entre as duas. Em vez disso, podemos dizer que, para o nosso objetivo de conhecer a crença de Agostinho em relação aos milagres, *A cidade de Deus* também é uma obra rica em tais reflexões.

Nesse livro, ele registrou alguns princípios básicos sobre a natureza dos milagres. "Não podemos deixar de crer", escreve ele, "que todos os milagres, sejam eles operados por anjos ou outros meios [...], são realizados a fim de incitar a adoração e a religião do único Deus em que há bem-aventurança."[12]

Ao mesmo tempo, Agostinho queria que seus leitores entendessem que o próprio dom da existência e do mundo no qual vivemos são milagres contínuos. "Quaisquer milagres que venham a acontecer neste mundo", declara ele, "são certamente menos admiráveis do que o próprio mundo — o céu, a terra e tudo o que neles há. E tudo isso Deus fez."[13]

Por que Deus decide operar milagres em nosso meio? Essa era uma pergunta de Agostinho. Como resposta, ele declarou que os milagres ocorrem, em grande parte, porque Deus deseja atrair-nos para si, da mesma forma que ele mesmo fora atraído para Deus por intermédio da voz que lhe mandou "pegar e ler". O mesmo Deus que criou o "céu e a terra visíveis", escreve ele, "não deixa de operar milagres visíveis no céu ou na terra para, desta forma, despertar a alma [...] para adorá-lo, o Ser invisível".[14]

Agostinho passou, então, a considerar a credibilidade dos milagres. Aqui, seus pensamentos se aproximam de como C.S. Lewis fazia frequentes referências a ideias e crenças pagãs como contexto para criar argumentos convincentes. "Há alguém que diga", perguntou Agostinho, que [todos] os milagres são falsos, que eles nunca aconteceram e que todos os seus registros são mentira? O indivíduo que diz isso e afirma que nenhum registro sobre milagres deve receber crédito, [precisa então] declarar também que não há deuses [de acordo com qualquer religião] que se importam com assuntos humanos. [Conforme a crença dos pagãos, os deuses] induziram os homens a adorá-los apenas por meio de [supostas] obras milagrosas, [com] as quais as histórias pagãs testificam e por intermédio das quais os deuses demonstram seu próprio poder.[15]

Em suma, de acordo com Agostinho, se alguém rejeita um milagre alegando que ele é falso, este alguém não está autorizado a fazer exceções se forem convenientes a ele mesmo ou à cosmovisão que sustenta. É preciso ser logicamente consistente.

No entanto, essa digressão, por mais interessante que seja, não era o objetivo principal de Agostinho. Ele considerava a ocorrência de milagres já como pressuposta, e seu tema central era explorar o que eles nos dizem sobre Deus Pai e sobre o Senhor Jesus Cristo.

Assim, Agostinho começa com uma descrição de Deus Pai, dizendo que ele é "o Fundador invisível e imutável deste mundo visível e mutável". De forma suprema, Deus é "o doador mais fiel de vida bem-aventurada, a qual reside não nas coisas criadas, mas nele mesmo"[16]. A conclusão aqui é que os milagres são, por definição, "coisas criadas", e nunca um fim em si mesmos. A vida bem-aventurada, vale a pena repetir, reside no próprio Deus, para quem os milagres apontam e de quem testificam.

Agostinho, em seguida, volta-se para os salmos, em especial para Salmos 73:28, o qual declara: "Para mim, bom é estar perto de Deus." Entre outros filósofos, ele perguntou: "Esta é uma questão: nossas obras devem estar envolvidas na conquista de qual fim, de qual bem?" No versículo citado acima, o salmista — declara Agostinho — não disse que é bom ter muita riqueza ou ostentar um símbolo imperial, como vestes púrpuras, um cetro ou uma coroa. Não, o maior bem nada tem a ver com riquezas desse tipo. O maior bem é possuir força espiritual. Afinal, o salmista também disse: "para mim, bom é estar perto de Deus".[17]

O salmista enxergou isso, conclui Agostinho, porque tinha um entendimento correto sobre os milagres. Ele foi capaz de dizer "para mim, bom é estar perto de Deus" porque "aprendera com aquele a quem os santos anjos, *juntamente com as testemunhas participantes dos milagres*, apresentaram como único objeto de adoração".[18]

***

O fato de os milagres serem concedidos com tanta frequência como confirmação de fé verdadeira era um tema favorito de Agostinho e recorrente em seus escritos. Ele gostava muito de meditar no Antigo Testamento e naquilo que pode ser chamado de "lista da fé", da mesma forma que o escritor da Carta aos Hebreus, no Novo Testamento. Sempre foi grande sua admiração pelo fato de que os milagres promovem fé genuína e também apontam para ela, conforme demonstrado em um trecho longo e bastante revelador.

"Talvez fosse cansativo", escreve ele, "se eu recontasse todos os milagres operados no passado a fim de confirmar a promessa que Deus fez a Abraão milhares de anos atrás: de que, em sua semente, todas as nações da terra seriam benditas."[19] No entanto, que outra coisa se poderia fazer, senão admirar-se, diante do fato de que a esposa estéril de Abraão, Sara, deu à luz um filho com idade tão avançada? Que outra coisa se poderia fazer, senão admirar-se, diante do fato de que, quando Abraão ofereceu um sacrifício, um fogo vindo do céu passou entre as partes divididas?

Além disso, declara Agostinho, Abraão recebeu anjos em forma humana, emissários divinos que renovaram a promessa feita por Deus de que ele teria um filho. Esses mesmos anjos também previram a destruição de Sodoma, causada por fogo do céu, e prometeram que o sobrinho de Abraão, Ló, seria resgatado desta cidade quando o fogo descesse para destruí-la. Depois, houve também o milagre do julgamento que sobreveio à esposa de Ló, a qual, desobedecendo a ordem divina, olhou para trás, para Sodoma, enquanto fugiam. Como consequência, ela foi imediatamente transformada em sal. Foi um destino trágico, reconhece Agostinho, mas essa história serviu como "um santo farol, alertando-nos de que ninguém que está sendo salvo deve sentir saudade daquilo que está deixando para trás".[20]

Em seguida, Agostinho voltou-se para as maravilhas operadas por Moisés para resgatar o povo de Deus do fardo da escravidão no Egito, quando os feiticeiros de Faraó — isto é, o rei do Egito, o qual exercia tirania sobre o povo — foram autorizados a realizar coisas maravilhosas a fim de serem vencidos de modo ainda mais evidente!

Eles fizeram essas coisas, diz Agostinho, com artes mágicas e encantamentos a serviço de Satanás. Moisés, tendo um poder muito maior — bem ao seu lado, além do auxílio dos anjos — "conquistou-os facilmente em nome do Senhor que fez o céu e a terra".[21]

Após falar de sua "lista da fé" e dos milagres ali preservados, Agostinho redigiu uma conclusão verdadeira que ainda traz inspiração dezessete séculos depois de sua época. Todos esses milagres, admira-se ele, e outros na Escritura que são numerosos demais para serem mencionados, "foram operados com o objetivo de instigar a adoração ao único Deus verdadeiro e proibir a adoração de uma multidão de falsos deuses".[22] Deus estava neles declarando sua singularidade e o privilégio ímpar de nos ajoelharmos diante dele em grato reconhecimento pelo seu poder e propósito absolutos.

Mais uma palavra ficou marcada. Todos esses milagres, declara Agostinho, "foram operados por uma fé simples e uma crença divina".[23]

Fé simples e crença divina. Esta deveria ser nossa profissão cristã: fé como de criança e total confiança naquele que é o mais digno de recebê-la. A conclusão de Agostinho é antiga, mas, apesar disso, é sempre nova e representa apenas uma das razões por que a posteridade deve ser profundamente grata a ele.

Capítulo 14

Juliana de Norwich: milagres no âmbito visionário

Em 1393, a senhora Juliana, a ermitã, era uma reclusa muito rígida, a qual tinha duas servas para assisti-la na idade avançada. Esta mulher era considerada de extrema santidade na época.

— *History of Norfolk* [História de Norfolk], de Blomefield[1]

In lumine tuo videbimus lumen.
[Em tua luz, veremos a luz.]

— Antigo provérbio latino[2]

Juliana de Norwich nasceu em 1342 e morreu algum tempo depois de 1416. A data exata de sua morte é desconhecida. Contudo, o que sabemos sobre sua vida é extraordinário. Ela deixou para a Igreja o registro do que acreditava ser uma série de visões concedidas por Deus. No dia oito de maio de 1373, uma Revelação de Amor foi dada a ela, "uma simples criatura, iletrada", a qual, antes disso, fizera orações especiais movida pelo desejo de amar mais a Deus e pela preocupação quanto ao pecado e ao sofrimento humano.[3]

Certa manhã, durante um período de cinco horas, ela declarou ter recebido 15 "revelações" de Deus. Na noite seguinte, recebeu mais uma, totalizando 16 visões.

Ao longo dos séculos que seguiram o surgimento de seu livro — *Revelations of Divine Love, Recorded by Julian, Anchoress at Norwich* [Revelações do amor divino, registrado por Juliana, ermitã de Norwich] — ele gerou controvérsia e admiração ao mesmo tempo. Juliana acreditava que as revelações "ensinavam, entre outras coisas, que Deus é tanto nossa mãe quanto nosso pai, que ele não pode irar-se conosco e que nenhum cristão será condenado — doutrinas estas as quais [ela] tinha grandes dificuldades em conciliar com os ensinamentos da Igreja".[4]

Apesar desses elementos heterodoxos, os quais não devem ser negligenciados, há outros aspectos do livro de Juliana pelos quais muitas pessoas do meio cristão têm sido gratas. O poeta vencedor do Prêmio Nobel, T.S. Eliot, é uma delas.[5] Ele foi profundamente atraído para a beleza da linguagem e das figuras encontradas em *Revelations*, de Juliana, a ponto de inserir trechos desta obra diretamente no texto de seu famoso poema *The Four Quartets* [Quatro quartetos]. Uma seção do poema, "Little Gidding", leva estes versos:

Tudo o que herdamos dos afortunados
Foi tomado por nós dos derrotados
O que eles tinham para nos deixar — um símbolo:
Um símbolo aperfeiçoado na morte.
Tudo ficará bem e
todo o tipo de coisa ficará bem
Pela purificação do motivo
Na base de nossas súplicas.[6]

Os versos "Tudo ficará bem e todo o tipo de coisa ficará bem" foram retirados diretamente do texto de Juliana (revelação número 13), e o verso "Na base de nossas súplicas" é uma paráfrase sutil de um excerto da revelação número 14: "Sou a Base de tuas súplicas".[7] A simplicidade da beleza de tais versos lembram trechos de obras como *O peregrino*, alegoria imortal feita por John Bunyan, a qual começa desta forma: "Andando pelo deserto deste mundo, cheguei a um lugar onde havia uma caverna. Ali me deitei para dormir. Enquanto dormia, tive um sonho."[8] Ambos os autores deixaram uma fonte permanente de riquezas para a língua inglesa, pela qual somos gratos.

Outras expressões belas e comoventes encontram-se nas páginas do livro de Juliana. Nas páginas iniciais, por exemplo, ela escreve que "sentiu um forte desejo de ter três feridas na vida, a saber:, a ferida da contrição extrema, a ferida da compaixão gentil e a ferida do anseio contínuo por Deus".[9]

Outras passagens de *Revelations* falam da divindade, tal como esta reflexão sobre a Trindade: "A Trindade é Deus — Deus é a Trindade; a Trindade é nosso Criador e Sustentador; a Trindade é nossa alegria e bem-aventurança eternas por nosso Senhor Jesus Cristo."[10] O amor de Deus é outro tema recorrente, conforme demonstrado neste trecho: "Ele é, para nós, tudo o que é bom e reconfortante. Ele é nosso traje que, por amor [...], envolve-nos com ternura a fim de nunca nos deixar; sendo assim, para nós, todas as coisas que são boas."[11]

A ideia de descanso espiritual — de um coração que encontra o lar em Deus — foi outra fonte de reflexões significativas para Juliana. Ela escreve: "Nosso Senhor Deus mostrou que sente muito prazer quando uma alma indefesa vai a ele com simplicidade, franqueza e humildade."[12] Descanso e a bondade de Deus são, para Juliana, fontes inter-relacionadas de conforto para o cristão. "Ele é a eternidade", escreve ela. "Ele nos fez apenas para si, restaurou-nos pela sua bendita Paixão e sustenta-nos em seu bendito amor; e tudo isso por causa de sua bondade."[13]

Ler esse trecho, expresso com tanta beleza, traz imediatamente à lembrança uma parte imortal da introdução das *Confissões*:

> És grande, Senhor e infinitamente digno de ser louvado; grande é teu poder, e incomensurável tua sabedoria. E o homem, pequena parte de tua criação quer louvar-te, e precisamente o homem que, revestido de sua mortalidade, traz em si o testemunho do pecado e a prova de que resistes aos soberbos. Todavia, o homem, partícula de tua criação, deseja louvar-te. Tu mesmo que incitas ao deleite no teu louvor, porque nos fizeste para ti, e nosso coração está inquieto enquanto não encontrar em ti descanso.[14]

Considerar esse texto de Santo Agostinho em conjunto com o de Juliana é um lembrete adequado de que *Revelations*, embora seja uma obra singular, também faz parte de uma tradição de autobiografia espiritual, a qual foi iniciada por Agostinho e seu emprego do pronome *eu*. Somos gratos a Juliana por ter-nos deixado seu livro, pois ela foi "a primeira escritora em língua inglesa que pôde ser claramente identificada como mulher".[15] A janela que ela abriu sobre o mundo da espiritualidade medieval é diferente de todas as outras, especialmente por ser da perspectiva de uma mulher. Sua voz ajuda a dar vida àquele mundo, e, sem ela, nosso entendimento sobre esse período da história e da literatura seria bastante reduzido.

A alegria do Senhor como nossa força era uma realidade na qual Juliana exultava. "Uma alegria maravilhosa será dada a todos nós quando o virmos", escreve ela.

> E isto nosso Senhor deseja, que busquemos e confiemos, alegremo-nos e deleitemo-nos, confortando-nos e consolando-nos — como pudermos, com sua graça e ajuda — até o dia em que o veremos verdadeiramente. Pois a plenitude da alegria que teremos, a meu ver, é a maravilhosa generosidade e hospitalidade do Pai, nosso Criador, no Senhor Jesus Cristo, nosso Irmão e Salvador.[16]

Em outros momentos, Juliana demonstrou ser mestre em frases concisas e profundamente significativas. Ecoando as palavras do apóstolo Paulo em 1Coríntios 13, ela inseriu sua própria marca nas coisas que mais importam: "Pois na fé, com esperança e caridade, nossa vida está fundamentada."[17] Em outro lugar, sua descrição da graça como favor imerecido permanece na memória: "Somos tão cegos e insensatos, que nunca buscamos Deus até que ele, em sua bondade, se apresente a nós."[18]

Também há momentos, em *Revelations*, em que a cruz de Cristo e a expiação realizada a nosso favor ficam em primeiro plano. A mensagem da redenção foi poucas vezes expressa de modo tão comovente como neste trecho de Juliana:

> Sabemos, pela fé, e cremos, pelo ensinamento e pela pregação da santa Igreja, que a bendita Trindade criou a raça humana à sua imagem e semelhança. Da mesma forma, sabemos que, quando o homem caiu tão profunda e indignamente no pecado, não havia qualquer outra maneira de restaurá-lo exceto por intermédio daquele que o criara. E aquele que o criara por amor, por meio deste mesmo amor o restauraria.[19]

A visão que Juliana teve de "Nossa Senhora Santa Maria" na revelação número 11 invoca imagens comoventes da natividade, da crucificação e da promessa do céu. O Natal no estábulo em Belém, a cruz e o Gólgota, bem como as alegrias do paraíso — onde a terra das sombras desaparece — tudo isso reluziu nos três vislumbres que Juliana teve de Maria. "No primeiro", recorda Juliana, "ela estava com a Criança; no segundo, ela estava triste sob a Cruz; no terceiro, ela estava como agora: em deleite, adoração e alegria."[20]

"Aprendi que nossa alma nunca descansará até alcançá-lo", declarou Juliana no início da revelação número 12. "Sou eu que tu anseias, sou eu que tu desejas." Foi nesse momento, sentiu ela, "que nosso Senhor mostrou-se mais glorificado, a meu ver, do que em todas as outras vezes que o vi".[21] Na décima terceira revelação, as palavras de Juliana ganharam o tom e a cadência de uma doxologia, e seu breve hino de louvor diz assim: "Cristo Jesus é tanto Deus quanto homem. [...] Ele é, em si, a maior bem-aventurança; foi, sem começo; e será, sem fim."[22] Mais tarde, na mesma revelação, há uma repetição. Falando mais uma vez de Cristo, Juliana declara: "Ele é o fundamento, ele é a substância, ele é o ensinamento, ele é o mestre, ele é o fim, ele é o galardão pelo qual todas as almas labutam."[23]

Plenitude de alegria foi um tema para o qual Juliana retornou na revelação número 13. Envolvidos nele, havia pensamentos sobre a soberania de Deus, especialmente como Rei e Criador do universo, e a consumação de todas as coisas no Reino que permanece para sempre. "Plenitude de alegria", disse ela, é contemplar Deus em *tudo*: pois, por meio do mesmo poder, da mesma sabedoria e do mesmo amor benditos com os quais ele fez todas as coisas, para este mesmo fim nosso bom Senhor as conduz continuamente e, para lá, ele mesmo as levará. Quando for o tempo, nós veremos isso.[24]

Juliana também acreditava ter recebido uma definição de misericórdia, a qual perdurava em sua mente. Amor e graça a acompanhavam. "Misericórdia", declarou ela, é uma ação proveniente da bondade de Deus, e ela continuará operando em todo o tempo enquanto ao pecado for permitido perseguir almas justas. E, quando ele não tiver mais permissão para isso, a obra da misericórdia cessará, e tudo será disposto em retidão para sempre.[25]

Para aqueles que tinham caído, também havia uma palavra permanente de consolo, da qual redenção, restauração e renovação eram as marcas registradas: "Com seu consentimento, nós caímos [...]; em seu amor bendito, com seu poder e sua sabedoria, nós somos sustentados; e, por misericórdia e graça, somos levantados para multiplicar essas alegrias."[26]

Nossa vida, entendia Juliana, é um dom, um momento em que podemos conhecer Deus e, desta forma, preparar-nos para a eternidade. "E, enquanto estivermos nesta vida", disse ela, "quando nos desviarmos por insensatez [...], nosso Senhor Deus nos tocará e nos chamará, dizendo em nossa alma: *Volta-te para mim, pois eu te basto, e alegra-te em teu Salvador e em tua salvação*."[27]

***

Essa é a melhor palavra possível para encerrar este capítulo e a melhor visão que poderia ser concebida — quando fazemos a feliz entrega a Cristo. Tal entrega Juliana fez, e isso representou para ela uma fonte de eterna gratidão e admiração. Em um momento extremo, no qual sentia estar perto da morte, ela acreditava ter recebido vislumbres de Deus deste lado da eternidade. Sua vida foi poupada, e ela nos deixou o presente de uma bela linguagem que vem atraindo muitos corações para Deus. Quando partiu desta vida, as palavras de 1Coríntios 13, que servem de farol para todos nós, tornaram-se a luz de sua realidade no céu: "Agora, pois, vemos apenas um reflexo obscuro, como em espelho; mas, então, veremos face a face. Agora conheço em parte; então, conhecerei plenamente, da mesma forma com que sou plenamente conhecido" (v. 12).

Capítulo 15

Martinho Lutero: o surgimento da Reforma e os milagres

Os milagres são registrados para nós [...]. Aprendemos e cremos por meio deles que, em Cristo, temos um Senhor gracioso, manso, amoroso e benigno que é capaz de ajudar-nos e sabe como fazê-lo.

— MARTINHO LUTERO[1]

Filho de um camponês, ele nasceu em Eisleben, Alemanha, no dia 10 de novembro de 1483. Apesar disso, Martinho Lutero se tornou, conforme um célebre historiador eclesiástico escreveu, "o maior gênio da religião que o século XVI produziu".[2]

Não foi surpresa para ninguém o fato de Lutero, um aluno extremamente dotado, ter recebido seus títulos acadêmicos "em um tempo excepcionalmente curto". Ele adquiriu o título de bacharel em um ano, e o título de mestre, três anos depois. Seu pai, compreensivelmente orgulhoso, deixou claro o desejo de que o filho fosse advogado. No entanto, Lutero escolheu seguir outro rumo. Atormentado pelo surgimento de dúvidas de cunho religioso, ele decidiu subitamente entrar para o mosteiro de Erfurt, dos eremitas agostinianos. Em pouco tempo, concluiu o noviciado e tornou-se monge.[3]

Diz-se que, no mosteiro de Erfurt, "Lutero estava determinado a encontrar a salvação". Os meios utilizados por ele no início, entretanto, não lhe trouxeram paz. Pelo contrário, pioraram sua angústia. Ele buscou o caminho do isolamento. Jejuava, flagelava-se e fazia todas as coisas a que era instruído, mas elas não davam alívio ao sofrimento que sentia.[4]

Nessa época, Lutero acreditava que Deus era "um juiz implacável, o qual ameaçava castigar pelo descumprimento de uma lei impossível de ser seguida". Em momentos de preocupante franqueza, ele admitiu para si que frequentemente sentia ódio desta "Vontade arbitrária", a qual ele entendia, ou achava que entendia, ser Deus.[5]

Sem saber para onde ir, mas buscando consolo onde pudesse encontrar, Lutero "enfastiava seus superiores com seu frequente comparecimento ao confessionário". Eles estavam confusos quanto ao motivo de a paz de espírito ser tão elusiva àquele aluno exemplar. Outros amigos e colegas pareciam considerá-lo "um jovem santo, e sua reputação corria pelos mosteiros da mesma ordem". Por que ele não conseguia se ver como eles o viam?[6]

Durante dois anos intermináveis, Lutero enfrentou uma negra noite em sua alma, permanecendo "tão distante do perdão de Deus" quanto no início. Até que, então, seus superiores na ordem descobriram a fonte de sua verdadeira dificuldade. Com a direção deles e com base no que lhe pediam para ler nas Escrituras, Lutero passou a ver que "o perdão de Deus devia ser alcançado por meio da confiança em suas promessas"[7].

Foi seu mentor, Johannes Staupitz, quem se aproximou do jovem Lutero em um momento crucial durante essa crise de fé. Conforme Martinho recordaria mais tarde, "por intermédio de Staupitz, o Senhor Jesus me levantou e me fortaleceu de forma maravilhosa"[8].

"Apegue-se a Cristo", disse Staupitz a seu jovem amigo. "Então tudo se transformará em bem." É bastante provável que as palavras que Staupitz usava como lema pessoal tenham estado entre aquelas compartilhadas com Lutero. Elas falavam sobre uma alegre entrega a Cristo e a confiança na misericórdia de Deus: "Eu sou teu, salva-me." Os aflitos poderiam olhar para Cristo. Ali, encontrariam segurança e muitas outras coisas, pois isso lhes foi prometido.[9]

***

Essa compreensão e aceitação da graça, observa o historiador eclesiástico T.M. Lindsay, "deu a Lutero uma sensação de liberdade e o sentimento de que a vida fora concedida por Deus para ser desfrutada". Foi uma fonte de paz interior que permaneceu com ele pelo resto de seus dias.[10]

Logo após ter encontrado paz, Lutero foi ordenado. Ele também deu continuidade aos estudos de teologia, dedicando-se a porções mais empíricas das obras de Santo Agostinho. Ele também lia bastante sobre os escritos de Bernard de Clairvaux, abade francês do século XII, conhecido amplamente por seus textos comoventes sobre o amor de Deus.[11]

A partir de então, Lutero progrediu rapidamente em sua ordem monástica. Em 1512, ele foi enviado por Staupitz, seu superior e vigário-geral, a Erfurt com o objetivo de receber mais ensinamentos de teologia. Após o término dos estudos, a intenção era que ele sucedesse Staupitz como professor de teologia na recém-fundada Universidade de Wittenberg. Lutero dedicou-se aos estudos com seriedade e graduou-se, obtendo o título de doutor em Escritura Sagrada. Então, "fez o juramento dos doutores de Wittenberg, o de defender a verdade evangélica com vigor, e tornou-se um membro do Senado de Wittenberg". Três semanas mais tarde, substituiu Staupitz como professor de teologia.[12]

Desde o começo, observam os estudiosos, "as aulas de Lutero sobre teologia divergiam das que eram dadas na época". Ele se diferenciava de muitos contemporâneos e colegas "porque olhava para a teologia de uma forma mais prática". Muitos gostavam de discutir os pontos delicados e as sutilezas desse campo de estudo. Lutero acreditava que a teologia "deve ser proveitosa para conduzir os homens à graça divina e para dizer-lhes como perseverar em uma vida de obediência feliz a Deus e a seus mandamentos". Ele passou a dar aulas que eram verdadeiros comentários sobre Salmos e sobre as epístolas de Paulo.[13]

Dentro de alguns anos, Lutero começou a perceber que estava em discórdia com os proponentes da teologia escolástica, declarando que ela era, na realidade, herética e que "repudiava as doutrinas agostinianas da graça". Além disso, a teologia escolástica deixava de ensinar o valor supremo da fé "que se lança sobre Deus". Lutero, orador talentoso, tinha o raro dom de incitar o cerne intelectual da fé em seus alunos. Suas aulas, bem como o ensinamento que continham, "logo causaram uma forte impressão". Os alunos começaram a se aglomerar na pequena e desconhecida Universidade de Wittenberg, a qual se tornou rapidamente famosa.[14]

Em torno de 1517, o palco estava montado para aquilo que viria a ser um confronto modificador da história. No entanto, quase ninguém, muito menos o próprio Lutero, sabia como isso iria se desenrolar.

***

Lutero já estava incomodado há algum tempo com a venda de indulgências e a corrupção que ela simbolizava (a saber, o aumento dos cofres de um papa ambicioso em Roma). "O amor", acreditava ele, "cobre uma multidão de pecados e é melhor do que todos os indultos de Jerusalém e Roma."[15]

Tomando a pena em mãos, ele colocou suas preocupações em palavras, as quais se tornaram o que a história agora conhece como as *Noventa e cinco teses*. O objetivo de Lutero era discutir essas preocupações com seus colegas de Wittenberg. Assim, de acordo com a prática usual, ele afixou uma cópia em latim na porta da igreja do castelo — a "porta de Wittenberg", conforme o ditado.[16]

Mal sabia ele que, ao publicar *Noventa e cinco teses*, inauguraria aquilo que passou a ser conhecido como Reforma. E foi isso o que de fato ocorreu. Ele desejava mudanças positivas na política e nos ensinamentos de Roma, mas elas não estavam para acontecer. Lutero foi excomungado e tornou-se fugitivo, por medo de perder a vida. Ele não se transformou em um mártir, mas a corrente de consequências ocasionadas por essa reviravolta levou, inexoravelmente, ao nascimento do protestantismo. O ato de consciência de Lutero e seu corajoso posicionamento a favor de seus princípios foram catalisadores fundamentais.

***

Considerando o prestígio de Lutero como um dos maiores reformadores da história e posteriormente um tradutor da Bíblia, suas reflexões sobre a natureza dos milagres na Escritura são necessariamente de grande valor. Suas opiniões a respeito de assuntos como esse muito influenciaram a formação do recém-surgido movimento protestante e seu crescimento nos anos seguintes à sua morte. Embora uma discussão completa sobre o entendimento de Lutero acerca dos milagres não possa ser apresentada aqui, alguns exemplos representativos de seu pensamento podem ser explorados.

Inicialmente, é interessante observar que Lutero admirava muito a história do centurião registrada em Mateus 8:5-13. Nela, encontram-se filamentos de milagres, a respeito dos quais Lutero escreveu detalhadamente. A história da Escritura é esta:

> Entrando Jesus em Cafarnaum, dirigiu-se a ele um centurião, pedindo-lhe ajuda. E disse: "Senhor, meu servo está em casa, paralítico, em terrível sofrimento."
>
> Jesus lhe disse: "Eu irei curá-lo." Respondeu o centurião: "Senhor, não mereço receber-te debaixo do meu teto. Mas dize apenas uma palavra, e o

meu servo será curado. Pois eu também sou homem sujeito à autoridade e com soldados sob o meu comando. Digo a um: Vá, e ele vai; e a outro: Venha, e ele vem. Digo a meu servo: Faça isto, e ele faz."

Ao ouvir isso, Jesus admirou-se e disse aos que o seguiam: "Digo a vocês a verdade: Não encontrei em Israel ninguém com tamanha fé. [...]"

Então Jesus disse ao centurião: "Vá! Como você creu, assim acontecerá!" Na mesma hora o seu servo foi curado.

Nessa história, Lutero acreditava que havia "um milagre duplo: um operado por Cristo, e outro realizado por intermédio do centurião". Nós somos capazes de entender prontamente a que ele se refere com o milagre operado por Cristo, mas por que ele falaria dessa forma a respeito do oficial romano? Lutero leu o seguinte em sua Bíblia: "O próprio Jesus maravilhou-se com a forte fé [do centurião]." Com base nisso, ele tirou a conclusão de que "aquilo que Cristo considera e honra como milagre, nós também devemos considerar devidamente como milagre".[17]

Em contrapartida, Lutero acreditava piamente em milagres de julgamento, isto é, em "milagres operados para castigar aqueles que desprezam a verdade [aqueles que rejeitam a fé]".[18] Além disso, prosseguiu ele, "Deus, às vezes, permite que milagres genuínos sejam operados por homens maus".[19] Então, apresentou exemplos bíblicos para sustentar essa opinião, citando a profecia de Caifás, de "que Jesus morreria pela nação judaica, e não somente por aquela nação, mas também pelos filhos de Deus que estão espalhados, para reuni-los num povo" (ver João 11:51-52). Ele também apontou para o relato de Balaão, no Antigo Testamento, cuja mensagem profética em Números 24 contém o seguinte trecho:

Palavra de Balaão, filho de Beor,
palavra daquele cujos olhos veem claramente,
palavra daquele que ouve as palavras de Deus,
daquele que vê a visão que vem do Todo-poderoso. (vv. 3-4)

Voltando-se, em seguida, para o oitavo capítulo de Mateus, Lutero observou que havia dois milagres registrados nessa porção da escritura: "Primeiro [Cristo] deveria pregar e, depois, confirmar sua pregação com milagres, a fim de que todos cressem de imediato."[20] Lutero prosseguiu dizendo algo que causa certo choque. "Graças a Deus", escreve ele, "nós não *precisamos* de milagres agora, pois a doutrina já está tão bem confirmada por milagres, que ninguém precisa duvidar."[21] Embora acreditasse nisso, ele admitiu que os milagres desempenhavam um papel muito importante na economia cristã. Ele continuou:

> E, mesmo assim, parece necessário que todos os cristãos, especialmente aqueles que pregam o evangelho, devam ser capazes não apenas de *falar* como cristãos, mas também de *viver* como cristãos e confirmar seus ensinamentos com obras. O Reino de Deus não existe só em palavra, mas também em poder.[22]

Isso pode ser visto nas reflexões de Lutero sobre o milagre da multiplicação dos pães, cujo início é contado em Mateus 15:34: "'Quantos pães vocês têm?', perguntou Jesus. 'Sete', responderam eles, 'e alguns peixinhos.'" Aqui, Lutero observou que Cristo pediu um parecer aos discípulos pela segunda vez a fim de que a magnitude e a infalibilidade do milagre fossem conhecidas.

> Caso suspeitassem da existência de mais pães, a glória do milagre teria sido destruída ou obscurecida, assim como, atualmente, todas as criaturas, bem como a disposição de toda a criação, não são apreciadas, muito embora sejam milagres semelhantes ou ainda maiores do que aquele, uma vez que acontecem ano após ano.[23]

Lutero prosseguiu fazendo uma distinção vital com base nisso. Ele disse:

> Mas, quando nos propursermos a entender a majestade das obras de Deus, é preciso imaginar: *e se elas não existissem?* Se, por exemplo, fôssemos formar uma ideia sobre a majestade do sol, deveríamos nos perguntar o que aconteceria se ele não existisse por um único dia. Cristo lembrou os discípulos de que não existia coisa alguma semelhante à obra que ele estava prestes a realizar.[24]

Nesse caso, Lutero acreditava que parte da motivação por trás deste grande milagre era oferecer um senso de perspectiva eterna. Os discípulos de Cristo, embora estivessem na presença do Messias, tinham uma perspectiva terrena. Aos seus olhos, escreve Lutero, "tudo era impossível". Por qual outra razão eles teriam dito "Manda embora a multidão"? Será que eles nunca haviam parado para pensar, perguntava-se Lutero, "que até mesmo se tivessem adquirido provisões, elas não existiriam se não tivessem crescido na terra de modo maravilhoso e se, depois, não tivessem sido preservadas por Deus?".[25] Os discípulos precisavam tirar o olhar das "coisas presentes" e colocá-lo nas coisas da eternidade. O próprio Filho de Deus estava ali, e eles eram constantemente testemunhas de toda sorte de milagres. Por acaso não eram capazes de ver que nada era impossível com Deus?

Lutero também escreveu detalhadamente sobre o relato de quando João Batista, no Novo Testamento, enviou dois seguidores a Jesus com a pergunta: "És tu aquele que haveria de vir?" Como resposta, Lutero observou que Cristo "não disse nem sim nem não, mas apontou-lhes o claro testemunho de suas obras". Lutero acreditava haver duas razões para isso. "Primeiro, nem João nem qualquer outra pessoa havia feito tais obras antes. Segundo, essas obras haviam sido profetizadas anteriormente pelos profetas."[26] A fim de sustentar essa opinião, ele direcionou os leitores para Mateus 11:4-6, trecho este que declara:

> Jesus respondeu: "Voltem e anunciem a João o que vocês estão ouvindo e vendo: os cegos veem, os aleijados andam, os leprosos são purificados, os surdos ouvem, os mortos são ressuscitados, e as boas-novas são pregadas aos pobres; e feliz é aquele que não se escandaliza por minha causa."

Ele também apontou para Isaías 35:4-6, que diz, em parte:

> Digam aos desanimados de coração: "Sejam fortes, não temam! Seu Deus virá [...]" Então os olhos dos cegos se abrirão e os ouvidos dos surdos se destaparão. Então os coxos saltarão como o cervo, e a língua do mudo cantará de alegria. Águas irromperão no ermo e riachos no deserto.

Lutero acreditava que o ponto crucial no relato da indagação de João é que Cristo recorre a suas obras e deseja que as árvores sejam conhecidas pelos frutos a fim de evitar os falsos mestres, os quais vão em seu nome e dizem: somos cristãos, pois temos a verdade. Onde não há obras, também não há Cristo.[27]

Quanto àqueles que se maravilhavam com a menção de Cristo, em Mateus 11, à "ressurreição dos mortos", Lutero reconhecia a natureza extraordinária desse fato. Todavia, ele também afirmou que havia algo bem mais importante do que isso:

> Ressuscitar os mortos é um grande milagre, mas [outro] milagre é muito maior e mais glorioso [...] a saber, que Deus, da eternidade, ordenou que seu Filho fosse o Rei dos pobres pecadores e que pregasse o evangelho a eles. Portanto, [Cristo] considera esta como sua última e melhor obra.[28]

Aqui, Lutero referia-se a Mateus 11:5, cujo final diz: "Os mortos são ressuscitados, e as boas-novas são pregadas aos pobres."

***

Talvez a melhor série de reflexões oferecida por Lutero sobre o assunto dos milagres seja aquela que encerra este capítulo. As palavras de Cristo em João 14:12 impressionavam-no profundamente: "Digo a verdade: Aquele que crê em mim fará também as obras que tenho realizado. Fará coisas ainda maiores do que estas, porque eu estou indo para o Pai."

A primeira coisa que Lutero observou aqui foram as palavras de consolo ditas por Cristo aos discípulos. Eles não deveriam ficar preocupados, observou Lutero, porque Cristo estava deixando-os para estar com o Pai. Eles deveriam considerar o grande benefício que isso ocasionaria, a saber: "Fará coisas ainda maiores do que estas."[29]

Esse era um pensamento realmente espantoso. A fim de ressaltar sua importância, Lutero apresentou uma questão aos leitores:

> Mas o que devemos pensar sobre o fato de Cristo ter afirmado que aquilo *não se aplicava apenas aos apóstolos, mas a todos os que cressem nele*? Que tipo de obras poderiam ser essas, as quais seriam maiores do que as de Cristo?[30]

Ao reunir as respostas que Lutero encontrara na leitura das Escrituras, suas palavras assumiram um tom de doxologia — reverente e maravilhado — semelhante às passagens lidas nos escritos do apóstolo Paulo. "Em primeiro lugar", declarou Lutero, "esses cristãos que haveriam de vir possuem o Evangelho, o Batismo e a Ceia do Senhor", três coisas que nunca haviam existido antes e que eram de valor eterno.[31]

O que procederia dessas três dádivas? Elas possibilitariam "a conversão de outros, o resgate de almas das mãos do diabo e a retirada delas do inferno e da morte". Porém, havia ainda mais. Por intermédio dessas dádivas concedidas por Cristo, o prospecto de uma eternidade com Deus era oferecido como esperança bendita, com a qual os cristãos poderiam "consolar consciências angustiadas". Assim, aqueles que colocassem a fé em Cristo poderiam "ensinar todos os homens em todas as condições", oferecendo instrução e conselho quanto a como "viver uma vida cristã e ter uma morte feliz".[32]

Se Cristo viera para cumprir promessas de séculos passados e realizar milagres que dariam testemunho da verdade acerca de quem ele era como

Salvador e Messias, então aqueles que colocassem a fé nele receberiam muitos dos privilégios gerados pela sua obra. Todavia, esses privilégios só poderiam ser transmitidos depois que ele subisse ao Pai. Na economia divina, grandes privilégios seriam concedidos a todos os que se tornassem cristãos e, desta forma, embaixadores de Cristo. Seria como o apóstolo Paulo escreveu no terceiro capítulo de sua carta aos efésios: "Embora eu seja o menor dos menores de todos os santos, foi-me concedida esta graça de anunciar aos gentios as insondáveis riquezas de Cristo" (v. 8).

Capítulo 16

Gilbert Burnet: a Igreja Anglicana e os milagres

Se fatos claramente sobrenaturais puderam ter sua ocorrência provada, então este é outro argumento evidente e completo para comprovar a existência de um Ser superior à natureza [...].

— GILBERT BURNET[1]

O general americano da Guerra Civil, Ulysses S. Grant, foi, certa vez, descrito de modo memorável como "um homem racional vivendo em uma época irracional"[2]. Gilbert Burnet, bispo de Salisbury, também viveu em uma época tempestuosa. Nascido em 1643, durante o período das guerras civis inglesas, ele também foi, em muitos aspectos, "um homem racional vivendo em uma época irracional". Regicídio, revolução e conflito religioso violento: todas essas coisas terríveis ele viu durante a vida.

Autodenominado "amante da paz", Burnet era um valente aliado de Robert Leighton, arcebispo de Glasgow, em seus esforços de produzir "um acordo entre as comunidades episcopal e presbiteriana".[3] Em 1669, ele publicou um manifesto exigindo a reconciliação entre essas duas tradições de fé afins, *A Modest and Free Conference Between a Conformist and a Nonconformist* [Um debate simples e livre entre um conformista e um inconformista]. No mesmo espírito, ele dedicou cinco anos à produção de um livro considerado por muitos como uma de suas melhores obras: *An Exposition of the Thirty-Nine Articles of the Church of England* [Uma exposição dos 39 artigos da Igreja da Inglaterra], publicado pela primeira vez em 1699. Ao longo da vida, conforme expresso em seus escritos, Burnet "esperava um sistema abrangente que pudesse incluir inconformistas na Igreja da Inglaterra".[4] Essas esperanças nunca foram concretizadas, mas isso em nada diminui a cativante natureza do cristianismo simples defendido por ele.

As esperanças de reconciliação entre conformistas e inconformistas que Burnet nutria não foram concretizadas, mas seu livro sobre os 39 artigos é um presente que a posteridade tem tido a chance de apreciar. Reimpresso muitas vezes ao longo dos 150 anos seguintes à sua publicação inicial, ele se tornou um clássico amplamente reconhecido. E é por essa razão, e à luz do cristianismo simples que a obra defende, que seus ensinamentos sobre a questão dos milagres são muito dignos de serem explorados. A riqueza da ortodoxia anglicana é totalmente revelada nessas páginas, perspectiva esta profundamente apreciada por outro baluarte da Igreja da Inglaterra: seu grande amigo John Tillotson, arcebispo de Canterbury. Tillotson encerrou uma emocionante carta com "uma oração para que Burnet tivesse muito tempo de vida a fim de realizar [...] obras para a Igreja"[5]. Foi isso, de fato, o que o livro de Burnet fez e continua a fazer até hoje.

***

"A essência de Deus é um único pensamento perfeito, no qual ele vê e dispõe todas as coisas."[6] Aqui, na introdução do livro de Burnet, temos uma bela afirmação sobre a perfeição de Deus, bem como de sua soberania e sua transcendência. Deus é perfeito, governa todas as coisas e, além da esfera que conhecemos como tempo, ele tudo vê. Passado, presente e futuro — tudo o que há para ser conhecido nessas frações de tempo é conhecido por ele.

A partir desses pensamentos, Burnet declarou que os "atos transitórios" de Deus, ou seja, as coisas que ele faz apenas uma vez em um tempo e local específicos, "são feitos em uma sucessão de tempo". Isso significa dizer que esses atos acontecem na história como a conhecemos. Entre os atos transitórios de Deus estão a criação do mundo, os momentos em que sua providência está claramente em ação e os milagres.

Milagres, de acordo com Burnet, podem ser definidos como ocasiões em que "a natureza é colocada fora de curso" e quando surgem palavras ou sinais claramente ocasionados "por um poder superior ao curso da natureza".[7] Deus é o único que pode realizar tais coisas, e, por conseguinte, os milagres falam de várias formas sobre a realidade de quem ele é.

O primeiro dos 39 artigos declara:

> Há um único Deus vivo e verdadeiro, eterno, incorpóreo, indivisível, desprovido de paixões, com poder, sabedoria e bondade infinitos, criador e sustentador de todas as coisas visíveis e invisíveis. E, na unidade dessa divindade, há três Pessoas de mesma substância, poder e eternidade: o Pai, o Filho e o Espírito Santo.

Desse primeiro artigo, Burnet fez diversas deduções importantes. Ele começou refletindo sobre a onipotência de Deus, ou seu poder infinito. "A Mente Suprema", escreveu Burnet, "pode, por meio do pensamento, colocar um corpo em movimento da forma que desejar".[8] Todo corpo, prosseguiu ele, está "constantemente sujeito às impressões feitas pelos atos da Mente Divina. Esse domínio absoluto sobre toda a matéria faz com que ela se mova e receba forma de acordo com os atos dessa Mente". Isso, conclui Burnet, nos dá uma ideia distinta dos milagres. [Assim como] os atos da Mente Eterna deram à matéria seu primeiro impulso e colocaram-na no curso que nós agora chamamos de curso da natureza, da mesma forma outro ato da mesma Mente pode suspender, interromper ou alterar esse curso a bel-prazer — assim como aquele que joga uma bola pode interrompê-la em seu curso ou jogá-la de volta se quiser, sendo este apenas o impulso modificador do próprio indivíduo. Portanto, se um ato da Mente Infinita coloca as coisas em um curso regular, outro ato interposto pode mudar isso quando desejar.

> E, assim, em relação a Deus, milagres não são mais complexos do que qualquer outro ato da Providência: eles só são mais surpreendentes para nós porque são menos usuais e saem do curso comum e regular das coisas. [Tudo isso] pode levar-nos a formar pensamentos mais intensos e claros a respeito de Deus.[9]

A descrição de Burnet sobre a transcendência divina na ordem natural — ele a criou e, portanto, pode modificá-la quando for mais adequado a seus propósitos e sua vontade — traz à memória um resumo do matemático John Lennox de como uma linha de argumentação semelhante de C.S. Lewis ajudou-o a ver falhas nos "argumentos frequentemente citados contra os milagres de modo geral e contra a ressurreição de Cristo em particular" expressos pelo filósofo David Hume. Lennox escreveu:

> Contra a noção preponderante de que os milagres "quebram as leis da natureza", Lewis argumentou que as leis da natureza não são causas, mas, em vez disso, nossas descrições daquilo que normalmente acontece. Assim, o Criador, responsável último pelas regularidades do cosmo, não é prisioneiro delas. Ele é perfeitamente livre para acrescentar algo novo ao sistema. É, portanto, absurdo sugerir que a ciência mostra que Deus não é capaz de inserir-se na vida humana ["a Palavra tornar-se carne", como descrito em João 1:14].[10]

É surpreendente o fato de Burnet ter construído argumentos tão parecidos com os de Lewis, mesmo tendo-os escrito cerca de dois séculos e meio *antes* de Lewis levar a pena ao papel. Além disso, ambos os homens estavam claramente cientes de algo de importância eterna. Deus é o Senhor do baile cósmico e pode alterar os passos (aquilo que consideramos "leis imutáveis da natureza") quando quiser. Ele está além e acima da ordem criada. Retornando à linha de pensamento de Burnet, momentos milagrosos "só são mais surpreendentes para nós porque são menos usuais e saem do curso comum e regular das coisas". Consideradas em conjunto, as reflexões de Burnet e Lewis são grandes presentes para a Igreja e "nos levam a formar pensamentos mais intensos e claros a respeito de Deus".[11] Ao mesmo tempo, o que Lewis e Burnet declaram traz à mente versos de G.K. Chesterton. Eles pertencem a seu poema *"Gloria in Profundis"*:

Como um sinal, sobre a terra desceu
um Deus grande demais para o céu.
Ele irrompeu em todas as coisas e removeu
os limites da eternidade:
No tempo e nas extremidades da terra
ele andou a esmo como um ladrão ou um amante,
pois o vinho do mundo é transbordante,
e, na areia, derrama seu esplendor inebriante.[12]

***

A discussão de Burnet sobre o artigo IV da Igreja da Inglaterra considera como a ressurreição e a ascensão de Cristo falam ao coração do cristianismo. Esse artigo declara que Cristo verdadeiramente ressuscitou dentre os mortos e tomou de volta seu corpo com carne, ossos e todas as coisas pertencentes à perfeição da natureza humana, com a qual ascendeu ao céu e ali permanecerá assentado até retornar para julgar todos os homens no último dia.

Partindo dessa declaração de fé, Burnet afirmou que "em meio aos cristãos, o artigo sobre a ressurreição e a ascensão de Cristo sempre foi considerado *o principal artigo, do qual todos os demais dependiam*".[13] A partir desses dois acontecimentos, houve a inauguração da Igreja cristã, e, a fim de apoiá-la, muitos outros milagres ainda aconteceriam. Eles foram, declarou Burnet, "reunidos em um livro e publicados na mesma época em que foram realizados: o livro dos *Atos dos apóstolos*".[14]

Quais foram esses milagres? Entre eles, houve as várias ocasiões em que os cristãos primitivos viram Cristo após sua ressurreição e falaram com ele. Segundo, depois da ascensão, os discípulos "receberam dele poderes extraordinários para operar milagres em seu nome e falar em diversas línguas. Este último foi um sinal incrível do poder sobrenatural entregue a eles".[15] Burnet chamou este sinal de "efusão do Espírito Santo"[16], e, nessa ocasião, isso foi uma bela maneira de se confirmar a palavra de Cristo expressa em João 15:26: "Quando vier o Conselheiro, que eu enviarei a vocês da parte do Pai, o Espírito da verdade que provém do Pai, ele testemunhará a meu respeito."

Isso leva naturalmente a uma discussão do artigo V, o qual declara que "o Espírito Santo, proveniente do Pai e do Filho, possui a mesma substância, majestade e glória do Pai e do Filho, o próprio Deus eterno".

Burnet maravilhava-se com a vinda prometida do Espírito Santo, mencionada na Escritura. "O Espírito Santo", escreveu ele, "é apresentado a nós na Escritura como uma Pessoa, sob cuja economia [estão] todos os diversos dons, administrações e operações existentes na Igreja".[17] O que a Igreja recebeu com o maravilhoso advento do Espírito Santo? Burnet gostava muito de citar as palavras do Salvador: "Ele habitará com vocês, guiando-os a toda verdade e mostrando-lhes as coisas do porvir. Ele trará todas as coisas à sua memória, convencendo o mundo do pecado, da justiça e do juízo." No entanto, esse não seria o fim das ações do Espírito. De acordo com o apóstolo Paulo, "o Espírito sonda todas as coisas e intercede por nós". No Novo Testamento, concluiu Burnet, a palavra que traduzimos como Espírito Santo representa mais comumente a maravilhosa efusão das virtudes milagrosas derramadas no Pentecostes sobre os apóstolos, por meio das quais o espírito deles foi não somente exaltado em níveis extraordinários de zelo e coragem, de autoridade e elocução, como também provido do dom de línguas e milagres.[18]

Ao concluir a exploração da obra do Espírito Santo, a prosa de Burnet ganha um tom de doxologia. "O Espírito Santo", disse ele, "é verdadeiramente Deus; possui a mesma substância do Pai e do Filho." Seu ministério é o de ensinar todas as coisas, guiar a toda a verdade, revelar o que está por vir, sondar todas as coisas — até mesmo as profundezas de Deus — fazer intercessão por nós [e] transformar-nos à mesma imagem de Cristo.

Por último, escreveu Burnet, o Espírito Santo tem "a mesma substância, majestade e glória do Pai e do Filho".[19] Tais ensinamentos e tal entendimento dos milagres agraciam a Igreja Anglicana. Eles o fizeram na época de Burnet e continuam a fazê-lo agora.

Capítulo 17

Jonathan Edwards: o Grande Despertamento e os milagres

Em seu livro A History of the Work of Redemption [Uma história da obra da redenção], Edwards desenvolveu aquilo que acreditava ser a chave da história. Deus operou por meio de despertamentos periódicos, e isso pareceu estar demonstrado ao longo da história bíblica.

— George Marsden[1]

O Grande Despertamento não foi um dogma religioso. [...] O sol raiou sobre o Ocidente quando seus líderes culturais entenderam que o Espírito Santo de fato possibilitara aos leitores originais de Pedro [o apóstolo] — os cristãos — viver como Cristo.

— Vishal Mangalwadi[2]

Em outubro de 1703, quatro anos após Gilbert Burnet publicar seu livro *An Exposition of the Thirty-Nine Articles of the Church of England* [Uma exposição dos 39 artigos da Igreja da Inglaterra], nascia um garoto na Nova Inglaterra, uma colônia inglesa, cujo ministério seria marcado por uma época tão famosa de avivamento, que o nome dela passaria a ser sinônimo de derramamento do Espírito Santo: o Grande Despertamento.

O nome do garoto era Jonathan Edwards. Ele se tornou pastor, teólogo, filósofo e, por pouco tempo, presidente da instituição hoje conhecida como Universidade Princeton. No fim de agosto de 1741, Edwards já era a figura central em um despertamento espiritual (e uma polêmica) que transbordava pela Nova Inglaterra. Ele levava esperança a muitos e repreendia o escárnio de outros, os quais eram hostis ao acontecimento que desafiava as noções preestabelecidas de como Deus operava.[3]

Se Burnet, em seu momento histórico, fora "um homem racional vivendo em uma época irracional", Edwards não foi menos do que isso em sua própria época, cerca de duas gerações mais tarde e do outro lado do oceano, no Novo Mundo.

Quando Edwards chegou em New Haven, Connecticut, para fazer um discurso de paraninfo em sua alma mater, Yale, estava havendo uma tempestade de controvérsias. O ponto crítico do conflito era James Davenport, "um pregador itinerante radical e sensacionalista" que se dedicava a encorajar congregações a abandonarem seus respectivos pastores e liderava "surtos coletivos de frenesi que, por vezes, envolviam a queima de livros teológicos", "alegando ouvir a voz do próprio Deus".[4]

Na época em que Edwards chegou a New Haven, Davenport havia declarado desaforadamente que o reverendo Joseph Noyes, pastor da Primeira Igreja de New Haven, era um "lobo em pele de ovelha". Uma vez que os jovens de Yale tinham a obrigação de frequentar a Primeira Igreja, o chamado de Davenport para que as ovelhas de Noyes abandonassem "o pastor farisaico" e frequentassem reuniões separatistas "puras" provocou furor. O reitor, Thomas Clap, responsável pelo bem-estar espiritual dos jovens de Yale, redigiu uma ordem oficial proibindo os alunos de frequentar qualquer culto itinerante. Porém, quando esse edito foi divulgado, muitos alunos já estavam se tornando extremamente insubordinados. Eles imitavam evangelistas revolucionários como Davenport, atrevendo-se a agir como juízes irrepreensíveis sobre a condição espiritual uns dos outros, do clero estabelecido ou dos próprios funcionários da faculdade. Era especialmente alarmante o fato de um dos alunos mais exemplares de Yale, David Brainerd, ocupar posição de destaque entre eles.

Sob tais circunstâncias, os fiduciários de Yale encontraram-se na semana da formatura. Diante da insistência do reitor, foi eleita uma medida declarando que "se qualquer aluno da faculdade dizer, direta ou indiretamente, que o reitor, os fiduciários ou os tutores são homens hipócritas, carnais ou incrédulos, ele deverá, pela primeira ofensa, fazer uma confissão pública no saguão e, pela segunda ofensa, ser expulso".[5]

O célebre biógrafo de Edwards, George Marsden, escreveu que talvez o reitor Clap e seus aliados tivessem nutrido a esperança de que Edwards, renomado partidário tanto do verdadeiro despertamento quanto da ordem ortodoxa, exortasse os alunos [em seu discurso de paraninfo] a acalmarem os ânimos em respeito às autoridades constituídas.

No entanto, Edwards, de quem esta era de fato uma descrição exata, demonstrou um "apoio vigoroso" àquele despertamento. Essa atitude foi ainda mais poderosa porque ele admitiu deliberadamente os fatos que haviam provocado as duras queixas, a saber, "que havia muitos fenômenos estranhos e incomuns, até mesmo excessos", associados ao despertamento.[6]

Tendo estabelecido essa ressalva no início, Edwards prosseguiu à sua missão. "Na era apostólica", escreveu ele, aconteceu o maior derramamento do Espírito de Deus de todos os tempos, tanto em relação a suas influências e seus dons extraordinários, quanto às suas operações comuns de convencer, converter, esclarecer e santificar a alma dos homens.[7]

No entanto, conforme Edwards observou, onde as influências do verdadeiro Espírito transbordavam, manifestações falsas eram susceptíveis de surgir. Edwards acreditava piamente que Satanás deleitava-se em semear discórdia e confusão, simulando as influências comuns e extraordinárias do Espírito de Deus. E, a fim de sustentar essa opinião, ele indicou "inúmeras passagens dos escritos dos apóstolos".[8]

Diante de tais realidades, Edwards considerou prudente dizer que era "muito necessário que a Igreja de Cristo fosse provida de determinadas regras — marcas claras e distintivas — com as quais pudesse diferenciar, com segurança, o verdadeiro do falso".[9]

Ao prosseguir definindo os parâmetros do seu argumento, Edwards introduziu um importante princípio sobre as operações do Espírito de Deus. "O Espírito Santo", declarou ele, "é soberano em sua ação." Na economia divina, Deus costuma operar de diversas maneiras. Nós desconhecemos o tamanho da variedade que ele pode utilizar, disse Edwards. Por isso, "não devemos limitar Deus naquilo que ele não se limitou".[10]

Este foi um ponto crucial, pois, conforme Edwards observou, existe uma grande tendência nas pessoas de duvidar das coisas que parecem estranhas, especialmente entre os mais velhos. Elas questionam coisas, disse Edwards, com as quais não estavam habituadas em sua época ou a respeito das quais "não ouviram falar no tempo de seus pais".[11]

Porém, tal tendência, argumentou Edwards, é equivocada. Se o fato de uma situação ser incomum for considerado um bom argumento para afirmar ela não foi obra do Espírito de Deus, é preciso lembrar que muitas coisas incomuns ocorreram na época dos apóstolos.

Aqui, Edwards convidou seus leitores a recordarem que a obra do Espírito nos tempos antigos fora realizada de modo completamente novo em muitos aspectos, como nunca havia sido visto ou ouvido no mundo. Mudanças súbitas aconteceram. Ora, não era exatamente isso o que Deus desejava fazer? O próprio objetivo de tais "obras poderosas e maravilhosas" era produzir alterações súbitas em povoados, cidades e países.[12]

Isso é muito importante, disse Edwards, porque as profecias das Escrituras indicam que, "nos tempos finais do mundo", "o último e maior derramamento do Espírito de Deus" será tão grande, que "a natureza desta obra será absolutamente extraordinária". Haverá coisas nunca ocorridas antes.[13]

Uma obra não deve ser menosprezada, prosseguiu Edwards, por provocar lágrimas ou fazer com que as pessoas tremam, gemam, chorem em voz alta ou até mesmo desmaiem. A influência sob a qual elas estão, disse ele, não deve ser julgada, de uma forma ou de outra, pelos efeitos no corpo. Sua razão era simples e direta: em nenhum lugar das Escrituras foi dada uma regra quanto a essas coisas.[14]

Edwards introduziu, então, um exemplo da vida comum para ressaltar o que quis dizer. Nossa natureza funciona de tal maneira, disse ele, que, quando estamos sob "o risco de enfrentar alguma calamidade terrível" — por exemplo, em tempos de guerra —, muitos "tremem feito uma folha", esperando que o inimigo se aproxime a qualquer momento. Portanto, Edwards concluiu que não é de admirar que uma conscientização da "ira de Deus, quando manifesta a determinada alma, mesmo que em pouca medida, subjugue a força humana".[15]

Tendo em conta tal argumento com base em experiências comuns, Edwards acreditava que não deveria ser surpresa o fato de "um verdadeiro senso da gloriosa excelência do Senhor Jesus Cristo" e de seu amor maravilhoso, ou mesmo um profundo sentimento de alegria, ser tão intenso a ponto de subjugar as forças físicas de alguns. Se admitirmos, como muitos prontamente admitem, "que nenhum homem pode ver Deus e permanecer vivo", por que deveria ser considerado estranho o fato de que, quando "Deus dá aos seus santos, em alguns momentos, [...] antegozos do céu [...], a força física deles [é subjugada]?"[16]

Outros ainda, observou Edwards, fazem objeção a acontecimentos extraordinários porque há exemplos registrados no Novo Testamento cuja ocorrência foi provocada por "efusões extraordinárias do Espírito".[17]

No entanto, Edwards não conseguia ver força nesse tipo de objeção. "Desconheço", disse ele, "a presença de quaisquer menções expressas no Novo Testamento de pessoas chorando, gemendo ou suspirando por medo do inferno ou por sentir a ira de Deus." Mas haveria alguém tão tolo a ponto de dizer que, se essas coisas acontecerem com alguém, suas convicções não serão provenientes do Espírito de Deus?[18]

***

Poucos imaginam Jonathan Edwards empregando humor em seus textos, mas um lampejo de humor pode ter estado presente quando ele abordou outro tipo de objeção à obra do Espírito de Deus. Ele insistiu que o fato de algumas pessoas, às vezes, experimentarem uma espécie de êxtase, saírem de si, terem a mente levada por uma série de pensamentos e visões intensas e agradáveis ou se sentirem como se tivessem sido levadas ao céu e ali contemplado coisas gloriosas não é argumento de que a obra não provém do Espírito de Deus.[19]

Nesse aspecto, Edwards poderia falar a partir de sua experiência pessoal sobre coisas que testemunhara em épocas de avivamento. "Estou familiarizado com alguns desses casos", disse ele, talvez com um brilho nos olhos. "Não vejo necessidade de introduzir o diabo para ajudar a explicar essas coisas. [...] A natureza humana, diante de tais práticas e sentimentos intensos, é tudo o que precisa ser levado em conta".[20]

A fim de apoiar essa ideia, Edwards voltou-se para as "visões dos profetas", conforme registradas na Escritura, e ao relato bíblico do "arrebatamento de São Paulo ao paraíso". Ele concluiu essa linha de raciocínio dizendo: "Eu já demonstrei [...] que pessoas com um verdadeiro senso da grandeza e da excelência gloriosas das coisas divinas ou com visões da beleza e do amor arrebatadores de Cristo [são frequentemente] prostradas."[21] Portanto, concluiu ele, "não acho nada estranho que [muitos] sejam assim afetados e subjugados [ou] que possa haver algumas pessoas com constituições específicas a terem a imaginação afetada dessa maneira".[22]

***

Em seguida, Edwards passou ao lado positivo da questão. Ele havia abordado diversas objeções inapropriadas contra obras operadas pelo Espírito de Deus e, agora, falaria de evidências bíblicas demonstrando quando alguma obra fora *de fato* realizada pelo Espírito Santo.

Em primeiro lugar, declarou Edwards, uma obra "é um sinal claro de Deus" quando promove "um aumento do respeito por Jesus", confirmando e estabelecendo, na mente da pessoa, "a verdade daquilo que o evangelho nos declara sobre o fato de ele ser o Filho de Deus e o Salvador dos homens".[23]

Além disso, uma obra é realizada por Deus se estimula, "nos homens, um respeito maior pelas Escrituras Sagradas e estabelece-os ainda mais em sua verdade e santidade". O diabo, insistiu Edwards, nunca "tentaria gerar nas pessoas um respeito pela Palavra divina, a qual foi concedida com o objetivo de ser a grande e permanente regra de conduta para a Igreja em todos os assuntos religiosos".[24]

O Espírito de Deus também está operando, acreditava Edwards, se o amor a Deus e aos outros é aumentado. Aqui, ele fez referência aos escritos do apóstolo João a fim de reforçar seu argumento: "Amados, amemos uns aos outros, pois o amor procede de Deus. Aquele que ama é nascido de Deus e conhece a Deus. Quem não ama não conhece a Deus, porque Deus é amor" (1João 4:7-8).[25]

Ao se aproximar do término, Edwards fez um resumo e uma convincente conclusão. "Eu falei", disse ele, sobre diversas características distintivas "de uma obra proveniente do verdadeiro Espírito".[26] Depois, com muita veemência, afirmou: "Essas são coisas que o diabo *não faria* se pudesse."

Satanás, insistiu Edwards com determinação, não despertaria a consciência nem sensibilizaria os homens de seu pecado. Tampouco tornaria as pessoas "sensíveis à sua grande necessidade de um Salvador". O inimigo da nossa alma "não confirmaria a crença dos homens de que Jesus é o Filho de Deus e o Salvador dos pecadores, nem aumentaria o valor e o respeito atribuídos a ele". O maligno "não incutiria, na mente dos homens, um parecer sobre a necessidade, a utilidade e a verdade das Escrituras Sagradas, nem os inclinaria a fazer muito uso delas". Por último, Edwards declarou que Satanás não "mostraria a verdade aos homens no que diz respeito ao bem de sua alma a fim de esclarecê-los, guiá-los das trevas para a luz e dar-lhes uma visão das coisas como elas realmente são".[27]

***

O presente de Edwards para a Igreja ao demonstrar esses "sinais distintivos do Espírito de Deus" foi, no final das contas, um presente de discernimento com base bíblica. Muitos tinham um preconceito inadequado contra acontecimentos extraordinários, ou milagres, simplesmente porque tais manifestações não se encaixavam bem em suas noções preconcebidas. Outros tinham ido longe demais para o lado oposto, entregando-se a hábitos excessivos nada saudáveis. Cheios de orgulho espiritual, estes se consideravam dotados por Deus de forma especial, sendo que, na realidade, estavam profundamente equivocados.

O que Edwards apresentou para as pessoas de ambos os lados dessa divisão foi a regra da Escritura. O que ela dizia? O que ela recomendava como louvável e normativo? O que ela censurava como falso e prejudicial? Essas eram as considerações que deveriam estar acima de todas as outras.

Em uma época extremamente carregada de controvérsias religiosas, a voz de Edwards foi uma voz da razão. O fato de que milagres acontecem era veementemente defendido por ele. Ao mesmo tempo, o discernimento manda que não sejamos confiantes e crédulos demais. Em tais questões, a Escritura é sempre o guia certo e infalível.

Capítulo 18

David Hume: o argumento contra os milagres e as razões para a fé

Há algumas pessoas, acredito, que talvez achassem mais fácil aceitar a história do Novo Testamento se os milagres não fossem obstáculos. Porém, [...] talvez fosse mais fácil aceitarem ambos se elas olhassem para a verdadeira essência desses milagres. Enquanto observarem apenas sua superfície, provavelmente verão apenas uma violação das leis da natureza; mas, quando contemplarem sua essência, reconhecerão ali ao menos um possível cumprimento de suas leis mais profundas.

— GEORGE MACDONALD[1]

Se há um nome associado à rejeição de milagres como fenômenos sobrenaturais, esse nome é o do filósofo escocês David Hume. Oito anos mais jovem do que Jonathan Edwards, ele viveu cerca de vinte anos mais do que o grande filósofo e teólogo norte-americano, falecendo em 1776.

Hume era brilhante, como Edwards, e deixou sua marca nos campos da filosofia, da história e da economia política. Quanto ao vigor de seu intelecto e ao fluxo lógico de sua argumentação, Hume tinha poucos concorrentes à altura na época.[2] Seu lugar no panteão de grandes filósofos da história é reconhecido, e a sua influência nas escolas de filosofia desde 1700 é de longo alcance.

Sem dúvida, também é o caso de suas reflexões sobre milagres. Qualquer discussão sobre esse assunto, seja de natureza erudita ou mais popular, leva as ideias dele em consideração. Poucas vezes uma definição gerou um debate maior e mais prolongado do que a definição de milagre feita por Hume. Na opinião dele, "um milagre pode ser definido precisamente como '*uma transgressão de uma lei da natureza por volição pessoal da Divindade ou por interposição de algum agente invisível*'".[3]

Esta definição, admitamos, é bastante difícil por conta da linguagem especializada. Pode ser proveitoso citar uma definição mais concisa oferecida por Hume em outra ocasião. Um milagre, disse ele, é "uma violação das leis da natureza".[4] Este é um trecho de uma citação composta por uma única frase, que pode ser considerada um resumo de seu argumento a favor da rejeição de milagres. "Um milagre", escreveu ele, é uma violação das leis da natureza; e, como essas leis foram estabelecidas por uma experiência firme e inalterável, a prova contra os milagres, pela própria natureza do fato, é tão completa quanto qualquer argumento da experiência que se possa imaginar.[5]

Ao declarar isso, Hume, à sua maneira, lançou um desafio filosófico. Muitos escritores e pensadores ao longo dos 235 anos desde sua morte aceitaram esse desafio e tentaram contrariar sua premissa.

Não surpreende o fato de muitos pensadores cristãos terem entrado no diálogo com Hume. Afinal, todo o cristianismo baseia-se na crença no milagre da revelação divina, a saber, os ensinamentos da Escritura e tudo o que é dito nela sobre a criação do mundo, Deus Pai, Filho, Espírito Santo e muitas outras coisas.

O espaço não permite uma consideração completa dos vários pensadores cristãos que se ocuparam com a definição e o argumento de Hume, mas podemos mencionar diversas respostas importantes que surgiram.

Em 1911, a *Enciclopédia britânica* publicou um clássico ensaio do teólogo erudito Alfred Ernest Garvie (1861-1945). Ganhador de honras na faculdade de Mansfield, parte da Universidade de Oxford, Garvie possuía um intelecto inquiridor e ficou especialmente famoso mais tarde por sua "devoção no amor evangélico e sua fé na unidade da Igreja de Cristo".[6] Poucos estudiosos eram mais bem-qualificados do que ele para fazer uma crítica a Hume naquele momento da história.

Ao considerar o argumento em questão, bem como uma resposta lisonjeira de John Stuart Mill, Garvie declarou:

> Hume afirma que nenhuma das evidências disponíveis pode tornar um milagre crível. Mill declara sua posição com o devido cuidado: "A questão pode ser expressa de forma justa dependendo de um equilíbrio de evidências: uma certa quantidade de evidências positivas a favor de milagres e uma suposição negativa proveniente do curso geral da experiência humana contra eles."[7]

A isso, Garvie respondeu que a existência de "uma certa quantidade de evidências positivas a favor de milagres" impossibilita a afirmação abrangente de que os milagres são "contrários à experiência". A própria expressão é, como [William] Paley indicou, ambígua. Caso ela se refira a todas as experiências, admite-se que o argumento foi comprovado. Caso se refira somente a experiências comuns, então ela simplesmente afirma que os milagres são incomuns: um truísmo. A probabilidade dos milagres depende da concepção que temos da livre relação entre Deus e a natureza, bem como da natureza como órgão adequado para o cumprimento dos propósitos de Deus. Se acreditamos em uma revelação e em uma redenção divina que transcendem o curso da natureza, então os milagres, como sinais desse propósito divino, não parecem improváveis.[8]

Garvie estava realmente certo ao salientar que, para responder a Hume, tudo depende de onde se começa. Se uma "livre relação entre Deus e a natureza" é pressuposta, então algumas coisas podem ser deduzidas. Uma vez que Deus criou a natureza, ele é livre, se assim desejar, para realizar quantas obras quiser contra as leis da natureza — milagres — já que ele mesmo está acima dela e é Todo-poderoso. Para aqueles que partem deste pressuposto básico, o conceito de milagres não é difícil de ser admitido.

Mas, quando se pressupõe que Deus está preso às leis da natureza, os milagres tornam-se problemáticos, conforme Hume indica, com razão. Um milagre, por definição, é sobrenatural: literalmente "acima da natureza". Portanto, deve ser dito que, se as leis naturais nunca podem ser quebradas ou excedidas, de acordo com a afirmação de Hume, então os milagres nunca poderiam ocorrer.

Neste ponto, os cristãos ortodoxos discordam dele. Afinal, desde o primeiro capítulo de Gênesis, "a livre relação entre Deus e a natureza" é sagrada. Deus trouxe os céus e a terra à existência por meio da fala, a partir do nada. Sua poderosa declaração foi um milagre da mais elevada ordem, uma vez que a própria natureza brotou desta palavra onipotente. Deus criou a natureza e estabeleceu-lhe leis que passamos a identificar, desde então, em estudos sobre o seu funcionamento.

Passando a uma reflexão sobre o Novo Testamento, Garvie afirmou que, para a Igreja cristã, "os milagres de Jesus são de importância primordial, e as evidências — externas e internas — a seu favor podem ser consideradas suficientes para justificar a crença". Os Evangelhos, prosseguiu ele, tomaram sua forma atual entre 60 e 90 d.C. Em suas páginas, a representação do caráter moral, a consciência religiosa e o ensinamento de

Jesus inspiram confiança. Os milagres estão inseridos na própria tessitura dessa representação, e neles Jesus revela-se como Salvador.

Aprofundando-se ainda mais nessa linha de pensamento, Garvie prosseguiu dizendo que "o Jesus Cristo apresentado a nós no Novo Testamento teria se tornado uma pessoa muito diferente se os milagres fossem eliminados". Além disso, a perfeição pura de Jesus e sua relação filial com Deus tornam-no único. Suas obras, das quais os milagres constituem a peça central, são consistentes com sua divindade.

Por último, há mais evidências antigas relacionadas ao supremo milagre da ressurreição de Cristo do que a quaisquer outros milagres mencionados nas Escrituras. Aqui Garvie direcionou seus leitores a 1Coríntios 15:3-7, escrito antes de 58 d.C.[9] A conquista da morte por Cristo, disse Garvie, é mencionada com muita frequência no ensinamento apostólico. A Igreja cristã jamais teria vindo à existência sem a fé no Senhor ressurreto. A prova do sobrenaturalismo de sua Pessoa sela a credibilidade de suas obras sobrenaturais.[10]

***

Além disso, é importante lembrar que um trecho citado anteriormente, no ensaio de Garvie, menciona o clérigo e filósofo inglês William Paley (1743-1805). Mais adiante neste capítulo, os conhecimentos atuais acerca de Paley serão considerados em contraste com os de Hume. Mas, aqui, vale reservar alguns momentos para explicar as contribuições de Paley ao campo da apologética quando seus dois livros mais importantes foram publicados.

Os livros são *The Evidences of Christianity* [As evidências do cristianismo] (publicado em 1794) e *Natural Theology* [Teologia natural] (publicado em 1802). O grande mérito desses livros reside em seu "forte poder de raciocínio" e no dom de Paley de produzir uma "organização clara e declarações vigorosas".[11] Ele também possuía o dom da destilação: isolava os argumentos mais convincentes dos filósofos que o precederam e apresentava-os de modo a terem melhor proveito.

Tudo isso contribuiu para um estilo apologético eficaz, e, para Paley, os milagres estavam no cerne do argumento a ser feito a favor do cristianismo. Nas páginas iniciais de *The Evidences of Christianity*, Paley dedicou-se a lançar as bases de seu argumento. "A humanidade", escreveu ele, "tinha necessidade de uma revelação" — ou seja, tínhamos uma grande e persistente necessidade de entender como nós e nosso mundo passamos a existir.[12]

Paley, então, introduziu uma nova premissa. E se imaginássemos, perguntou ele, que "o mundo em que vivemos tem um Criador? Seria, por acaso, improvável que uma revelação fosse feita, [ou] inacreditável que Deus interviesse para tal propósito?"[13] Paley achou lógico deduzir que, se houvesse um Criador, ele certamente desejaria que suas criaturas conhecessem suas origens.

Uma vez que tal revelação só poderia vir de Deus, ela seria, por definição, sobrenatural, ou seja, fora ou além da natureza. E assim, Paley pôde deduzir que esta revelação divina à humanidade teria sido, *por definição*, um milagre.

Aqueles que professam fé no cristianismo entendem que a revelação de Deus acerca de si mesmo, de seus planos, de seus propósitos e de nossas origens é apenas outro nome para a Escritura, ou a Bíblia Sagrada. Elas são a mesma coisa. Na Escritura, aprendemos que Deus trouxe o mundo à existência pela fala, do nada. Ele criou o mundo natural e colocou suas leis em movimento.

Para Paley, essa era uma distinção fundamental a se ter em mente, a qual tinha muito a ver com as ideias de David Hume. Argumentando com base na experiência, Hume dissera que os milagres não podem ocorrer porque "o curso da natureza é invariável" e que, se variações no curso da natureza de fato ocorressem, elas seriam "frequentes e gerais", e não raras.[14]

Contudo, perguntou Paley, "a obrigatoriedade disso [dessa opinião] foi demonstrada?" E se "o curso da natureza [for] a agência de um Ser inteligente?" Não deveríamos, portanto, "esperar que esse Ser, em situações de importância especial, pudesse interromper a ordem designada por ele mesmo?" Além disso, e se tal Ser, a quem chamamos Deus, limitasse tais interrupções "à experiência de alguns"? Não seria prerrogativa dele?[15]

Paley acreditava que tudo isso era verdade, e que não se tratava de "uma questão de surpresa nem de objeção" o fato de Deus, o qual colocara em movimento "o curso da natureza", poder interromper este curso com a frequência que quisesse. Como soberano do universo — conforme a Escritura ensina a respeito de Deus — ele poderia emitir decretos reais como quisesse e do tipo que mais se adequasse à sua boa vontade e ao seu prazer.[16] Tudo depende de onde se parte em termos de pressupostos básicos, argumentou Paley. Por conseguinte, ele não considerou conclusivo o argumento de Hume, fundamentado na experiência.

Conforme veremos, conhecimentos novos e bastante convincentes revisitaram a crítica de Paley a Hume, colocando nela ênfase renovada. Aqui, contudo, vale repetir que A.E. Garvie estava certo ao chamar atenção para Paley como figura central na história dos debates sobre a natureza dos milagres, e seu ensaio na *Enciclopédia britânica* foi uma contribuição importante para um grande público nesse assunto.

***

Cerca de 11 anos antes de A.E. Garvie falecer, o escritor G.K. Chesterton publicou um artigo abordando as preocupações de David Hume quanto à credibilidade dos milagres. O artigo de Chesterton foi publicado em 27 de outubro de 1934 na edição do *Illustrated London News* [Jornal ilustrado de Londres] com o título "On Believing in Miracles" [Sobre a crença em milagres].

O tom de Chesterton nesse texto é coloquial e leva as marcas de sua prosa — humor, ilustrações pitorescas e até mesmo um pouco de seu conhecido gosto por paradoxos —, todavia ele estava, na verdade, construindo um argumento muito convincente.

O artigo começa de forma descontraída, com um inteligente jogo de palavras. Logo depois, passa ao cerne da questão. Chesterton declarou:

> Há um argumento falacioso, ou uma falsa lógica, sendo construído por alguns correspondentes em relação a [...] alguns artigos que escrevi [...] sobre o monstro do lago Ness ou *As mil e uma noites*. O argumento aparece ligado a toda sorte de coisas: contos de viajantes, histórias de fantasmas, curas por fé, mesas girantes, fenômenos psíquicos, milagres e maravilhas de todos os tipos. Meu interesse nisso, entretanto, não é psicológico ou antropológico ou biológico ou teológico ou cosmológico, mas lógico.

O tom é jocoso, mas o humor que Chesterton empregou aqui foi o mesmo dos bobos da corte: ele sugeriu uma verdade poderosa usando humor ou sátira. Por um lado, ele estava brincando habilidosamente com palavras como *psicologia, antropologia, biologia* e *cosmologia*. Por outro lado, manteve apenas uma palavra-chave no lugar: *lógica*. Tratava-se de uma representação com o objetivo de dizer: "Não se distraia com o que vir aqui. Mantenha os olhos na única palavra que importa. Lógica é o meu propósito. Vamos considerar o que ela tem a nos ensinar."

Assim, Chesterton passou à sua missão. Há uma declaração, começou ele, a qual todos nós já ouvimos centenas de vezes e que costuma ser feita por contestantes modernos da seguinte forma: eles dizem que um milagre, ou um acontecimento mágico, exige, em sua natureza, evidências muito mais fortes para sustentá-lo do que acontecimentos comuns — especialmente discursos comuns.

Com base nisso, disse Chesterton, as pessoas aparentemente começam a acreditar no registro de discursos e acontecimentos de modo geral, mas deixam de lado os acontecimentos mágicos, descartando-os. Chesterton opunha-se fortemente a isso. Esta é uma falácia monstruosa, disse ele. "Não se trata de querer evidências mais fortes ou mais fracas para acontecimentos extraordinários ou ordinários em um caso como esse." Nós temos as mesmas evidências para ambos, e a única pergunta é se são evidências críveis; ou, em outras palavras, se a testemunha está mentindo. Se ela *não* estiver mentindo, então sua evidência é muito mais forte para um acontecimento extraordinário do que para um acontecimento comum.[17]

Os pensamentos de Chesterton apresentam uma semelhança impressionante com uma conhecida cena da obra *O leão, a feiticeira e o guarda-roupa*, de C.S. Lewis, publicada pela primeira vez em 1950, cerca de 16 anos após a publicação do artigo de Chesterton no *Illustrated London News*.

O cenário de Lewis era este: Lúcia Pevensie havia acabado de retornar de sua primeira viagem à terra de Nárnia. Totalmente maravilhada, ela contou aos irmãos e à irmã a respeito. Eles — Pedro, Edmundo e Susana — porém, recusaram-se a acreditar nela. Foram até o professor Kirke, dono da casa onde estavam hospedados, e perguntaram-lhe a respeito de tudo o que Lúcia contara. Então, receberam uma resposta bem diferente da que estavam esperando.

"Lógica", disse o professor Kirke meio alto. "Não ensinam lógica na escola que vocês frequentam?" Claramente, insistiu ele, só pode haver três possibilidades a serem levadas em conta: sua irmã estar mentindo, delirando ou dizendo a verdade. Pela experiência de vocês, ela não costuma mentir e também não parece estar louca. Portanto, só resta uma conclusão. Na ausência de qualquer prova do contrário, ela deve estar dizendo a verdade.[18]

Diante disso, Susana dirigiu-lhe um olhar penetrante. Contudo, tinha certeza de que ele não os estava ridicularizando, a julgar pela expressão em sua face.

Pedro, por sua vez, questionou-se em voz alta como uma coisa assim poderia ser verdade.

Em resposta, o professor quis saber o motivo da dúvida.

Pedro pensou por alguns instantes e perguntou a Kirke por que, se Nárnia fosse real, as pessoas não iam parar lá sempre que entravam no guarda-roupa. Ele não tinha visto nada ao olhar lá dentro, disse ele, nem a própria Lúcia quando todos olharam juntos.

O professor Kirke não pareceu incomodado com isso. Ele disse a Pedro que aquilo que acabara de descrever pouco tinha a ver com o "X" da questão. O garoto não foi tão facilmente convencido e disse a Kirke que, se as coisas fossem reais, deveriam existir o tempo todo.[19]

Susana, ouvindo tudo isso, permanecia incrédula. Nem houve tempo, disse ela, para que Lúcia fizesse tudo o que disse que fez, mesmo se um lugar como o que ela descreveu realmente existisse. E, além disso, ela disse que esteve ausente por horas, mas apenas um momento havia se passado quando ela foi atrás dos irmãos.

Porém, insistiu o professor, foi justamente isso que deu o ar de veracidade à história. Se realmente houvesse uma porta em algum lugar naquela casa que levasse a outro mundo — o que ele estava perfeitamente disposto a admitir, uma vez que se tratava de uma casa estranha, e ele pouco sabia a respeito dela — e se Lúcia tivesse ido até lá, por que esse outro mundo não teria seu próprio tempo? A isso, Kirke acrescentou que ele não achava que Lúcia, sendo tão nova, poderia ter inventado uma ideia como aquela sozinha. Além disso, se ela estivesse fingindo, não teria ficado escondida por um tempo antes de ir contar a história? "Mas o senhor está realmente dizendo", disse Pedro, "que poderia haver outros mundos por aí, perto desse jeito?" "Nada é mais provável", disse o professor, tirando os óculos para limpar e resmungando consigo: "Pergunto-me o que estão ensinando nessas escolas."[20]

Para os leitores de Illustrated London News, Chesterton estava desempenhando o papel do professor Kirke. Seu artigo não era ficção, como a história de Lewis era, mas as ideias e os princípios lógicos eram bem parecidos.

Inclusive, Chesterton introduziu sua própria história imaginária para construir um argumento. A similaridade dela com a construção fictícia de Lewis em *O leão, a feiticeira e o guarda-roupa* é realmente muito impressionante. "Se meu primo George", iniciou Chesterton, disser que viu o tio Samuel pular do topo da Catedral de São Paulo, cair na rua Cheapside, sair caminhando alegremente e explicar que foi capaz disso porque foi carregado por anjos o tempo todo, eu posso não acreditar no incidente, mas isso significará necessariamente que eu não acredito na testemunha. Eu conheço meu primo George muito bem.

Mantendo o tom jocoso, Chesterton prossegue dizendo que não será complacente com George, por ele ter fama de mentiroso. Em vez disso, ficarei extremamente incomodado com George por ser um tolo infernal, caso espere que eu acredite em sua capacidade de repetir todas as palavras do discurso posterior do meu tio sobre anjos, sendo que ele nem sequer sabe se um homem pulou da cúpula da Catedral de São Paulo ou não.

Chesterton deu continuidade a isso fazendo uma importante distinção. "O fato", disse ele, "de que o salto e a sobrevivência teriam sido considerados milagrosos, mas o sermão sobre os anjos teria sido considerado apenas místico não faz diferença para a lógica do caso". Se uma testemunha, como o primo George, pudesse estar enganada a respeito de ter visto "uma figura humana, de cartola e bigode, voando pela rua Cheapside, ela certamente poderia estar enganada quanto às delicadas nuanças doutrinárias em um discurso sobre a diferença entre querubins e serafins". Se, como talvez fosse o mais provável, George simplesmente houvesse "dito qualquer coisa que tivesse vindo à mente, na forma de contos e prodígios, então ele poderia igualmente dizer qualquer coisa que viesse à mente ao relatar a fala do milagreiro". Que conclusão devemos tirar disso? "Evidências de um milagre", disse Chesterton, são ora obviamente desprezíveis ora mais dignas de crédito do que evidências das centenas de nuanças de pensamento e humor que todos nós deixamos passar ou interpretamos mal a cada cinco minutos.[21]

***

Em seguida, Chesterton passou a abordar diretamente o pensamento de David Hume. Ele preparara o palco e agora estava pronto para abrir as cortinas no ato decisivo de sua peça. "Eu abordei a questão aqui", disse ele, "em relação a toda sorte de circunstâncias fantasiosas ou remotas que nada têm a ver com qualquer coisa em que eu acredite ou não, porque não estou falando de crenças agora, mas de provas." Chesterton estava, insistiu ele, falando sobre lógica, leis da evidência e como elas devem ser aplicadas a qualquer história contada por alguém. Em todos os casos, disse ele, será constatado que o antigo clichê racionalista difundido por Hume — a saber, que "os milagres, em sua natureza, necessitam de evidências mais fortes" — é definitivamente o modo errado de colocar as coisas. Hume dissera isso e T.H. Huxley também, mas Chesterton afirmou não ter a citação exata deste último, fazendo uma referência irônica à sua tendência assumida de citar de memória. No entanto, disse ele, "se eles de fato usaram este argumento bastante conhecido hoje, usaram um argumento muito ruim".

Por que isso? Não é verdade, sustentou Chesterton, "que nós exigimos provas absolutas para coisas anormais e aceitamos a ausência de provas para coisas menores". Isso significaria que as pessoas mentem apenas por coisas maiores, e nunca por coisas pequenas. Não é verdade que queremos mais de uma prova para alguma coisa ou nenhuma prova para outra. As pessoas desejam provas adequadas para qualquer coisa, "ou, pelo menos, para qualquer coisa da qual queremos alguma prova". Se as pessoas minimizam problemas em narrativas mais prosaicas ou triviais, não é por precisarem de menos evidências para mostrar que estão corretas. É apenas porque se importam muito menos com o fato de estarem corretas ou não.

Neste ponto, Chesterton introduziu outro exemplo: "Se alguém me dissesse que um homem transformou um gato em grifo e depois tomou o trem das 2h15 para *Finsbury Park*, eu não pensaria que um homem que acredita em grifos pudesse estar certo quanto a trens."

Na realidade, ele não achou (de maneira geral) que a primeira afirmação fosse verdadeira, mas não se importou com a veracidade da segunda. O cerne da questão era que, se tal sofisma fosse aplicado a fatos mais importantes, fazendo com que, ao ler um registro composto por milagres e monólogos, os homens negassem todos os milagres e acreditassem em todos os monólogos, sua terrível falta de lógica provavelmente ocasionaria efeitos ainda piores.[22]

Em tudo isso, Chesterton adotara uma forma inigualável e muito criativa de abordar o princípio central da cosmovisão de Hume (e Huxley). Seu artigo no *Illustrated London News* é, em trechos, espirituoso, irônico e pitoresco. Porém, assim como no caso da cena de Lewis em *O leão, a feiticeira e o guarda-roupa*, Chesterton também estava construindo um argumento muito profundo.

Na história de Lewis, havia duas razões muito importantes por que Lúcia Pevensie podia receber crédito: ela não tinha fama de ser mentirosa nem era louca. Se pessoas na vida real, ou nas páginas da história, não dão evidência de serem mentirosas ou loucas e contarem-nos sobre milagres que testemunharam, nós devemos acreditar. Podemos, inclusive, descobrir algo muito importante e transformador se o fizermos.

***

Ao passo em que, nos anos 1930, Chesterton formulou uma resposta muito criativa ao argumento de Hume, John C. Lennox, professor de matemática da Universidade de Oxford, formulou, em anos recentes, um conjunto mais tradicional de contra-argumentos apologéticos ao grande cético escocês.

Em seu livro *God's Undertaker: Has Science Buried God?* [Coveiro de Deus: A ciência enterrou Deus?] Lennox explorou o argumento a favor do cristianismo com base nos escritos apologéticos do contemporâneo mais jovem de Hume, William Paley, bispo de Carlisle. Além disso, Lennox refletiu sobre a alegação bastante comum da era moderna de que "o ataque de Hume aos argumentos de design" demoliram as ideias articuladas por Paley.

A que Lennox se referia? No início do século XIX, Paley ficou famoso por suas reflexões sobre a conhecida "analogia do relojoeiro". Essa passagem aparece nas páginas iniciais do livro *Natural Theology*, de Paley, publicado originalmente em 1802. Ele escreveu:

> Imagine que, ao atravessar um matagal, eu tope em uma pedra, e alguém me pergunte como ela foi parar ali. Eu possivelmente responderia que, até que eu soubesse o contrário, ela sempre havia estado ali. [...] Porém, suponha que eu encontre um *relógio* no chão, e me perguntem como o relógio foi parar naquele lugar. Eu dificilmente pensaria em dar a resposta anterior, a de que, até onde sabia, o relógio sempre estivera ali. [...] O relógio deve ter tido um fabricante [...] um artífice [...] que o produziu. [Igualmente] toda indicação de invenção, toda manifestação de desígnio que há no relógio também existe nas obras da natureza. A diferença, quanto à natureza, é que ela é [necessariamente] maior.[23]

Desde sua primeira publicação, no início do século XIX, muitos têm considerado a analogia de Paley rica e fascinante. Contudo, vários defensores modernos da cosmovisão de Hume replicam, conforme Lennox observou, que os argumentos provenientes de analogias nem sempre se sustentam.[24] Eles afirmam isso porque Hume havia originalmente escrito sobre uma discussão imaginária em seu livro *Tratado da natureza humana*. Nessa discussão, o trecho-chave era este:

> Se vemos uma casa, Cleanthes, concluímos com certeza absoluta que ela teve um arquiteto ou construtor, uma vez que ela é exatamente o tipo de efeito que, pela nossa experiência, procede daquele tipo de causa. Porém, certamente você não afirmará que o universo tem tamanha semelhança com uma casa a ponto de podermos, com a mesma certeza, inferir uma causa semelhante ou deduzir que a analogia é completa e perfeita nesse

caso. A diferença é tão evidente, que o máximo que se poderia fazer é arriscar um palpite, uma conjectura, uma suposição relacionada a uma causa semelhante. Agora, como essa suposição seria recebida pelo mundo, eu deixo à sua consideração.[25]

Como resposta, Lennox declarou que, "para muitas pessoas, o argumento de Hume prevalece" contra Paley.[26] Neste caso, qualquer noção dos milagres que Deus realizou ao criar o mundo e a humanidade cai por terra. Tais milagres, na realidade, não teriam base, e nenhum criador inteligente os teria trazido à existência.

Lennox opôs-se a isso, uma vez que, ao ter o debate entre Paley e Hume em mente, o filósofo contemporâneo Elliott Sober apresentou um argumento muito pertinente. Sober escreveu:

> Embora a crítica de Hume seja devastadora caso o argumento de design seja de fato proveniente da analogia, não vejo motivo para que ele seja interpretado desta forma. O argumento de Paley a respeito dos organismos é autossuficiente e independe de relógios e organismos serem iguais ou não. Seu objetivo ao falar de relógios foi ajudar o leitor a ver que o argumento sobre organismos é convincente.[27]

A isso, Lennox acrescentou que "certamente o argumento de Paley sobre organismos é autossuficiente, mas é fortalecido ainda mais pela observação de que Sober não foi devidamente justificado ao afirmar que a analogia fracassou".

Então, Lennox voltou-se para avanços da ciência moderna. Ele observou:

> Desde a época de Paley, os avanços na ciência mostram que há muitos tipos de sistemas dentro de organismos vivos para os quais a expressão "máquina molecular" é absolutamente apropriada. Entre eles, encontram-se relógios biológicos responsáveis pela função molecular vital de marcação do tempo dentro da célula viva, os quais são de sofisticação muito maior do que o relógio ilustrativo de Paley. De fato, a linguagem ligada a "máquinas" é abundante na biologia molecular atual.[28]

Tais avanços em nosso conhecimento de biologia molecular teriam surpreendido Hume, escreveu Lennox. Um dia, prossegue ele, em um futuro não tão distante, os cientistas serão capazes de "formular sistemas bioquímicos e construir proteínas" que, por sua vez, "possibilitarão a construção de organismos simples a partir de seus componentes moleculares".[29]

Nossos conhecimentos sobre tais assuntos estão sendo revolucionados de forma muito promissora no que diz respeito às percepções que Paley apresentou há tantos anos. Lennox concluiu que o argumento de design era, na realidade, muito mais robusto do que Hume pensava, embora fosse importante ter em mente sua cautela em relação a analogias. No geral, entretanto, seria possível afirmar que "grande parte da força da objeção [de Hume] foi dissipada por progressos mais recentes da biologia".[30]

O raciocínio de Hume sobre o conceito do design inteligente também era falho em outro sentido, observou Lennox. O problema podia ser visto comparando-se o raciocínio indutivo, empregado por Hume, ao "método de abdução", utilizado por historiadores hoje com muita frequência.[31]

Lennox escreveu:

> Nem toda a ciência é indutiva, uma vez que nem sempre temos o luxo de fazer repetidas observações e experimentos. Não podemos repetir o Big Bang, a origem da vida, a história da vida ou a história do universo. E quanto a eventos históricos? Eles também não podem ser repetidos. Isso significa que não podemos dizer nada sobre essas coisas? Significaria, se seguíssemos a lógica de Hume.[32]

Em favor do raciocínio abdutivo, Lennox passou a declarar suas vantagens. Esse tipo de raciocínio funciona por "inferência da melhor explicação". O argumento de Hume contra a existência de milagres, prosseguiu ele, "deixa a abdução de lado. Um argumento que explica determinado efeito é sempre melhor do que um argumento que não o faz."[33]

Tendo dito isso, Lennox reconheceu que era importante, embora pudesse parecer difícil às vezes, separar o argumento de design das várias conotações negativas associadas a ele pela retórica científica moderna. Porém, há outra coisa a se ter em mente. A própria menção da palavra *design* já faz algumas pessoas pensarem imediatamente na "poderosa imagem do mecanismo de relógio, sempre tão presente em argumentos de design mais antigos". A consequência é que a palavra *design* é associada, consciente ou inconscientemente, à comparação do universo a um relógio, feita pelo senhor Isaac Newton.[34]

Na época de Newton, escreveu Lennox, analogias comparando o universo ao "bom funcionamento de um relógio mestre eram muito atrativas". No entanto, desde essa época, por causa do crescente conhecimento das ciências biológicas, muitos cientistas deste campo passaram a acreditar que "o mundo biológico não se parecia muito com um relógio". Ao mesmo tempo, muitos teólogos rejeitaram a "analogia do relógio mestre", supondo que "ela poderia facilmente ser usada para apoiar uma visão deísta", a qual sustentava "que Deus deu corda ao universo como [seu] Criador e Sustentador", e que ele "fez com que o universo existisse em todos os momentos". Muitos teólogos não podiam aceitar esses pontos de vista.[35]

Ao oferecer todas essas informações por meio da história da ciência desde a época de Newton, Lennox declarou que grande parte das pesquisas científicas recentes admite "o fato de que agora se sabe que a biosfera contém inúmeros relógios sofisticados". A relevância disso é que os argumentos de design que hoje fazem uso da analogia do relógio "não podem ser tão facilmente descartados".[36]

Além disso, Lennox fez outra importante distinção. Seria um erro, escreveu ele, usar [argumentos de design] com uma interpretação reducionista a fim de dar a impressão de que o universo *nada mais é do que um relógio*. Assim, para evitar associações de ideias potencialmente equivocadas, talvez seja melhor falar sobre argumentos que inferem uma origem inteligente do que sobre argumentos de design.[37]

Assim sendo, William Paley pode não ser tão irrelevante como muitos pensam. De fato, Lennox tem um grande respeito pelo intelecto e pelas contribuições de Paley ao pensamento filosófico. Até recentemente, poucos poderiam ter previsto que Paley prevaleceria na argumentação contra Hume com ideias relacionadas ao design inteligente. Muitos achavam que a metáfora do relojoeiro, proposta por Paley, estava realmente destinada à lixeira da história.

No entanto, Lennox citou Sir John Polkinghorne, ilustre físico teórico inglês, a fim de mostrar que o lugar ao sol conquistado por Paley na filosofia estava longe de ser perdido. "Então, onde está a teologia natural hoje", escreveu Polkinghorne, "dois séculos depois de William Paley?" A resposta mais simples é:

> Ela está viva e passa bem, pois aprendeu, com experiências passadas, a reivindicar sua visão em vez da necessidade lógica coerciva, bem como a ser capaz de manter um relacionamento amigável com a ciência, com base na complementaridade, e não na rivalidade.[38]

***

Há uma observação final a ser acrescentada antes de encerrarmos.

O objetivo aqui não foi sugerir uma ampla discussão. O propósito deste capítulo foi simplesmente discutir algumas objeções apresentadas por

Hume acerca da veracidade dos milagres e explorar a maneira como alguns excelentes pensadores inseridos na tradição cristã lidaram com elas. Seria necessário um livro, talvez vários, para explorar adequadamente todas as facetas deste robusto debate. A ideia aqui foi de definir alguns dos parâmetros mais básicos e interessantes de uma discussão antiga, a qual não mostra sinais de que perderá sua importância.

Capítulo 19

George Washington: milagres no meio da batalha

Eu não esperava outra coisa a não ser a morte para cada um de nós, pois haviam cercado a todos, exceto uns poucos atrás, com os quais lutavam com toda a força.

— DIÁRIO DE UM SOLDADO NA BATALHA DE MONONGAHELA[1]

Eu esperava ver, a qualquer momento, [Washington] morrer. Sua tarefa e sua situação expunham-no a todos os perigos. Nada além do cuidado supervisor da Providência poderia tê-lo poupado do mesmo destino de todos ao seu redor.

— JAMES CRAIK[2]

"O sapientíssimo senhor dos acontecimentos guardou meus passos até aqui."[3] Essas palavras foram escritas em meados de 1790 pelo membro de conselho paroquial conhecido na história como George Washington, primeiro presidente dos Estados Unidos e comandante-chefe desse mesmo país durante a Guerra da Independência.[4]

No entanto, Washington reconhecia mais, muito mais o cuidado providencial de Deus em sua vida do que podemos ver. Ele se lembrava de uma época, cerca de quarenta anos antes, em que sua vida fora poupada em circunstâncias extraordinárias. Ele também sabia, um dia antes de tentar o segundo mandato como presidente dos Estados Unidos, que, se sua vida não tivesse sido poupada, ele nunca teria ocupado aquele cargo; sem mencionar sua posição de liderança no exército norte-americano durante anos de perigosas batalhas, que foram necessárias para que a independência fosse garantida.[5] Caso sua vida não tivesse sido poupada em julho de 1755, não é certeza que os Estados Unidos *teriam* garantido a independência. Na verdade, poderiam muito bem não ter garantido. Conforme James Thomas Flexner escreveu de forma tão memorável, Washington foi o "homem indispensável" dos Estados Unidos.[6]

No nevoeiro da guerra, um milagre aconteceu na vida do jovem George Washington — e ele sempre o considerou como tal. Não são poucos os historiadores e biógrafos que têm se maravilhado com esse acontecimento ao longo dos duzentos anos desde sua morte.

O livramento milagroso de Washington ocorreu durante o conflito que os historiadores chamam de Batalha de Monongahela, travada em nove de julho de 1755. Ele era, na época, um assessor do comandante-geral britânico Edward Braddock. A batalha, que se deu em uma estrada no deserto, fez parte da Guerra Franco-Indígena, e o massacre foi horrível. Décadas mais tarde, as cenas de assassinato e morte eram coisas das quais Washington ainda se recordava vividamente. O relato a seguir foi retirado do manuscrito de suas lembranças sobre o combate.

Cerca de dez horas do dia nove, a parte dianteira do comando de Braddock foi atacada. Rajadas devastadoras de tiros, vindas de todas as direções, pareciam estourar por cima deles, disparadas por um inimigo que não podiam ver. A retaguarda das forças de Braddock foi para a frente a fim de oferecer reforço, mas, ao fazê-lo, entrou debaixo do fogo mortífero. "Houve pânico geral entre as tropas", recordou Washington, "e nenhum esforço por parte dos oficiais era capaz acalmá-las."

No início da ação, algumas tropas coloniais — ou Irregulares, como eram chamados — avançaram para a direita por iniciativa própria, sem ordem, para atacar. Elas estavam muito familiarizadas com o tipo de guerrilha que os franceses e os índios haviam travado contra eles, lutando de locais escondidos, e, portanto, estavam fazendo o que podiam para combatê-los. Contudo, os oficiais britânicos não estavam habituados a essas táticas defensivas incomuns e interpretaram as ações dos Irregulares como covardia, esforçando-se para detê-los. Mais confusões seguiram, em consequência das quais o próprio Washington, conhecendo a sagacidade da ação dos Irregulares, ofereceu-se para "[liderar] os provinciais e enfrentar o inimigo à sua própria maneira". Porém, quando finalmente conseguiu convencer seus superiores a deixá-lo experimentar essa tática, já era tarde demais.

Em vez disso, "[várias] tentativas foram feitas para expulsar o inimigo de uma elevação à direita, mas todas elas foram ineficazes e fatais para os oficiais, apesar de estes terem se esforçado com muito empenho e bons exemplos". Em uma dessas tentativas, o general Braddock "recebeu o golpe que o levou à morte, mas, antes disso, vários cavalos montados por ele foram mortos e caíram". Para piorar a situação, dois capitães britânicos, Orme e Morris, foram mutilados e ficaram, portanto, incapazes de ajudar na liderança dos ataques. Washington, o único assistente ileso, ficou sendo o único ajudante do general ao longo do dia, [mas] um de seus cavalos morreu, dois foram feridos debaixo dele, uma bala [de mosquete] atravessou seu chapéu, e várias [outras] atravessaram sua roupa, mas ele escapou ileso.

Enquanto isso, os outros oficiais foram mortos ou tão gravemente feridos, que ficaram incapazes de assumir o comando quando o general Gage começou a sucumbir aos ferimentos. O resumo de Washington de como o combate terminou é sombrio. Ele escreveu:

> De cerca de 1200 ou 1300 homens presentes na ação, oitocentos ou novecentos foram mortos ou feridos, incluindo uma grande proporção de oficiais corajosos e valorosos. A insensatez e a consequência de terem colocado exércitos concentrados para confrontar o estilo esparso que os indígenas tinham de lutar nas florestas — o qual havia sido, de certa forma, previsto — foram tão claramente verificadas que, dali em diante, outro costume prevaleceu em todas as operações futuras. [...] Em um acampamento perto de Great Meadows, o valente, porém infeliz general Braddock deu seu último suspiro. Ele foi sepultado com honras de guerra, e foi deixado a meu encargo o acompanhamento e a indicação do lugar que receberia seus restos mortais, a fim de prevenir a profanação de seu túmulo caso o local fosse descoberto. Eles foram depositados na estrada, e os carros do exército [...] passaram sobre ela a fim de esconder qualquer vestígio.[7]

Vários dias depois, em dezoito de julho de 1755, Washington escreveu a seu irmão, John Augustine Washington. A simples narração de todo o ocorrido refletiu uma profunda gratidão pelo fato de Deus tê-lo carregado misericordiosamente ao longo da terrível batalha. Começaram a circular notícias de que ele tinha sido morto, e, portanto, Washington escreveu para tranquilizar a família e os amigos assim que possível. "Querido Jack", começava a carta,

> Já que tenho ouvido, desde a minha chegada a este lugar, um relato detalhado de minha morte e de minhas últimas palavras, aproveito esta primei-

ra oportunidade para contradizer isso e assegurá-lo de que existo e estou presente na terra dos viventes pelo cuidado milagroso da Providência, a qual me protegeu além de toda expectativa humana. Quatro balas atravessaram meu casaco, e dois cavalos foram baleados embaixo de mim, mas, ainda assim, eu escapei ileso.

Fomos vergonhosamente conquistados por um exército insignificante, mas a fadiga e a falta de tempo impedem-me de dar quaisquer detalhes até que eu tenha a felicidade de vê-lo em casa. [...] [Estou em um] estado de saúde fraco e débil, [o qual] me obriga a permanecer aqui durante dois ou três dias a fim de recuperar um pouco de força. [...] Aguarde minha presença aí no sábado ou no domingo, que é o mais cedo que poderei chegar. [...] Por favor, mande saudações a todos os meus amigos.

Eu sou, caro Jack, o irmão que mais o estima.[8]

***

O livramento de Washington, que saiu são e salvo da Batalha de Monongahela, foi realmente notável, mas um acontecimento bem anterior a esse em sua vida foi igualmente importante. Afinal, se este outro ocorrido tivesse terminado de forma diferente, o mundo nunca teria ouvido falar de George Washington, o herói de Monongahela, o homem que se tornaria o primeiro presidente dos Estados Unidos.

O cenário foi a casa de infância de Washington, Ferry Farm, localizada perto de Fredericksburg, Virgínia. Ele se mudou para lá aos seis anos de idade e viveu ali até os 19.[9] Essa casa, e os anos que Washington passou nela, foram narrados em um recente documentário do canal *National Geographic*, chamado *George Washington Revealed* [George Washington revelado]. Muitos, declara o trailer do filme, acreditam conhecer o verdadeiro George Washington, mas há muito mais coisas em sua vida do que podemos imaginar, incluindo um desastre na infância que poderia muito bem ter tirado sua vida. "A correspondência de Washington", diz o narrador do vídeo, sugere que um incêndio atingiu sua casa na véspera de Natal em 1740, destruindo grande parte da residência. Ele tinha apenas oito anos de idade, e a vida já lhe desferia um forte golpe.[10]

O documentário prossegue declarando que pesquisas arqueológicas recentes confirmaram a ocorrência desse evento catastrófico, e, pela primeira vez, a história completa pode ser contada.

Diante deste retrospecto histórico, podemos dizer que isso também foi um milagre? Pare e considere. Se Washington tivesse perecido com sua família naquele terrível incêndio, não teria havido jovem algum portando-se com tanta valentia durante a Batalha de Monongahela e nenhum homem de excelente caráter e liderança para ser o "homem indispensável" durante os anos em que os Estados Unidos lutaram para garantir sua independência. Além disso, não teria havido líder algum para conduzir, como primeiro presidente, o destino de uma jovem nação após a independência ter sido assegurada. Se Washington não tivesse sido salvo do incêndio quando criança, a história, como a conhecemos, teria sido muito diferente.

Se relutarmos em considerar este livramento como milagre, devemos então considerá-lo à luz do que Washington cria acerca da Providência. O acadêmico Jeffry Morrison escreveu que "a palavra favorita de Washington para descrever tanto Deus quanto a relação de Deus com o mundo era 'Providência'".[11] Morrison prosseguiu dizendo que a expressão favorita de Washington "era 'Providência divina'", um termo que ele usou aproximadamente vinte vezes em seus escritos. Em especial, uma frase da carta que ele redigiu em julho de 1755 merece ser repetida. "[...] Existo", escreveu Washington na época, "e estou presente na terra dos viventes pelo cuidado milagroso da Providência, a qual me protegeu além de toda expectativa humana."[12] Essa é uma prova irrefutável de que Washington acreditava na relação entre milagres e a Providência.

Mas e quanto à Providência em si? O que ela significa? A palavra *providência* refere-se "ao apoio, ao cuidado e à supervisão de Deus em relação a toda a criação, desde seu início e por toda a eternidade futura. O termo vem da palavra latina *providentia*, que, por sua vez, deriva do verbo latino *provideo*, que significa 'prever'." No entanto, como podemos aprender com o *Zondervan Illustrated Bible Dictionary* [Dicionário bíblico ilustrado Zondervan], o verbo latino *provideo* significa muito mais do que apenas previsão ou presciência. O núcleo do significado desta palavra contém a ideia de "pré-arranjo". E, historicamente falando, o termo teológico *providência* sempre significou "nada menos do que o domínio soberano e universal de Deus". Conforme o *Breve Catecismo de Westminster* expressa: "As obras da providência de Deus são a preservação e o domínio santíssimo, sábio e poderoso de todas as suas criaturas e respectivas ações." A Providência divina, portanto, é a execução dos decretos divinos, que são "o plano daquele que faz todas as coisas segundo o propósito da sua vontade" (Efésios 1:11).[13]

A "providência geral" declara também que o mesmo dicionário "abrange o controle de todo o universo, mas especialmente o dos seres humanos". Aqui, as palavras de Deuteronômio 10:14 possuem significado especial: "Ao SENHOR, o seu Deus, pertencem os céus e até os mais altos céus, a terra e tudo o que nela existe." E, como lemos em Hebreus 1:3, Deus, pela sua providência, é revelado "sustentando todas as coisas por sua palavra poderosa".[14] Assim, a palavra *providência* é uma palavra de significado profundo e multifacetado. Quando Washington a empregava, como frequentemente fazia, ele estava dizendo muitas coisas. Por estar imerso na tradição anglicana, ele conhecia bem esse contexto rico e multifacetado.[15]

E, assim, três meses antes de morrer, Washington inspirou-se na linguagem do *Livro de oração comum* para dizer a um parente onde estava sua esperança quanto à eternidade. "Fui o *primeiro* e agora sou o *último* dos filhos que meu pai teve no segundo casamento. A hora em que serei chamado para estar com eles é conhecida apenas pelo Doador da vida."[16] Aqui Washington estava citando uma passagem que ouvira e dissera muitas vezes. Trata-se de um trecho no qual ele acreditava piamente. Nas páginas da edição de 1769 do *Livro de oração comum*, lê-se: "Ó Deus, Doador de vida, saúde e segurança; nós bendizemos o teu nome."

Capítulo 20

Graça transformadora: milagres na vida de William Wilberforce[1]

Ficamos maravilhados com as riquezas de sua graça gratuita. [...] Vemos os meios da graça sendo trazidos, de modo milagroso, a um mundo de réprobos e rebeldes. Vemos o pior transformando-se no melhor.

— Thomas Traherne[2]

O milagre da salvação tem de ser o maior milagre de todos, pois atende à maior necessidade, produz os melhores resultados (que duram para sempre) e custa o maior preço.

— Warren Wiersbe[3]

Anteriormente, aprendemos que Deus interveio de forma surpreendente ao operar a conversão de Paulo de Tarso. Aquele que costumava perseguir a Igreja e que fora cúmplice da morte de Estêvão tornou-se seguidor de Cristo e um arauto da graça de Deus. Embora tenha sido acometido de cegueira em certa ocasião, sua vista foi restaurada por meio da oração. Mais tarde, ele seria chamado de "apóstolo dos gentios" e a pessoa que Deus utilizaria, de forma significativa, para levar o cristianismo à região do mundo conhecida hoje como Europa. Considerado em sua totalidade, o que aconteceu na vida dele foi, sem dúvida, milagroso.

Mas será que existiram outros cristãos e outras ocasiões em que Deus interveio milagrosamente a fim de atrair pessoas para si?

Muitos santos afirmaram isso em relação às condutas de Deus para com eles. Embora possamos gastar muito tempo explorando as muitas ocorrências dessa natureza que chegam até nós, uma história mais recente é um poderoso lembrete das condutas extraordinárias de Deus no processo de conversão. Trata-se da história de William Wilberforce.

Muitos conhecem esse político por causa do filme *Jornada pela liberdade*, e ele é mais lembrado por ter liderado a luta de vinte anos no parlamento britânico para abolir o comércio de escravos no país.

No entanto, a transformação espiritual resultante da conversão de Wilberforce ao cristianismo é bem menos conhecida. Ele a chamou de "milagre de misericórdia", e esta é, de todos os ângulos, uma história incrível.[4]

Somos muito afortunados por Wilberforce ter-nos deixado tantas memórias escritas dessa época de sua vida. Com base nelas, é possível reconstruir a série de acontecimentos que culminaram em sua aceitação da fé cristã.

Na primavera de 1784, logo após encenar uma impressionante virada, Wilberforce tornou-se um dos dois únicos representantes parlamentares poderosos de toda a região de Yorkshire. Sua vitória foi tão decisiva, que os efeitos dela atingiram muitas outras disputas eleitorais por todo o Reino Unido, fortalecendo grandemente a maioria governista de seu grande amigo, o primeiro-ministro William Pitt.

Wilberforce era o centro das atenções na Inglaterra, e um deslumbrante futuro político parecia estar garantido para ele. No entanto, Deus interviria em sua vida de uma maneira que ninguém, muito menos ele, poderia ter previsto.

Entusiasmado com seu grande sucesso, Wilberforce decidiu embarcar em uma viagem continental pela Europa. Viagens desse porte eram moda naquela época, e ele não havia feito uma assim durante a época da faculdade, como muitas pessoas faziam. Agora, entretanto, ele podia se dar a esse luxo. Wilberforce pretendia saborear a grande vitória eleitoral usando a riqueza e a preeminência política recém-adquirida para tornar a viagem inesquecível.

Mas quem ele levaria junto? Ele sabia que a mãe e a irmã iriam acompanhadas da prima Bessy Smith. Ele queria a companhia de um amigo que fosse uma adição bem-vinda ao grupo de viagem, uma pessoa sociável que pudesse animar os quilômetros de percurso a bordo da carruagem.

Wilberforce sabia exatamente quem poderia chamar. Dr. William Burgh era um dos principais cidadãos da cidade de York. Inteligente e agradável, ele já havia mostrado muitos sinais de gentileza a Wilberforce. Culto, alegre e animado, Burgh era, em todos os sentidos, ideal como companheiro para uma grande viagem. Além do mais, como ele poderia resistir a um convite como esse, em que todas as suas despesas seriam pagas?

Para grande surpresa de Wilberforce e por razões desconhecidas, Burgh recusou a generosa oferta. Então, sem ter o que fazer, Wilberforce passou a buscar um substituto para ele. Inesperadamente, enquanto estava em Scarborough, uma cidade no litoral do mar do Norte em Yorkshire, ele encontrou um tutor de sua época de escola primária, Isaac Milner.

Professor da Universidade de Cambridge, Milner era um homem do qual Wilberforce se lembrava com carinho como sendo uma pessoa alegre, bem-humorada e divertida. Então, por impulso, convidou-o para se juntar a ele na grande viagem. Agradecido e encantado com a inesperada oportunidade, Milner aceitou.

No entanto, em um aspecto muito importante, Milner estava diferente do homem que Wilberforce tinha na memória desde a época da escola. Ele recorda:

> Quando o convidei para acompanhar-me na viagem, eu não sabia que ele tinha princípios [religiosos] profundos. Fiquei sabendo disso quando estávamos em uma mesa pública em Scarborough. A conversa girou em torno do sr. [James] Stillingfleet [reitor de Hotham], e eu disse que ele era um bom homem, mas quem levava as coisas longe demais.
>
> "Nem um pouco longe demais", disse Milner, e ateve-se a esta opinião [...] quando retornamos ao assunto à noite, na praia. Esta declaração muito me surpreendeu, e ficou combinado que, em algum momento futuro, nós discutiríamos a questão.
>
> Se eu soubesse quais eram suas opiniões [religiosas] de antemão, não teria decidido fazer a oferta a ele [de me acompanhar na viagem].

Por que essa reação de Wilberforce? Simplificando, ele havia se tornado um cético religioso. Ao frequentar a Capela Unitária de Londres, fundada por Theophilus Lindsey, Wilberforce se afastara da fé professada na infância. Ambição e busca por preeminência política agora dominavam sua vida. Nas poucas ocasiões em que ele sentia a necessidade de algo mais, a capela de Lindsey era um lugar que ele podia frequentar sem receber muitas exigências em troca. O ceticismo religioso era uma espécie de moda na época. Ao visitar a capela de Lindsey, ele podia ser considerado zeloso por pessoas pelas quais queria ser bem visto. Uma reflexão espiritual superficial de tempos em tempos era tudo o que realmente importava para ele, e Wilberforce não queria, de forma alguma, ser considerado uma pessoa que exagerava nesse aspecto.

James Stillingfleet fazia parte de uma crescente, porém muito desprezada, ala da Igreja da Inglaterra: o anglicanismo evangélico. O ministério dos irmãos Wesley — John e Charles — juntamente com George Whitefield foi um escândalo e uma vergonha para os adeptos do minimalismo espiritual que dominava a Igreja da Inglaterra na época. Muitos clérigos da Igreja da Inglaterra pouco diferiam de Theophilus Lindsey quanto ao ceticismo religioso. Muitos já haviam até mesmo abandonado a crença na divindade de Cristo. Apatia, corrupção e indiferença espiritual eram a norma. Rituais e cerimônias foram tudo o que restou, em grande parte, de uma fé ortodoxa que costumava ser vibrante e viva. James Stillingfleet, assim como os irmãos Wesley e Whitefield, desejava promover um retorno às primícias da fé, e, por isso, foi rotulado de fanático e exagerado.

Agora Wilberforce estava amarrado a um amigo que apoiava Stillingfleet, e seu orgulho impediu-o de retirar o convite. Só o tempo revelaria o que a presença de Milner iria representar na futura viagem.

Havia ainda outra razão para Wilberforce ter reagido tão intensamente quando o nome de Stillingfleet foi mencionado; uma razão que Milner desconhecia e que fora anteriormente fonte de grande sofrimento para Wilberforce.

A história era esta: O pai de Wilberforce, de quem era muito próximo, morreu quando ele tinha apenas oito anos de idade. Pouco tempo depois, sua mãe contraiu uma doença grave, e temia-se que ela não sobreviveria. O pequeno William, cujo mundo tivera as estruturas abaladas, foi então enviado para morar com um casal de tios sem filhos.

Eles haviam se convertido pelo ministério de George Whitefield e eram muito amáveis e devotos. Dificilmente um garoto em luto pela perda do pai e temendo a perda da mãe não seria influenciado pela bondade, pelo amor e pela fé daquele casal. Logo após se mudar para a casa deles, William deu todos os sinais de que também havia colocado sua esperança em Deus.

Nesse aspecto, o jovem foi incentivado por um dos grandes amigos dos tios, um ex-capitão de navio escravo que se tornara ministro: John Newton. Newton divertia o menino com histórias do mar e sermões vívidos que exploravam o mundo de *O peregrino*. Os dois ficaram tão próximos, que, mais tarde, Wilberforce disse que "respeitava [Newton] como um pai quando era criança".

Wilberforce ficou com os tios por cerca de dois anos. Enquanto isso, sua mãe se recuperou da grave doença e, aos poucos, ganhou forças. Durante todo o tempo, o vínculo entre seu filho e os parentes — e Newton — aprofundou-se.

Então, de repente, tudo acabou. As cartas que o jovem William enviava para casa começaram a refletir sua nova e ardente fé. A mãe, cuja perspectiva religiosa tendia à extremidade bastante rígida e ortodoxa da escala espiritual, ficou horrorizada ao pensar que seu garoto, e único herdeiro da fortuna da família Wilberforce, poderia virar "metodista" — termo pejorativo da época, que significava entusiasta religioso ou fanático. Logo que pôde, foi a Londres e tirou seu filho da influência daquilo que considerava ser praticamente um veneno.

O jovem William deixou a família de seu tio com tristeza. "A dor da despedida foi profunda", lembra ele, "pois eu os amava como pais. Na verdade, meu coração quase se partiu com a separação." Pouco tempo depois, ele escreveu ao tio: "Nunca conseguirei esquecer vocês enquanto eu viver."

A tia de Wilberforce expressou abertamente sua dor pelo fato de ele ter sido privado dos benefícios de uma vida religiosa. "Você não precisa ter medo", respondeu a mãe sarcasticamente, "se isso for uma obra daquilo [que *você* chama de] graça, então sabe que ela não falhará."

Seu avô, idoso, não era menos implacável diante das ameaças representadas pelos ensinamentos metodistas. "Se Billy virar metodista, não receberá um centavo meu." O jovem Wilberforce agora enfrentava a ameaça muito real de ser deserdado.

Como um jovem conseguia lidar com tantas fontes de dor: a morte do pai, a grave doença da mãe, a cruel remoção dos cuidados que recebia de parentes, que eram como pais para ele, e a bondade paterna de um mentor como John Newton? Acrescente a isso o fato de que duas das três irmãs de Wilberforce morreram quando ainda eram crianças.

Aos poucos, ele fez o que muitos fariam em seu lugar: afastou toda a dor, ou as fontes reconhecidas de dor, para o mais longe que pôde. Isso significou afastar-se da fé tão ardente que havia professado e adotar um estilo de vida imprudente e abastado de um jovem nascido para a riqueza. A família queria que ele fosse ambicioso e se concentrasse apenas em promover o prestígio dela na sociedade, talvez por meio de um cargo eletivo, como o avô ou o primo, o qual havia sido eleito para o parlamento.

"No começo", recordou ele, "tudo aquilo era muito desagradável para mim, mas, aos poucos, adquiri gosto. A boa semente foi gradualmente sufocada, e eu me tornei tão irrefletido quanto qualquer um deles."

Desta forma, Wilberforce perdeu-se na vida que a família havia insistido que tivesse. Ele recordou, mais tarde:

> Teatro, bailes, grandes jantares e jogatinas eram o deleite das [grandes] famílias da cidade. A hora habitual do almoço era duas horas, e, às seis, elas se encontravam em jantares suntuosos. Como neto de um dos principais habitantes, eu era convidado para tudo e [também favorecido].
>
> As influências religiosas que eu havia recebido em Wimbledon perduraram por um tempo considerável após meu retorno a Hull, mas [...] nenhum esforço [foi poupado] para sufocá-las. Nenhum pai piedoso esforçou-se mais para incutir em um filho amado sentimentos de [fé] do que [foi feito] para que eu ganhasse gosto pelo mundo e suas distrações.

Então, uma biografia antiga observa que, com os hábitos indulgentes formados por tal estilo de vida, [Wilberforce] ingressou na faculdade St. John, de Cambridge, [em] outubro de 1776, com 17 anos de idade. [Ele havia] recebido, com a morte do avô e do tio, a posse de uma fortuna independente.

Riqueza, prestígio e o brilhante prospecto de avançar até onde a ambição lhe permitisse: esses eram os pontos centrais da vida de Wilberforce. Quaisquer preocupações com questões da fé já haviam desaparecido havia muito tempo.

***

No entanto, durante todo o tempo, havia alguém que nunca deixara de pensar nele nem de orar por ele, embora ele não soubesse.

Esse alguém era John Newton.

Assim, quando Wilberforce partiu em sua grande viagem, havia toda uma história por trás. Ele nada sabia sobre ela na época, mas, em breve, passaria a saber bastante a respeito.

Assim que se puseram a caminho, todas as preocupações que ele tinha de Isaac Milner ser um companheiro de viagem maçante ou farisaico demonstraram ser completamente infundadas.

"Milner e eu", lembrou ele, "dividimos uma carruagem, e o restante do grupo, outra. Milner era animado e espirituoso nas conversas, muito parecido com um homem do mundo nos modos [e na conduta]." Então, o grupo atravessou a França em direção a Lyon e zarpou pelo rio Ródano, "navegando em seu curso até Avignon, uma viagem de quatro dias sob um céu sem nuvens".

Por mais agradável que Milner fosse como companheiro de viagem, havia algo de diferente nele. Wilberforce recordou:

> Ele era um cristão sincero, e, quando eu deixava escapar — como às vezes fazia — minhas opiniões céticas ou ridicularizava os princípios da religião vital, ele [desafiava] minhas objeções, dizendo: "Wilberforce, eu não me julgo páreo para você neste tipo de fogo cruzado, mas, se realmente quiser discutir estes assuntos com seriedade, ficarei muito feliz em fazê-lo."

Wilberforce tinha uma natureza competitiva e provavelmente gostou da ideia de refutar quaisquer noções de fé que Milner pudesse ter. Ele aceitou o desafio.

A situação não poderia ter sido mais favorável para as discussões que Milner desejava ter com o amigo. Eles estavam constantemente juntos, especialmente durante os longos percursos de carruagem necessários à viagem.

Milner, ao explicar a base de seus princípios, justificava-os "referindo-se à Palavra de Deus". Isso levou-os a ler as Escrituras juntos.

Wilberforce logo descobriu que não podia refutar facilmente o que seu amigo dizia. Milner, que ocupava a cadeira de matemática na Universidade de Cambridge, era um acadêmico tão brilhante, que os examinadores de sua banca haviam, certa vez, descrito-o com uma única palavra: *incomparabilis*. Enfrentar Milner em discussões sérias sobre a fé era como pedir que C.S. Lewis defendesse o cristianismo.

Ou, pelo menos, era como Wilberforce enxergava Milner. "Depois de um tempo", confessou ele, "comecei a ficar impressionado com a percepção de verdades pesadas que constituíam os assuntos mais ou menos constantes de nossas conversas."

E Wilberforce não encobria nada. "Eu continuava apresentando a [Milner] minhas várias dúvidas, objeções e dificuldades. O resultado final de nossas discussões foi uma firme convicção em minha mente da verdade do cristianismo."

Contudo, outro impasse apareceu diante dele. Wilberforce havia aceitado os argumentos de Milner, mas precisou reconhecer que

> eles permaneceram por muito tempo como meras opiniões admitidas pelo meu entendimento, sem influenciar meu coração.
>
> Eu comecei a pensar em como era insensato, ou melhor, insano, permanecer em [tal] estado mês após mês, ou dia após dia. [...] Eu estava absolutamente convencido [das] grandes verdades ensinadas no Novo Testamento [e] do fato de que as ofertas do evangelho eram universais e gratuitas. Em suma, que a felicidade, a felicidade eterna, era uma opção minha.

Ao retornar à Inglaterra no outono de 1785, ele passou por um período de introspecção marcado por "orações profundas e fervorosas". Com uma profunda convicção de pecados, ele sabia que precisava se abrir para um conselheiro confiável. Mas a quem poderia recorrer?

Foi então que se lembrou de seu amigo da juventude.

> Praticamente a primeira pessoa com quem abri meu coração foi o amigo de Cowper [o poeta William], o bom e velho John Newton, o qual eu ouvira pregar muitas vezes enquanto morei com meus tios. Eu não tinha outros conhecidos religiosos. Ele lidou de forma muito gentil e carinhosa com a minha situação e me disse que [...] nunca havia deixado de orar por mim.

Além disso, "ele me disse que sempre alimentara a esperança e a confiança de que Deus me traria, em algum momento, [de volta] para si".

Newton acalmou o jovem amigo no meio da crise espiritual. "Quando voltei [da visita]", lembrou Wilberforce, "minha mente estava em um estado calmo e tranquilo, mais humilde também voltada para Deus com mais devoção."

Newton ajudou Wilberforce a encontrar terra firme no sentido espiritual, mas também lhe deu um conselho inesperado que teria muito significado para o curso da história. Wilberforce confessou estar tentado a deixar o mundo da política, talvez para se dedicar ao ministério pastoral. Para sua surpresa, Newton discordou. Conforme Wilberforce recordou, "o sr. Newton, nas [visitas] que lhe fiz, aconselhou-me [...] a manter a minha ligação com Pitt e permanecer no parlamento".

O conselho de Newton não poderia ter sido mais ponderoso. Dentro de dois anos, Wilberforce assumiu a causa que viria a dominar sua vida política: a abolição do comércio britânico de escravos. Ele não poderia ter feito isso se tivesse deixado o parlamento. O conselho de Newton fora crucial.

E não parou por aí. Newton, ex-capitão de um navio negreiro, visitou Wilberforce no final de outubro de 1787, no mesmo domingo em que Wilberforce escreveu o seguinte em seu diário: "O Deus Todo-poderoso colocou diante de mim dois grandes objetivos", sendo o primeiro deles "a supressão do comércio de escravos", e o segundo, a resolução de fazer o possível para promover uma renovação moral e cultural.

Naquele dia, os dois amigos haviam conversado sobre o tráfico de escravos e o papel de Newton nisso. Um homem que fora cúmplice da escravidão de centenas de pessoas agora incentivava seu jovem pupilo a liderar a luta parlamentar contra o comércio de escravos. Se não fosse o conselho de Newton nesses dois momentos cruciais, Wilberforce poderia muito bem ter deixado o parlamento sem nunca comprar a briga pelo fim do comércio de escravos. Ao se lembrar de tudo isso, Wilberforce não podia deixar de se maravilhar. "Deus", escreveu ele, "pode realizar o que quiser pelos meios mais tortuosos e inesperados."[5]

Capítulo 21

O leão de Northfield: a história de D.L. Moody e os milagres

Tremont Temple é bem próximo do local onde encontrei Deus mais de quarenta anos atrás. Eu gostaria de poder fazer algo para levar [outros] a esse mesmo Deus. Eu gostaria de poder fazer as pessoas entenderem o que ele tem sido para mim. Ele tem sido um milhão de vezes melhor para mim do que eu tenho sido para ele.

— D.L. Moody[1]

Em 23 de novembro de 1892, um navio zarpou de Southampton, Inglaterra, para Nova York. A bordo do transatlântico North German de nome *Spree*, estavam D.L. Moody e seu filho mais velho, Will. Quando o navio deixou o cais, ninguém desconfiava estar prestes a enfrentar o encontro com a morte mais próximo de todos. "Meu último dia em Londres", recordou Moody, "foi agradável; foi um dia promissor, poderíamos dizer, pois o sol brilhou intensamente após alguns desses dias escuros e nublados tão comuns em Londres."

Um grupo de amigos reuniu-se no porto para despedir-se dele, e Moody sugeriu que cantassem seu hino favorito, "Cristo satisfaz". Porém, eles disseram que não estavam no clima. "Eu era o único no grupo", disse Moody, "que parecia estar com vontade de cantar."[2]

O *Spree* já estava há três dias longe do porto quando, nas primeiras horas da manhã, conforme Moody recordou, "fui subitamente surpreendido por um impacto e um estrondo terríveis, como se o navio tivesse batido em uma rocha". Will Moody saltou da cama e correu para o convés. Alguns minutos depois, voltou, dizendo: "O eixo da hélice quebrou, e o navio está afundando."[3]

A princípio, Moody não acreditou que a situação fosse tão grave assim, mas, apesar disso, decidiu vestir-se e ir até o convés. Ali, logo descobriu ser verdade o que seu filho dissera. Inicialmente, o capitão disse aos passageiros assustados que não havia perigo. Porém, quando algumas pessoas da segunda classe tentaram retornar aos dormitórios, foram forçadas a voltar por causa da corrente de água que invadia o local. Elas não tiveram escolha a não ser deixar todos os pertences para trás.[4]

Então, o capitão e a tripulação começaram a fazer todo o possível para salvar o navio. Mas, apesar de seus melhores esforços, parecia que as bombas eram inúteis, pois a água entrava no navio rápido demais para ser controlada. "Não havia nada no poder do homem a ser feito", recordou Moody. "Nós estávamos totalmente, absolutamente indefesos. Só nos restava ficar parados sobre o infeliz navio que naufragava, à deriva, e olhar para [o que se tornaria] nosso túmulo marinho".[5]

Enquanto isso, sem o conhecimento dos passageiros, o capitão e os oficiais começaram a fazer os preparativos para o último recurso. Os botes salva-vidas foram colocados a postos, as provisões foram preparadas, e os coletes salva-vidas foram distribuídos. Os policiais estavam armados com pistolas para reforçar as ordens. Só o que faltava era decidir se os botes seriam soltos de uma única vez ou se seria melhor esperar.

Porém, o mar estava tão bravio, que a tripulação reconheceu que os botes salva-vidas mal conseguiriam boiar. Neste ínterim, Moody descobriu que dois passageiros "tinham revólveres carregados, prontos para explodir o próprio cérebro caso a embarcação afundasse, preferindo a morte por bala à morte por afogamento."[6]

Ao meio-dia do dia seguinte, o capitão disse a todos que o fluxo de água estava sob controle e que agora esperava que o navio fosse levado pela corrente até alguma embarcação de passagem. Mesmo assim, muitos estavam alarmados por ver que a proa do barco estava voltada para cima, enquanto a popa parecia afundar cada vez mais.

O mar continuava muito agitado, e o navio girava de um lado para o outro com movimentos bruscos. Parecia que, se ele se inclinasse violentamente uma única vez, as anteparas se romperiam, e seria o fim. O capitão fazia o possível para manter as esperanças, dizendo a todos que provavelmente entrariam na rota de um navio mais ou menos às três horas daquela tarde. Contudo, a noite chegou sem qualquer sinal de outras embarcações.[7]

Todos a bordo tiveram uma noite horrível. Havia setecentos homens, mulheres e crianças que não sabiam o que os aguardava. Ninguém ousou dormir. Todos estavam reunidos no salão da primeira classe. "A agonia e o suspense", recordou Moody, não podiam ser descritos em palavras. Os passageiros olhavam uns para os outros, como se estivessem tentando ler o que ninguém se atrevia a falar. Fogos de artifício queimavam no céu, mas não havia resposta. Nós estávamos flutuando para longe da rota dos grandes navios a vapor, e, a cada hora, o perigo parecia aumentar.[8]

O domingo amanheceu sem qualquer sinal de ajuda ou esperança. Até aquele momento, nenhuma sugestão de realizar um culto havia sido feita, pois acreditava-se que isso certamente causaria pânico. Todavia, quando a segunda noite após o acidente se aproximou, Moody pediu ao passageiro e amigo General Oliver Otis Howard que solicitasse a permissão do capitão para realizar um culto no salão.[9]

O capitão prontamente consentiu. Logo foi dado o aviso sobre a reunião, e, para surpresa de Moody, quase todos os passageiros compareceram. "Acho que todo mundo orou", disse ele, "céticos e todos os outros."[10]

E assim, de pé com um braço ao redor de uma coluna para se firmar no navio que balançava, Moody tentou ler o salmo 91. Em seguida, todos oraram para que Deus acalmasse o mar tempestuoso e os levasse para o porto em segurança.

Enquanto isso acontecia, Moody vivenciou algo extraordinário. As palavras do salmo assumiram um significado completamente novo para ele. "Esse passou a ser um novo salmo para mim a partir daquele instante", lembrou. "O versículo 11 tocou-me profundamente. Era como uma voz de garantia divina, a qual soou muito real durante a leitura: 'Porque a seus anjos ele dará ordens a seu respeito, para que o protejam em todos os seus caminhos.'"[11]

Crendo ser proveitoso dar prosseguimento à leitura da Escritura, Moody pôs-se a ler o salmo 107 em voz alta. Enquanto isso, um passageiro alemão traduzia cada versículo para o benefício de seus compatriotas.[12]

Durante a leitura, o próprio Moody foi transformado. "Eu estava passando por uma nova experiência", diria ele mais tarde. "Até então, eu achava que estava acima do medo da morte. Eu já tinha pregado muitas vezes sobre o assunto e encorajado os fiéis a se apossarem desta vitória da fé." Durante a Guerra Civil, ele havia estado em meio a tiroteios, mas não tivera medo. Ele também havia estado em Chicago durante a grande epidemia de cólera, acompanhando os médicos nas visitas aos doentes e moribundos. Ele se lembrou, inclusive, de um caso de varíola em que a carne do paciente tinha literalmente se soltado da espinha dorsal, e ele ia várias vezes ao leito deste pobre sofredor a fim de ler a Bíblia e orar. "Em tudo isso", disse Moody, "eu não tive medo da morte."[13]

No entanto, a experiência no navio prestes a naufragar foi muito diferente. O problema não era falta de paz com Deus. "Não havia nuvem alguma entre minha alma e meu Salvador", disse ele, seguro. "Eu sabia que meus pecados tinham sido removidos e que, se eu morresse ali, acordaria no céu. Isso tudo já estava resolvido há muito tempo."[14]

Porém, conforme seus pensamentos se voltavam para os entes queridos que estavam em casa — esposa, filhos, amigos de ambos os lados do oceano, escolas que havia fundado e outros interesses — e, conforme percebia que os momentos seguintes poderiam separá-lo para sempre de tudo isso, ele quase entrou em colapso. "Aquela foi", disse ele, "a hora mais escura da minha vida!"[15]

Moody achou que não conseguiria suportar. Ele precisava de alívio e, por fim, este veio por meio de oração. "Deus ouviu o meu clamor", recordou, "e capacitou-me a dizer, do fundo da alma: 'Seja feita a tua vontade!' Então, uma doce paz invadiu meu coração."[16]

Ao retornar para o quarto, Moody adormeceu quase imediatamente. Mais tarde, ele disse: "Nunca dormi tão profundamente em toda a minha vida." A paz que Deus lhe dera era de fato uma paz que excedia todo o entendimento. "Clamei ao Senhor", disse, "e ele me ouviu e me livrou de todos os meus temores. Não posso duvidar de que ele respondeu à minha oração quando pedi alívio, assim como não posso duvidar de minha própria existência."[17]

Aproximadamente às três horas da manhã, Moody foi despertado do sono profundo pela voz do filho: "Venha para o convés, pai!" Moody saiu da cama e seguiu o filho até lá. Ali, Will apontou para uma luz distante, que subia e afundava no mar. Descobriram que se tratava da luz do navio a vapor *Lake Huron*, cujo sentinela avistara os sinais de socorro e acreditara se tratar de uma embarcação em chamas. "Oh, que alegria houve naquele momento", lembrou Moody. "Setecentos passageiros desesperados no convés contemplando o navio que se aproximava! Quem poderia se esquecer disso?"[18]

***

A vida Moody e de seus companheiros de viagem foi poupada. O propósito disso, no caso de Moody, ficou bem claro para ele no ano seguinte. Se tivesse perecido em novembro de 1892, ele nunca teria liderado uma missão cristã diferente de tudo o que o mundo já vira.

O cenário foi a Feira Mundial de Chicago em 1893. A feira começou no dia 1º de maio do mesmo ano, mas Moody já estivera pensando nela há muito mais tempo. Em sua viagem à Palestina um ano antes, ele havia orado por este evento especial. Conforme seu filho Will lembrou, "em meio às qualidades que contavam a favor de sua carreira como evangelista, meu pai tinha o talento especial de reconhecer oportunidades."[19]

Em momento algum durante os vários anos do ministério público de Moody, esse dom foi mais bem demonstrado do que na campanha realizada em Chicago durante a Feira Mundial de 1893. A ideia de transformar o evento no cenário de um amplo esforço evangelístico era tão original quanto ousada. O planejamento aconteceu ao longo de vários meses, e os arranjos finais foram feitos enquanto as estruturas da exposição ainda estavam sendo construídas. Já em 1892, enquanto estava no exterior dirigindo uma missão na Grã-Bretanha, Moody fazia frequentes referências a esse projeto e procurava incentivar os cristãos de toda parte a orarem pela iniciativa.[20]

Embora tivesse sido criado na zona rural de Nova Inglaterra, Moody nutria amor pelas cidades desde o início da vida adulta, quando morou em Chicago. E esta cidade, de todas as outras, era especialmente querida para ele. Em sua visão, Chicago, durante a Feira Mundial, representava "a oportunidade do século".

Moody sabia que multidões de cada estado, região e cidade dos Estados Unidos iriam a Chicago, bem como pessoas de muitos outros países. Para onde iriam quando chegassem a seu destino? O parque *White City*, destino principal, seria visitado, mas também muitos lugares de pecado e tristeza. O contraste entre as portas fechadas das igrejas e as tabernas abertas, entre os templos de Deus com luzes apagadas e os covis do diabo magnificamente iluminados eram coisas que atormentavam sua alma. Durante 13 meses antes do início da Feira Mundial, Moody só conseguia pensar nisso.[21]

Ao mesmo tempo, ele estava bem consciente, em seu íntimo, de algo que poucas pessoas sabiam. Em 1892, pouco antes de embarcar no *Spree* rumo a Nova York, Moody tinha ido a um médico em Londres e recebido notícias preocupantes. O doutor havia lhe dito que seu coração estava enfraquecendo e que ele deveria diminuir o ritmo de trabalho. Moody foi duramente advertido a cuidar melhor de si. Refreado por estas notícias, ele havia embarcado com a intenção de não trabalhar tanto.

Então, seguiram-se todos os acontecimentos a bordo do *Spree*, durante os quais sua vida e a vida de centenas de pessoas poderiam ter sido ceifadas. Houve momentos durante aquelas horas turbulentas em que Moody achou que nunca mais teria o privilégio de pregar o evangelho. Em uma noite durante essa provação, a primeira noite do acidente, ele fez um voto de que, se Deus lhe poupasse a vida e o trouxesse de volta para os Estados Unidos, ele iria para Chicago "e pregaria o evangelho na Feira Mundial com todo o poder que ele lhe concedesse."[22]

***

Deus realmente poupou a vida de Moody, tanto em relação aos problemas cardíacos quanto ao naufrágio. Ele sabia que estava vivendo um tempo divinamente concedido e, portanto, estava determinado a aproveitá-lo da melhor forma possível.

Seus planos estavam se concretizando em ritmo acelerado, até que a oposição surgiu de uma fonte muito inesperada. Quando anunciaram que os responsáveis pela feira haviam decidido mantê-la aberta aos domingos, muitos cristãos decidiram boicotá-la. Outros pensavam em iniciar uma ação legal, entrando com um processo a fim de obrigá-los a fechar a feira aos domingos.

Moody resistiu firmemente a isso. "Vamos abrir tantos pontos de pregação", disse ele, "e apresentar o evangelho de forma tão atraente, que as pessoas desejarão vir aqui ouvi-lo."[23]

E assim, como um general mobilizando suas tropas, Moody e seus colegas começaram a trabalhar com determinação. O plano para a campanha era simples, mas exigia dedicação excepcional e trabalho duro.

Chicago era, na época, dividida naturalmente em três partes pela bifurcação do rio: o lado norte, o lado oeste, e o lado sul. Em cada região, foi escolhida uma igreja central: a "Chicago Avenue Church" (A igreja de Moody) no norte, a "First Congregational Church" no oeste, e a "Immanuel Baptist" no sul. Mais tarde, muitas outras igrejas foram oferecidas e ocupadas.

Moody, como lembrou seu filho Will, "não era capaz de realizar a tarefa sozinho e, portanto, trabalhou com muitos obreiros cristãos importantes vindos de todas as partes dos Estados Unidos e da Europa". Casas e tendas em número suficiente para abrigar um grande público foram reservadas, e fundos foram angariados para cobrir as despesas de palestrantes, cantores, estrutura e propaganda.[24]

Angariar fundos demonstrou ser uma tarefa extraordinária. Em determinado ponto da missão na Feira Mundial, os gastos diários inclusos em aluguel de espaços, publicidade, salários e hospedagem de palestrantes, atendentes e outros chegaram a oitocentos dólares (ou mais de 20 mil dólares por dia na moeda atual).[25]

Essa quantia tinha de ser arrecadada por esforços pessoais de Moody, e um grande grupo de secretários redigia petições sob sua direção. Seu empenho para obter a colaboração da imprensa religiosa na cobertura completa do trabalho ajudou muito a garantir o generoso apoio do público cristão.

Essa, entretanto, foi apenas uma parte do trabalho ao qual Moody se dedicou. Sob sua supervisão, as reuniões se propagaram por todas as direções. Uma vez que ele tinha em vista grandes regiões cujos habitantes jamais entrariam em uma igreja, mesmo se houvesse alguma acessível, Moody decidiu alugar teatros. Em pouco tempo, conseguiram estabelecer uma base no teatro *Haymarket*, e ali ele pregou todos os domingos pela manhã até o final da campanha da Feira Mundial, exceto dois domingos em que esteve ausente da cidade. Conforme o movimento crescia, outros teatros e salões foram alugados até que cerca de oito ou nove estavam sob seu controle — alguns somente aos domingos, mas os outros durante toda a semana.

Além disso, cinco tendas enormes estavam em uso constante, as quais haviam sido montadas em pontos estratégicos no meio das comunidades que não frequentavam igrejas. Dois "vagões evangelísticos" eram utilizados para distribuir folhetos, pregar e cantar hinos às pessoas que se agrupavam sempre que eles paravam em bairros residenciais bastante povoados.

Uma loja no centro de Chicago também foi alugada e equipada como salão de culto. As reuniões eram feitas não somente todas as tardes e noites, como também um grupo especial de voluntários ia às dez da noite a fim de alcançar bêbados e prostitutas, conhecidos por frequentar a vizinhança até altas horas da madrugada.

Também foram feitos esforços especiais para influenciar a redondeza dos parques. Ali, em campo aberto, hotéis e outras estruturas haviam crescido feito abóboras, mas sem qualquer esforço para manter o ritmo correspondente na construção de templos religiosos. No entanto, Moody reservou meia dúzia de tendas, tabernáculos e salões de hotel para usar.

As reuniões mais notáveis da campanha, a julgar pela reação popular, foram provavelmente as que ocorreram no Tattersall's Hall e nas tendas do circo de Forepaugh. Quando Moody anunciou a reunião em Tattersall, cuja capacidade era entre 10 e 15 mil pessoas sentadas, ele disse, memoravelmente: "Nós temos algo melhor do que o *Wild West Show* de Buffalo Bill e, portanto, precisamos conseguir um público maior do que ele."[26] O fluxo de uma vastidão de espectadores mostrou que suas esperanças não estavam equivocadas.

O circo de Forepaugh tinha chegado a Chicago em junho de 1893 e estabelecera-se à beira do lago. O gerente alugou a tenda para Moody e seus colegas para uso nas manhãs de domingo e reservou-a para suas próprias apresentações no período da tarde e da noite. Quando a propaganda do circo foi divulgada, ficou na memória das pessoas a maneira como o gerente incluíra a reunião de Moody aos domingos de manhã no anúncio:

Oba! Oba! Oba!
Três grandes espetáculos!
Moody de manhã!
Forepaugh à tarde e à noite![27]

A grande lona elíptica do circo de Forepaugh cobria uma área imensa. Ela possuía capacidade para 10 mil pessoas sentadas e um espaço no picadeiro para mais 10 mil em pé. Enquanto o local era preparado para a reunião de domingo, um homem do circo perguntou, irritado, ao sr. Moody se ele esperava conseguir sequer 3 mil ouvintes. Mais tarde, ficou abismado quando, em dois domingos consecutivos, a grande área da tenda transbordou de pessoas ávidas para ouvir o "velho evangelho". No centro do picadeiro, uma plataforma grosseira fora instalada para os palestrantes e alguns cantores, ao passo em que o restante dos músicos ficou posicionado ao redor dela.

Um observador guardou por muito tempo na memória o que viu em uma dessas reuniões dominicais no circo de Forepaugh. Por todo o interior da grande tenda, havia cordas, trapézios, decorações espalhafatosas e outras coisas e, em uma estrutura de lona adjacente, havia um grande zoológico, incluindo onze elefantes. Havia, recordou o observador,

> palhaços, adestradores, cavaleiros, homens, mulheres e crianças: 18 mil pessoas ao todo em uma manhã de domingo! Se o evangelho já foi apresen-

> tado sob tais circunstâncias alguma vez, eu não sei, mas sei que aquilo foi algo maravilhoso tanto para os ouvidos quanto para os olhos.

Foi algo incrível de se ver e ouvir quando dezenas de milhares de pessoas começaram a cantar o hino "Mais perto quero estar". E, para muitos, um sentimento visível de temor desceu sobre a multidão. Após uma hora de louvor e oração, Moody levantou-se para pregar como de costume. O texto usado foi este: "Pois o Filho do homem veio buscar e salvar o que estava perdido" (Lucas 19:10).

Em todos os momentos, o Espírito de Deus parecia estar presente. "A quietude do céu estava sobre a reunião", lembrou um dos presentes.

> Próximo do final da pregação, houve um pequeno tumulto, e uma "criança perdida" foi levada até a plataforma. O sr. Moody levantou-a para que os pais pudessem vê-la, e, quando o pai aflito chegou à plataforma, Moody colocou a criança em seus braços e disse: "É isso que Jesus Cristo veio fazer: buscar e salvar os pecadores perdidos e restaurá-los aos braços do Pai Celestial."[28]

Outros também recordaram que foi uma surpresa para o gerente do circo o fato de tantas pessoas terem ido até lá para ouvir músicas e sermões. Os espetáculos da tarde e da noite organizados pelo próprio gerente tiveram um público tão pequeno, que ele abandonou todos os planos de fazer apresentações aos domingos. Além disso, pediu que Moody lhe indicasse evangelistas para realizar cultos dominicais nas tendas de outras cidades, prometendo arcar com todas as despesas de deslocamento e demais gastos.[29]

Além das reuniões no circo de Forepaugh, houve todo tipo de encontros evangelísticos em outros locais: encontros para homens, mulheres, crianças, viciados, soldados e presidiários; encontros ao ar livre e em casas; encontros para alemães, poloneses, boêmios, franceses, judeus e árabes na região dos parques; encontros para louvor e oração; e encontros que duravam o dia inteiro ou a noite inteira.

Visitantes de todas as partes do mundo estiveram presentes aos milhares, e era o objetivo de Moody, na medida do possível, alcançar todas as pessoas, de todas as nacionalidades. Para isso, ele contou com a ajuda de importantes pastores e evangelistas europeus. O dr. J.W. Pindor, da Silésia, foi pregar aos poloneses; Joseph Rabinowitz, da Rússia, aos judeus; Theodore Monod, de Paris, aos franceses; e o dr. Adolf Stoecker, de Berlim, aos alemães.

Se fôssemos citar os norte-americanos que pregaram em alemão, sueco, boêmio e outras línguas, bem como inglês, estaríamos mencionando a maioria dos principais pregadores, professores e cantores dos Estados Unidos naquela época. Além deles, também estiveram presentes John Paton, das Novas Hébridas, Thomas Spurgeon e Henry Varley, da Austrália. Outros, vindos da Inglaterra, da Escócia e da Irlanda também participaram. A cooperação de muitos visitantes da Feira Mundial, como o conde Bernstorff, de Berlim, e o Lord Kinnaird, de Londres, também foi garantida enquanto estiveram em Chicago. Conforme as últimas semanas da feira se aproximavam, o trabalho ganhou força. Um grande salão no centro da cidade foi alugado, no qual um culto ao meio-dia, com duração de duas horas, era realizado diariamente.

Moody exortava os cristãos em todo lugar a orar e trabalhar com diligência incessante. Ele disse:

> Parece que nós só estivemos brincando durante as últimas semanas, e agora é que vamos trabalhar. Nós só pescamos ao longo do litoral, e agora vamos nos lançar ao mar aberto. Amigos, ajudem a encher as igrejas. Vamos ver se conseguimos despertar toda a cidade. Existe agora, diante de nós, a oportunidade mais magnífica de ampliar o Reino de Deus que este país já viu. Centenas de milhares de pessoas virão nestas últimas semanas da Feira Mundial. É possível alcançá-las com a mensagem do evangelho.[30]

Tudo isso exigiu esforço redobrado. Mais estruturas tornaram-se necessárias para as reuniões próximas ao local da Feira Mundial. Moody tentou alugar todos os teatros possíveis. Até então, os gastos haviam sido de até oitocentos dólares por dia, mas ele reconheceu que poderia gastar oito mil (ou 200 mil na moeda atual), se conseguisse obter fundos suficientes.[31]

No final das contas, foram as reuniões de oração instituídas por Moody que aparentemente fizeram toda a diferença. Muitos passaram a considerá-las um milagre contínuo por meio do qual o espírito de Deus atraía milhares de corações e mentes para Cristo. Conforme Will Moody lembrou mais tarde,

> Nos últimos domingos, meu pai chegou a coordenar 125 reuniões diferentes, assumindo, quando necessário, despesas de aluguel e gastos extras, suprindo as necessidades de palestrantes e cantores e estimulando o comparecimento, que chegava a mais de 100 mil pessoas a cada domingo.[32]

No Dia de Chicago, 8 de outubro, a cidade decidiu fazer uma enorme comemoração pelo 22º aniversário do grande incêndio de 1871. Moody também estava determinado a fazer um esforço especial. A Feira Mundial tinha organizado atrações extras, e mais de 700 mil pessoas passariam pelos portões da cidade naquele dia. Moody, por sua vez, conseguiu manter reuniões contínuas em três grandes salões centrais e, em uma notável ocasião, o comparecimento foi tamanho, que os palestrantes tiveram dificuldade para entrar no recinto.[33]

Ao final de tudo, o trabalho de centenas de voluntários sob a liderança de Moody, bem como a bênção de Deus, produziram um resultado incrível. A estimativa de Moody para os resultados do trabalho, feita em uma entrevista ao final da campanha, descrevia seu esforço ao longo dos seis meses. Ao responder a várias perguntas, ele disse:

> O principal resultado foi que milhões de pessoas ouviram o simples evangelho sendo exposto por alguns dos pregadores mais talentosos do mundo, milhares foram genuinamente convertidas a Cristo, e cristãos de todas as partes deste país passaram a ter uma vida espiritual mais profunda.[34]

Capítulo 22

Ortodoxia oriental: milagres de majestade e mistério

Ser cristão é ser um viajante. Nossa situação, de acordo com os Padres Gregos, é semelhante à do povo de Israel no deserto do Sinai: vivemos em tendas, não em casas, pois, espiritualmente, estamos sempre em movimento. Estamos em uma jornada pelo espaço do coração, uma viagem que não é medida pelas horas do relógio nem pelos dias do calendário, pois é uma viagem que sai do tempo rumo à eternidade.

— KALLISTOS WARE[1]

Bizâncio. A cúpula majestosa de Santa Sofia. Os quatro antigos patriarcados de Constantinopla, Alexandria, Antioquia e Jerusalém. Monumentos do mistério e da inspiração de uma fé antiga e muito reverenciada.

Nos últimos anos, muitos ocidentais têm sido atraídos pela beleza e pelo significado da liturgia, da iconografia, da história e da literatura ortodoxas. Os milagres também são uma parte integrante de sua história épica. Na adoração, na arte e no ensino, a ortodoxia oriental deixou um grande e duradouro legado.

The Orthodox Study Bible [Bíblia de estudo ortodoxa] define milagre como "um sinal pelo qual Deus supera as leis da natureza misteriosamente" [2]. Em outro texto, nas páginas do livro *In the Heart of the Desert: The Spirituality of the Desert Fathers and Mothers* [No coração do deserto: a espiritualidade dos pais e das mães do deserto], os milagres são descritos assim:

> Milagres [...] são parte da criação e invocam nossa criatividade. Eles são percepções de outro modo de vida, que envolve receptividade ao mistério e acolhe a surpresa da graça. Nós não fazemos os milagres acontecerem; apenas testemunhamos sua realização.[3]

As histórias dos pais e das mães do deserto são muito reverenciadas pela Igreja Ortodoxa. Ela entende que esses santos escolheram peregrinar no deserto para que pudessem "superar discriminações e limitações terrenas". Eles eram fervorosos na busca pela santidade e deram a vida para essa missão. O que eles estavam procurando? Conforme um estudioso desse período da história eclesiástica observou,

> o real tornava-se diferente no deserto, ou, pelo menos, a realidade adquiria uma perspectiva diferente. De alguma forma, *a ordem deste mundo era infiltrada e influenciada pela ordem de outro mundo.* Não admira, portanto, que os *Provérbios* [*dos pais e das mães do deserto*] estejam literalmente repletos de histórias sobre milagres e visões.[4]

Os relatos que chegaram até nós sobre esses *Provérbios* do deserto são muito parecidos com as parábolas que encontramos no Novo Testamento. Esses santos, à sua própria maneira, haviam escolhido buscar primeiro o Reino de Deus. Tanto é, que suas histórias têm a intenção de nos ensinar sobre a realidade de quem Deus é. Milagres estão, muitas vezes, no cerne dessas narrativas, como no caso de um acontecimento na vida de Abba Bessarion. Ele é narrado assim:

> Abba Doulas, discípulo de Abba Bessarion, disse: "Certo dia, enquanto caminhávamos junto ao mar, fiquei com sede e disse a Abba Bessarion:
> — Pai, estou com muita sede.
> Ele fez uma oração e disse-me:
> — Bebe um pouco da água do mar.
> A água tinha gosto doce quando bebi. Até despejei um pouco em uma garrafa de couro, por medo de ficar com sede mais tarde. Ao ver isso, o ancião perguntou-me por que eu estava estocando água. Respondi:
> — Perdão, é por medo de ter sede mais tarde.
> Então ele disse:
> — Deus está aqui, Deus está em toda parte."[5]

O autor John Chryssavgis escreveu de modo convincente sobre o motivo de os pais e as mães do deserto serem de interesse ao nosso momento histórico — na verdade, a todas as épocas — oferecendo tanta riqueza de significado e profundidade de experiência espiritual. Chryssavgis disse:

> Para os anciãos do deserto, milagres são respostas paradoxais resultantes do amor paradoxal de Deus. Eles confirmam o amor absoluto de Deus e celebram a liberdade absoluta de Deus em um mundo que significa tudo para ele como Criador. Para os pais e as mães do deserto, a Criação é um milagre. O mundo também é um milagre. Na verdade, não são os habitantes do deserto que fazem os milagres acontecerem; eles mesmos são parte dos milagres de Deus. Como receptáculos de outra graça, eles nos lembram do milagre da existência humana. Eles trazem à memória a coabitação de toda a glória de Deus em toda a fragilidade da raça humana.[6]

Em uma época mais próxima da nossa, G.K. Chesterton captou a sensação de enlevo que deve ser a marca do cristão. A ideia que o levou a escrever é que nós precisamos desesperadamente lembrar de quem somos, de quem nos criou e do milagre representado pela própria existência do mundo. Assim, observou Chesterton:

> A percepção de que a humanidade em si é um milagre deve ser sempre mais viva em nós do que quaisquer proezas da força, do intelecto, da arte ou da civilização. O simples homem que caminha sobre duas pernas deve ser, como tal, percebido como algo mais comovente do que qualquer música e muito mais impressionante do que qualquer caricatura.[7]

***

O milagre de Caná é de grande importância para a Igreja Ortodoxa no que diz respeito à santificação do casamento. *The Orthodox Study Bible* diz-nos que

> a Bíblia e a história humana começam e terminam com casamentos. Adão e Eva unem-se em união conjugal no Paraíso antes da Queda, revelando o casamento como uma parte do propósito eterno de Deus para a humanidade em meio à Criação.[8]

Gênesis 2:22-24 fornece a base bíblica para esse ensinamento.

> Com a costela que havia tirado do homem, o SENHOR Deus fez uma mulher e a levou até ele. Disse então o homem: "Esta, sim, é osso dos meus ossos e carne da minha carne! Ela será chamada mulher, porque do homem foi tirada". Por essa razão, o homem deixará pai e mãe e se unirá à sua mulher, e eles se tornarão uma só carne.

Passando para o fim das Escrituras, *The Orthodox Study Bible* ensina que "a história termina com o casamento da noiva e do Cordeiro, ou seja, com o casamento terreno sendo consumado no âmbito celestial, mostrando a natureza eterna do sacramento".[9] A base bíblica para isso encontra-se em Apocalipse 19:7-9.

> "Regozijemo-nos! Vamos alegrar-nos e dar-lhe [ao Senhor] glória! Pois chegou a hora do casamento do Cordeiro, e a sua noiva já se aprontou. Para vestir-se, foi-lhe dado linho fino, brilhante e puro." O linho fino são os atos justos dos santos.
>
> E o anjo me disse: "Escreva: Felizes os convidados para o banquete do casamento do Cordeiro!" E acrescentou: "Estas são as palavras verdadeiras de Deus."

A Igreja Ortodoxa ensina que, entre Gênesis e Apocalipse, encontra-se a peça central das Escrituras no que diz respeito ao casamento. No Evangelho de João, capítulo 2, versículos 1 a 11, o Senhor Jesus Cristo abençoou o casamento de Caná da Galileia. "Ao comparecer no casamento e operar seu primeiro milagre ali", lemos em *The Orthodox Study Bible*, "Jesus Cristo, o Filho de Deus, santificou o casamento para sempre. Tal como acontece com todos os sacramentos cristãos, o casamento é sacramentado porque é abençoado por Deus."[10]

Todos devemos ser gratos à Igreja Ortodoxa por oferecer-nos uma imagem tão bela e cativante do casamento, ricamente enraizada na Sagrada Escritura e compreendida sob esta luz. Estas palavras de ensino concluem o que *The Orthodox Study Bible* tem a dizer sobre essa cerimônia:

> O casamento é um sacramento: santo, abençoado e eterno na visão de Deus e de sua Igreja. Dentro dos laços do casamento, marido e mulher vivenciam uma união um com o outro em amor. [...] E, dentro dos laços do matrimônio, há tanto plenitude de igualdade entre marido e mulher quanto clareza de ordem — na qual o marido é a figura [ou semelhança] de Cristo, e a mulher, a figura [ou semelhança] da Igreja.[11]

Esta última bela frase tem seu corolário bíblico na carta do apóstolo Paulo aos efésios, capítulo 5, versículos 25 a 29.

> Maridos, ame cada um a sua mulher, assim como Cristo amou a igreja e entregou-se por ela para santificá-la, tendo-a purificado pelo lavar da água mediante a palavra, e para apresentá-la a si mesmo como igreja gloriosa, sem mancha nem ruga ou coisa semelhante, mas santa e inculpável. Da mesma forma, os maridos devem amar cada um a sua mulher como a seu próprio corpo. Quem ama sua mulher, ama a si mesmo. Além do mais, ninguém jamais odiou o seu próprio corpo, antes o alimenta e dele cuida, como também Cristo faz com a igreja.

***

Apesar de tudo o que foi dito, a Igreja Ortodoxa parece ser um mundo a parte para muitos cristãos protestantes. Geografia, tradição, função da iconografia e muitas outras coisas parecem separá-los dessa antiga fé.

No entanto, o Credo Niceno, o mais reconhecido de todos os credos que chegaram até nós de eras passadas, funciona como um ponto de harmonia. Pode haver, de fato, muitas coisas na Igreja Ortodoxa que diferem das igrejas protestantes, ou melhor, da Igreja Católica. O Credo Niceno é um credo aceito por praticamente todas as igrejas da cristandade. Os milagres dos quais ele fala são apreciados por todo o cenário denominacional. Isso é uma coisa excelente. O Credo Niceno é o cristianismo simples em sua melhor e mais duradoura forma.

Lemos sobre isso na introdução de *I Believe: The Nicene Creed* [Eu creio: o Credo Niceno], um livro belamente ilustrado por Pauline Baynes, ilustradora de *As crônicas de Nárnia*, de C.S. Lewis. Ali é afirmado:

> Um dos vários credos cristãos primitivos — entre eles, o Credo dos Apóstolos e o Credo de Atanásio — o Credo Niceno é considerado o mais ecumênico, representando crenças da maior parte do mundo cristão do que qualquer outro credo. Ele é utilizado pela maioria das igrejas protestantes, bem como pela Igreja Católica Romana e as Igrejas ortodoxas orientais, e permanece sendo um amparo para a fé cristã até hoje.[12]

O Credo Niceno foi, evidentemente, publicado em muitos lugares, mas o texto a seguir foi retirado de *The Orthodox Study Bible*.

Creio em um só Deus, o Pai Todo-Poderoso, Criador do céu e da terra e de todas as coisas visíveis e invisíveis;

e em um só Senhor Jesus Cristo, o Filho de Deus, o Unigênito, nascido do Pai antes de todos os mundos,

Luz da Luz, Deus verdadeiro do Deus verdadeiro, gerado, não criado; consubstancial com o Pai; por quem todas as coisas foram feitas;

que por nós, homens, e para nossa salvação, desceu do céu e se encarnou pelo Espírito Santo e pela virgem Maria, fazendo-se homem; e foi crucificado também por nós por Pôncio Pilatos, padeceu e foi sepultado; ao terceiro dia, ressuscitou novamente de acordo com as Escrituras; e subiu aos céus e está sentado à direita do Pai; e ele voltará com glória para julgar os vivos e os mortos; e seu reino não terá fim.

Creio no Espírito Santo, o Senhor e doador da vida, que procede do Pai, que, com o Pai e o Filho, é adorado e glorificado e que falou pelos profetas.

E eu creio em uma única santa Igreja Católica e Apostólica.

Professo um só batismo para a remissão dos pecados.

Aguardo a ressurreição dos mortos e a vida do mundo vindouro. Amém.[13]

Muitos milagres são descritos e reconhecidos no texto do Credo Niceno. O primeiro é que Deus fez os céus e a terra, conforme ensinado em Gênesis 1:1: "No princípio Deus criou os céus e a terra."

A Encarnação é o milagre seguinte reconhecido no texto. Santo Atanásio, um santo venerado por tradições ortodoxas, católicas e protestantes, escreveu o que muitos consideram como uma das melhores introduções ao ensino do Credo Niceno sobre esse milagre específico. O texto leva o título "*Sobre a Encarnação*", e foi escrito antes de 319 d.C. O teólogo A.E. Burn, escrevendo no início do século XX, explicou que nós deveríamos sentir a grande e eterna dívida que temos para com Atanásio, pela intensidade de sua convicção desse milagre e pela coragem de defendê-la em um momento de grande controvérsia religiosa. Além disso, ler Atanásio é entrar no mundo do cristianismo do século IX e descobrir a riqueza de crenças que podem aprofundar e fortalecer nossa própria fé. Seu ensinamento sobre a encarnação diz, em parte:

A Palavra incorpórea, incorruptível e imaterial de Deus vem ao nosso mundo. [...] Nenhuma parte da Criação é esvaziada dele: ele encheu todas as coisas em todos os lugares. [...] Contudo, vem com condescendência para mostrar benignidade a nós e visitar-nos. E, ao ver criaturas racionais correndo pelo caminho da perdição, bem como a morte reinando sobre elas pela corrupção [...], ele toma para si um corpo, em nada diferente do nosso.

Assim, tomando, de nosso corpo, outro de natureza semelhante, porque todos estávamos sob a pena da corrupção da morte, ele o entregou à morte em lugar de todos. [...] [Onde] os homens haviam se voltado para a corrupção, ele [morreu] para que pudesse voltá-los novamente para a incorrupção e vivificá-los da morte pela apropriação de seu corpo e pela graça da ressurreição, banindo a morte deles como se fossem palha sendo afastada do fogo.[14]

A Ressurreição é o terceiro milagre reconhecido no Credo Niceno. O bispo Kallistos Ware, em seu clássico texto *The Orthodox Way* [O caminho ortodoxo], escreveu de modo muito comovente sobre a ressurreição, dizendo: "Nós não dizemos simplesmente 'Cristo ressuscitou', mas 'Cristo é ressurreto': ele vive *agora*, para mim e em mim."[15] Outro trecho emocionante sobre a ressurreição também se encontra em *The Orthodox Way*, onde lemos:

O fundamento mais profundo da esperança e da alegria que caracterizam a ortodoxia e permeiam toda sua adoração é a Ressurreição. A Páscoa, centro da adoração ortodoxa, é uma explosão de alegria, a mesma alegria que os discípulos sentiram quando viram o Salvador ressurreto. Trata-se da explosão de uma alegria cósmica pelo triunfo da vida após a tristeza devastadora da morte — morte que até mesmo o Senhor da vida teve de enfrentar quando se fez homem. "Que os céus se regozijem, que a terra exulte e que todo o mundo, visível e invisível, guarde este dia, pois Cristo, nossa eterna alegria, ressuscitou." Todas as coisas estão agora repletas da certeza da vida, ao passo em que antes tudo se movia constantemente em direção à morte. A ortodoxia enfatiza, com insistência especial, a fé do cristianismo no triunfo da vida.[16]

O milagre da vinda do Espírito Santo após a ascensão de Cristo ao céu também é confirmado pelo Credo Niceno. Acerca da importância do Pentecostes, o bispo Ware escreveu:

Até então, era o Espírito que enviava Cristo; agora, é o Cristo ressurreto que envia o Espírito. O Pentecostes constitui o objetivo e a conclusão da Encarnação: nas palavras de Vladimir Lossky, "O Logos fez-se carne para que pudéssemos receber o Espírito".[17]

Passando, em seguida, a uma discussão sobre Mateus 18:20 — onde lemos: "Pois onde se reunirem dois ou três em meu nome, ali eu estou no meio deles" — o bispo Ware fez uma pergunta extremamente importante: "Como Cristo se faz presente em nosso meio?" Pelo Espírito Santo, respondeu ele. Além disso, podemos nos voltar para Mateus 28:20, onde se lê: "E eu estarei sempre com vocês, até o fim dos tempos." De que maneira Cristo está conosco? Mais uma vez, a resposta foi: "Por meio do Espírito Santo." O bispo Ware prosseguiu, dizendo:

> Por causa da presença do Consolador em nosso coração, nós não simplesmente conhecemos Cristo por segundos ou terceiros, como uma figura distante de muito tempo atrás sobre a qual possuímos informações factuais graças a registros escritos. Nós o conhecemos diretamente, aqui e agora, no presente, como nosso Salvador pessoal e amigo.[18]

***

Este capítulo começou com uma epígrafe dos escritos do bispo Kallistos Ware, um dos representantes mais notáveis e ilustres da Igreja Ortodoxa na era moderna. Ele tem dado a muitos ocidentais vislumbres preciosos e célebres da Igreja Ortodoxa. Portanto, parece apropriado finalizar com uma última reflexão dele:

> Para muitos ocidentais do século XX, a Igreja Ortodoxa parece ser notada sobretudo pelo ar de antiguidade e conservadorismo, e a mensagem dela a seus irmãos ocidentais parece ser esta: "Nós somos o seu passado." Para os próprios ortodoxos, entretanto, lealdade à tradição não significa primeiramente a aceitação de fórmulas ou costumes de gerações passadas, mas a experiência sempre nova, pessoal e direta do Espírito Santo *no presente*, aqui e agora.[19]

Capítulo 23

Mulher do sorriso radiante: a vida de Corrie Ten Boom e os milagres

O meu futuro está nas tuas mãos.

— Salmos 31:15

Quando eu era garoto, minha primeira percepção real da existência de milagres veio das histórias que minha mãe lia para mim sobre Corrie Ten Boom. Esta mulher fora presa pelos nazistas juntamente com toda a família por trabalhar ilegalmente na Holanda escondendo refugiados judeus que buscavam escapar dos campos de extermínio estabelecidos pela Alemanha. O título do seu primeiro livro de memórias descreve o trabalho incrivelmente perigoso que ela e sua família realizaram: *The Hiding Place* [O refúgio secreto].

Corrie foi presa no final de fevereiro de 1944, aos 51 anos de idade. Seu idoso pai, Casper, morreria na prisão mais tarde, bem como sua amada irmã, Betsie. Ela escapou da morte por meio de algo que só poderia ser considerado um milagre. Apenas uma semana antes de todas as mulheres de sua faixa etária serem executadas em um campo de concentração chamado Ravensbrück, ela foi liberada por causa do que posteriormente seria descrito como "um erro de escrita".

Quando a Segunda Guerra Mundial terminou, Corrie passou a viajar pelo mundo a fim de compartilhar, com todos os que quisessem ouvir, as histórias de suas experiências e de sua fé.

Inglês não era sua língua materna, mas o poder de tudo o que Deus fizera em seu favor e por seu intermédio resplandecia em frases simples e gramaticalmente incorretas. Há uma proximidade em suas palavras que leva o leitor instantaneamente às cenas descritas.

Entre as coisas que ela nos deixou, temos a transcrição de áudio de uma participação sua na televisão em meados dos anos 1970 nos Estados Unidos. Suas palavras na ocasião são um tesouro, uma descrição em primeira mão de como Deus a carregou quando ela mais precisou dele.

> Fui prisioneira durante 11 meses. Primeiro, passei quatro meses em uma solitária — sozinha em uma cela. Depois, fui para um campo de concentração na Holanda, um campo de concentração alemão, e, em seguida, para Ravensbrück, um lugar terrível ao norte de Berlim. Foi ali que minha irmã morreu.
>
> Quem me susteve? Eu lhe direi. Há circunstâncias em que nada podemos fazer. E foi o Senhor, somente, que me carregou nos braços. [...] Eu sempre acreditei, e agora sei por experiência própria, que a luz de Jesus é mais forte do que a mais profunda escuridão, e que um filho de Deus não pode adentrar em circunstâncias profundas demais, pois os braços eternos estão sempre mais abaixo para carregá-lo.
>
> O diabo é forte, mas seu poder é limitado. O poder de Jesus é ilimitado. Na verdade, [a graça de Deus] sempre foi suficiente, mas, às vezes, eu... eu perdia a coragem. Eu me lembro de ter dito, certa vez, ao olhar para as estrelas: "Ó Senhor, todas as estrelas estão sob a tua direção, mas será que esqueceste de tua filha Corrie Ten Boom?"[1]

Uma das maneiras pelas quais Corrie viu que Deus não havia se esquecido dela foi a forma totalmente imprevisível como ele lhe providenciou uma Bíblia na prisão. Ao ser questionada pelo apresentador de televisão como permitiram que uma Bíblia adentrasse pelos portões de um lugar ímpio, onde a esperança parecia estar perdida, ela deu um grande sorriso e disse: "Foi um milagre." Então, prosseguiu:

> Quando nós entramos [no campo], eu tinha uma Bíblia pequena. Era pequena, mas completa — Antigo e Novo Testamentos —, e eu a havia escondido debaixo das roupas, nas minhas costas.
>
> Vi que eles [estavam tomando] tudo o que guardávamos escondido. Eu estava com tanto medo, que disse: "Ó Senhor, envia teus anjos. E que eles me cerquem." Mas, depois, pensei: "Anjos são espíritos, e é possível ver através de espíritos." Então, orei: "Ó, Deus, permita que teus anjos não sejam invisíveis desta vez."

Deus fez isso. A mulher que estava na minha frente foi revistada, minha irmã, que estava atrás de mim, também foi, mas eles não me viram. E, assim entrei na prisão com minha Bíblia.

"Então", perguntaram a Corrie, "Deus realmente fez com que os anjos deixassem de ser invisíveis naquela hora?!"

"Sim." Assentiu ela com a cabeça. "Não devemos ficar tão surpresos quando Deus opera um milagre."[2]

***

O fato de Deus ter suprido Corrie com uma preciosa Bíblia foi uma misericórdia incrível. No entanto, por mais maravilhosa que tenha sido a resposta à sua oração incomum, ela ainda assim sofreu a dor terrível de ver a irmã, Betsie, definhar e morrer. Outros, com quem ela passara a se importar profundamente, também morreram em meio à crueldade opressiva do lugar infernal em que eram forçados a viver.

Assim, não admira saber que uma das maiores lutas que Corrie teve de enfrentar foi a do perdão. Ela começara a odiar seus opressores, e a luta contra o ódio ameaçava ser, como ela mesma admitiu, sua própria ruína. Conforme disse ao apresentador, "*Nós temos de perdoar.* Eu não estava em paz com os homens. Havia ódio em meu coração". Então prosseguiu, explicando:

> Quando os guardas eram cruéis [com] meus amigos, [com] Betsie e comigo, eu sentia muito ódio no coração. [Mas foi] então que aprendi a receber a promessa de Romanos 5:5 — "Deus derramou seu amor em nossos corações, por meio do Espírito Santo" — e também a fazer esta oração: "Obrigada, Jesus, por teres colocado o amor de Deus em meu coração por meio do Espírito Santo, [o qual] me deu este amor, e obrigada, Pai, porque teu amor em mim é mais forte do que meu ódio." Assim, o ódio se foi, e fui capaz de amar meus inimigos.[3]

Por mais que esta história nos inspire, e por mais que possamos admirar esta santa holandesa por fazer tal oração, a luta com o perdão surgiu mais uma vez após ser liberta da prisão.

Alguns anos mais tarde, Corrie teve um encontro inesperado com o homem que havia sido um dos guardas mais cruéis da prisão. Por mais improvável que fosse, ele se tornara cristão. E, certa noite, após Corrie terminar uma palestra sobre o perdão de Deus, ele se aproximou para fazer uma pergunta. Ele não a reconheceu, mas ela se lembrou imediatamente dele. Num instante, todas as memórias dolorosas voltaram.

Seu coração gelou. Ela ficou imóvel e em silêncio, por causa do choque, enquanto novas ondas de dor ameaçavam oprimi-la. Então, ouviu o homem dizer: "Obrigado pela mensagem, *fräulein*! Como é bom saber que, como você disse, todos os nossos pecados foram lançados no fundo do mar."

Corrie não conseguia falar. Face a face com seu captor, ela não sabia o que fazer.

Depois de um momento, o homem voltou a falar. Ele confessou que tinha sido guarda na prisão de Ravensbrück, mas que se tornara cristão. "Sei que Deus me perdoou pelas coisas cruéis que fiz lá, mas, *fräulein, você* poderia me perdoar?" Então, estendeu a mão.

No silêncio de sua mente, Corrie só conseguia clamar a Deus. Ela não conseguia se mexer, não conseguia falar. "Jesus, ajude-me!", orou em silêncio. "Eu posso estender minha mão. Isso eu posso fazer, mas o Senhor precisa me conceder o sentimento."

Mecanicamente, então, estendeu o braço e apertou a mão do ex-guarda. Foi aí que algo incrível aconteceu. Conforme ela recordou,

> [Uma] corrente começou no meu ombro, correu pelo meu braço e entrou em nossas mãos unidas. Então, esse calor cicatrizante pareceu inundar todo o meu ser, trazendo lágrimas aos meus olhos.
>
> "Eu te perdoo, irmão!" Eu chorei. "De todo o meu coração!"
>
> Por um longo momento, nós apertamos a mão um do outro — o ex-guarda e a ex-prisioneira. Eu nunca havia experimentado o amor de Deus tão intensamente como naquela ocasião. Mas, mesmo assim, percebi que aquele amor não era meu. Eu havia tentado, mas não tivera capacidade. Foi o poder do Espírito Santo, conforme registrado em Romanos 5:5, "porque Deus derramou seu amor em nossos corações, por meio do Espírito Santo que ele nos concedeu".[4]

Eu era garoto quando ouvi pela primeira vez as palavras de Corrie Ten Boom sendo lidas pela minha mãe. Trinta e cinco anos se passaram. Desde então, já li muitos livros comoventes e ouvi muitas histórias cativantes.

Contudo, nenhuma foi mais emocionante, ou cativante, do que as histórias de um pequeno livro de bolso que minha mãe lia para mim sobre a holandesa que recebera libertação, cura e restauração de Deus.

Enquanto eu viver, vou me lembrar da capa do livro. Nela havia a foto de uma senhora de oitenta anos carregando duas malas leves e exibindo um sorriso radiante. Com humor autodepreciativo, Corrie Ten Boom gostava de se denominar "andarilha para o Senhor". Para mim, entretanto, ela será sempre um arauto da misericórdia, da graça e do perdão de Deus. Olhar para sua foto naquele livro antigo é contemplar o rosto da esperança — e lembrar que milagres ainda acontecem.

Capítulo 24

O rei dos reis: milagres na idade de ouro do cinema

> *Exemplos antigos de fé e provas da graça e das obras de Deus, por serem edificantes aos homens, foram reunidos e escritos para que, ao serem lidos — como se assim se fizessem presentes mais uma vez —, Deus fosse honrado, e o homem, fortalecido. Por que então os exemplos modernos não deveriam ser registrados também?*
>
> — TERTULIANO[1]

A maioria das pessoas relaciona, com razão, o diretor Cecil B. DeMille ao filme *Os dez mandamentos*. Esse é considerado por muitos como o maior filme épico biblicamente inspirado. Todavia, há outro filme, mais antigo, pelo qual DeMille merece ser lembrado, talvez até mais do que por *Os dez mandamentos*.

Esse filme é *O rei dos reis*, lançado em 1927. Apesar de ser mudo, poucos filmes falam de forma tão poderosa, há tanto tempo e a tantas pessoas como ele. Recentemente remasterizado como parte da famosa série *Criterion Collection*, historiadores cinematográficos escrevem que, durante a criação do filme, DeMille foi autorizado a trabalhar

> com um dos maiores orçamentos da história de Hollywood e transformou a vida e a paixão de Cristo em um sucesso na época dos filmes mudos. Com textos extraídos diretamente da Bíblia, um elenco de milhares [...], *O rei dos reis* é uma superprodução e, ao mesmo tempo, um filme profundamente reverente — parte evangelho, parte epopeia em tecnicolor.[2]

Por mais sucesso que este filme tenha feito em seu lançamento inicial, *O rei dos reis* fez um tipo de sucesso completamente diferente nos anos seguintes. Ao escrever no *Wall Street Journal* [Jornal de Wall Street] na primavera de 2011, o educador e escritor John Murray disse que, "por ter sido produzido como um filme mudo, tanto missionários protestantes quanto católicos puderam utilizar *O rei dos reis* durante décadas para compartilhar o evangelho com povos que não falam inglês."

Isso levou a uma estatística extremamente surpreendente. Diante desse conjunto de circunstâncias, a audiência de *O rei dos reis* foi "estimada em mais de 800 milhões de pessoas até 1959".[3]

Murray, então, prosseguiu declarando que "a história mais poderosa contada por DeMille, em sua autobiografia, sobre a influência de *O rei dos reis* envolve um polonês chamado William E. Wallner". A história que Wallner tinha para contar era angustiante e envolvia o milagre do martírio.

Wallner iniciou dizendo que havia assistido *O rei dos reis* pela primeira vez em 1928. Profundamente tocado, resolveu dedicar a vida ao ministério cristão. Onze anos mais tarde, Wallner tornou-se líder de uma paróquia luterana em Praga. Pouco depois de Hitler invadir a Checoslováquia, um médico da paróquia de Wallner foi enviado para um campo de concentração nazista. Este homem, um judeu convertido ao cristianismo, encorajava seus companheiros de cela a "morrerem bravamente, com fé no coração". Como resultado de sua enorme coragem e de seu testemunho vibrante, o médico tornou-se um alvo dos oficiais da Gestapo.[4]

Sofrimento e tortura foram brutalmente infligidos a este cristão fiel. Ele foi golpeado várias vezes com uma barra de ferro até que um de seus braços teve de ser amputado. Ainda assim, ele se recusou a permanecer em silêncio sobre sua fé. No fim, conforme revela a autobiografia de DeMille, "um oficial da Gestapo bateu a cabeça do médico contra um muro de pedra até seu rosto sangrar". Então, ergueu um espelho diante dele. "Olhe para você agora", disse, com incrível crueldade. "Agora você se parece com seu Cristo judeu."[5]

Levantando a única mão que lhe restara, o médico disse: "Senhor [Jesus], nunca em minha vida recebi tamanha honra: a de me assemelhar a ti." Essas foram suas últimas palavras.

Elas cauterizaram a consciência do oficial sádico da Gestapo. Atormentado pela culpa, ele procurou Wallner, desesperado para se ver livre do terrível fardo de culpa que lhe sobreviera como uma sentença de morte.

Foi assim que um pastor levou um opressor à fé. "Talvez Deus tenha lhe permitido matar aquele homem bom", disse Wallner, "para trazer você ao pé da cruz, de onde poderá ajudar outras pessoas." Profundamente arrependido, o oficial retornou ao campo de concentração. Nos anos que se seguiram, em conjunto com Wallner e a resistência checa, esse homem — que espancara um indivíduo à morte — arriscou a vida para libertar muitos judeus.[6]

Em 1957, Wallner conheceu Cecil B. DeMille. Ele falou ao cineasta sobre o impacto que *O rei dos reis* tivera em sua vida, influenciando muitos que, desde então, haviam tido contato com ele. Profundamente comovido, ele disse a DeMille que, se não fosse pelo filme, nunca teria se tornado pastor luterano. "Trezentos e cinquenta crianças judias", disse Wallner, "teriam morrido nas valas."[7]

DeMille ficou muito emocionado com isso. Tudo o que conseguiu dizer foi:

> Se eu sentisse que este filme foi *meu trabalho*, seria insuportavelmente vaidoso e presunçoso de minha parte mencionar histórias como essa em meio a centenas de outras que eu poderia citar. Porém, tudo o que fizemos em *O rei dos reis*, todo o meu esforço para produzir cada filme bíblico, foi apenas traduzir para outra linguagem — a linguagem da visão e do som — as palavras da Bíblia.[8]

Foi assim que um cineasta envolveu-se em algo maior do que ele mesmo e descobriu, com clareza inequívoca, que "a Palavra de Deus é viva e eficaz", mesmo se veiculada em um filme mudo. Embora não fosse sua intenção, pois não tinha como prever o resultado, ele participou de um milagre — na verdade, uma série de milagres. Por meio da história que o pastor Wallner compartilhou com ele, DeMille aprendeu que Deus é capaz "de fazer infinitamente mais do que tudo o que pedimos ou pensamos" (Efésios 3:20).

Ao concluir seu artigo no *Wall Street Journal*, John Murray refletiu sobre a Páscoa, que o levara a escrever. Ele disse:

> Milhões em todo o mundo celebrarão a Páscoa neste fim de semana, declarando: "Jesus Cristo ressuscitou hoje, aleluia!" O conhecimento disto inspirou homens e mulheres ao longo das eras a invocar as palavras de Paulo: "a fim de que vocês conheçam a esperança para a qual ele os chamou [...] a incomparável grandeza do seu poder para conosco, os que cremos, conforme a atuação da sua poderosa força. Esse poder ele exerceu em Cristo, ressuscitando-o dos mortos [...]." Uma esperança de ressurreição encontrada não apenas em filmes, mas na vida daqueles que seguem.[9]

Capítulo 25

Joy Lewis: o milagre da cura

Ó, Amor que não me deixa ir,
Minha alma exausta em ti sereno;
A vida que te devo vou retribuir,
Para que, nas profundezas do oceano, o seu fluir
Possa ser mais rico, mais pleno.
Ó, Alegria que me busca em meio à dor,
Não posso meu coração de ti reter;
Do arco-íris, através da chuva, sou seguidor
E sinto que a promessa não é sem valor,
E aquela manhã livre de lágrimas há de ser.

— George Matheson[1]

Aqui começa uma história sobre milagres que envolve C.S. Lewis, autor de um texto clássico chamado "Milagres". Não vamos falar de seu famoso livro, mas de como um milagre foi concedido a ele e sua esposa, Joy.

Muitos conhecem parte da história deles por causa do aclamado filme *Terra das sombras*. C.S. Lewis, que fora solteiro durante muito tempo e que era, na época, mundialmente famoso e bem estabelecido na vida e na prática como professor de Oxford, conheceu Joy Davidman em 1952, depois de corresponder-se com ela durante dois anos.

Ela era ex-ateia e membro do partido comunista dos Estados Unidos. Extremamente talentosa e abençoada com uma mente brilhante, ela havia, com seus trinta e poucos anos, vencido a Yale Series of Younger Poets

Competition [Competição de Yale para jovens poetas] por sua coletânea de poemas, *Letter to a Comrade* [Carta a um colega]. Em 1938, ela ganhou, juntamente com Robert Frost, o Prêmio Russell Loines.

Ninguém menos célebre no cenário literário norte-americano do que o vencedor do Prêmio Pulitzer Stephen Vincent Benét foi o autor do prefácio de *Letter to a Comrade*, publicada pela prestigiosa *Yale University Press* em 1938. Elogiando a capacidade de Davidman de formular concepções vívidas, Benét declarou: "[Ela] é capaz de dizer coisas de modo a se fixarem em nossa mente." Ele citou seus versos várias vezes, como neste caso: "A senhorita Davidman consegue ver, com precisão e frescor, o que está diante de seus olhos."[2]

Ao chamar atenção para os dons de Davidman, Benét fez esta marcante síntese:

> Há ecos nesta obra, assim como há em quase todos os primeiros livros, e há alguns poemas experimentais. Eles ocorrem, como são obrigados a ocorrer, porque o poeta adquire habilidade exercitando-a. Contudo, há também um domínio genuíno, algo especialmente difícil de se obter.[3]

Muitos críticos escolheram seu poema *Snow in Madrid* [Neve em Madrid] para tecer elogios especiais. Ele fala sobre um conflito, a Guerra Civil Espanhola, que atingiu a vida de muitos norte-americanos, incluindo Ernest Hemmingway. A respeito desta luta violenta, Davidman escreveu:

Suavemente, tão fortuitamente,
De modo gracioso, tão, tão levemente,
O céu cruel deixa descer
Algo que não se pode combater.[4]

Belos versos de uma grande alma.

C.S. Lewis descobriu isso correspondendo-se com Joy a partir de 1950. Durante dois anos, eles trocaram cartas — uma série animada e vibrante de cartas, a julgar pela descrição que Joy fez da primeira correspondência que recebeu de Lewis. Ao escrever a um amigo em comum, Chad Walsh, em 27 de janeiro de 1950, ela disse:

> Acabei de receber uma carta de Lewis. Eu te contei que lhe apresentei um ou dois argumentos em algum ponto? Senhor, pois ele derrubou meus alicerces de modo infalível; foi um tiro certeiro. Não me sobrou sequer um pedaço de minhas conjeturas.[5]

Em 1952, Joy visitou Lewis em Oxford, época em que os dois, juntamente com o irmão de Lewis, Warnie, "passaram muitos momentos felizes juntos [...] caminhando, conversando e saboreando alguns almoços ocasionais nos pubs, com direito a tortas de carne de porco e um pouco de cerveja".[6] Quando ela precisou ir embora, Warnie não foi o único a sentir sua falta ou esperar que se encontrassem novamente.

Esse reencontro aconteceu mais cedo do que Warnie ou C.S. Lewis poderiam ter imaginado, pois, em 1953, Joy descobriu, para sua tristeza, que seu casamento com o romancista americano William Gresham estava em ruínas. Eles se divorciaram um ano depois,[7] e era desejo de Joy começar uma nova vida na Inglaterra com seus dois filhos, David e Douglas.[8]

Joy apresentou seus filhos a C.S. Lewis durante uma visita a sua casa, The Kilns, em 17 de dezembro de 1953. Em janeiro de 1954, os filhos de Joy foram matriculados na Dane Tribunal School, perto de Woking, Surrey. Mais tarde naquele ano, em agosto, Joy e sua família mudaram-se para a casa de número 10 em Old High Street, Oxford, para que pudessem ver Lewis mais vezes, o qual se tornara um amigo próximo da família. Ele lhes mostrava muitos sinais de bondade, dando apoio financeiro em tempos difíceis e carinho paternal aos meninos.

Nesse ínterim, em junho de 1955, Joy recebeu a visita de Chad e Eve Walsh e suas duas filhas. Depois, durante a estadia no Reino Unido, os Walsh visitaram Lewis em Oxford. Ao recordar esta visita em anos posteriores, Chad Walsh lembrou que ele e sua esposa tiveram "uma oportunidade de observar Joy e Lewis juntos. Ela parecia ficar muito tempo em The Kilns. Minha esposa declarou, confiante: "Sinto cheiro de casamento!"[9]

Em setembro de 1955, Lewis partiu para a Irlanda para aproveitar as férias com um amigo de longa data, Arthur Greeves. Ele disse a Arthur que estava "pensando em se casar com Joy em uma pequena cerimônia civil".[10] Havia um motivo prático muito imperioso para esta iniciativa de Lewis. Por razões desconhecidas, o Ministério do Interior britânico negou permissão a Joy para viver e trabalhar na Inglaterra. No entanto, "ela queria ficar, e Lewis certamente queria que ela ficasse". Diante disso, "a única solução em que ele conseguia pensar era a realização de uma cerimônia de casamento civil".[11]

Assim, em uma segunda-feira, no dia 23 de abril de 1956, Lewis e Joy se casaram. Ele encarou isso como uma questão contratual prática, em que ele e Joy viveriam em casas separadas. O irmão de Lewis, Warnie, achava que, embora isso soasse bom na teoria, as coisas dificilmente seriam tão fáceis. Conforme escreveu em seu diário,

> [Jack] garantiu que Joy continuaria a ocupar sua própria casa como "Sra. Gresham" e que o casamento era pura formalidade, com o objetivo de dar a Joy o direito de continuar vivendo na Inglaterra. Vi que seria inútil contrariá-lo. Joy, cujas intenções eram evidentes desde o início, logo começou a reivindicar seus direitos, indicando, com absoluta razão, que sua reputação estava sendo prejudicada pelo fato de [Jack] estar em sua casa todos os dias, muitas vezes ficando até 11 da noite. Assim, todas as providências foram tomadas para a instalação da família em The Kilns.[12]

Estava bem claro que Lewis passara a sentir um profundo afeto por Joy, sentimento este totalmente recíproco. Às vezes, o amor encontra seu verdadeiro caminho de formas inesperadas, e este foi o caso deles. Os dois tinham todos os motivos para esperar um futuro em The Kilns.

Todavia, antes da mudança, conforme Warnie Lewis recordou, "um desastre nos afligiu".[13] Joy, que havia acabado de completar 42 anos, sentia muita dor na perna esquerda, nas costas e no peito há algum tempo. Ela foi diagnosticada com "reumatismo e fibromialgia, uma inflamação dos tecidos ao redor dos músculos que causa dor e rigidez".[14]

Na noite de 18 de outubro de 1956, quando Lewis estava fora, em visita à Universidade de Cambridge, Deus colocou um impulso no coração de uma amiga próxima da família, Katherine Farrer. Ela não conseguia explicar, mas, de alguma forma, soube subitamente que algo estava errado com Joy. "Eu *preciso* telefonar para ela!", disse ao marido. Então, começou a discar o mais rápido possível. O telefone do apartamento de Joy ainda não havia tocado quando ela "tropeçou no fio do aparelho e, ao cair no chão, derrubou-o".[15] O fêmur de sua perna esquerda quebrou-se como um galho. Contudo, enquanto sentia a dor lancinante e gritava, Joy ouviu a voz de Katherine Farrer perguntando se podia ajudar em alguma coisa.[16]

Foi um milagre de intervenção divina, pois, se Katherine não tivesse atendido ao santo impulso de Deus, Joy não teria recebido ajuda tão rapidamente. Ela foi levada às pressas para o hospital ortopédico Wingfield-Morris, e a radiografia revelou que o fêmur esquerdo estava quase todo carcomido por um câncer. Não foi de admirar, portanto, que ele se quebrara com tanta facilidade na queda. Também foi descoberta a existência de um tumor maligno no seio esquerdo e de tumores secundários na perna e no ombro direitos.[17]

O prognóstico de Joy era, de fato, terrível. Conforme o biógrafo e amigo de Lewis, George Sayer, lembrou: "No mês seguinte, ela passou por três operações: a parte cancerosa do fêmur foi retirada, e o osso foi reparado.

O tumor na mama foi retirado, mas ela foi poupada de uma mastectomia. Seus ovários também foram removidos."[18]

Alguns estudiosos dizem que, embora C.S. Lewis sentisse profunda compaixão e "muita pena" de Joy, ele ainda não a amava no sentido romântico da palavra.[19] Seja isto verdade ou não, ele teve uma bela atitude ao declarar seu desejo de realizar um culto de casamento para ele e Joy, a fim de que ela pudesse ser levada para The Kilns e morrer com ele como sua esposa.[20]

Em 21 de março de 1957, eles se casaram com a palavra do reverendo Peter Bide. A felicidade era mista com tristeza, pois o casamento poderia durar apenas um breve período.

No entanto, o casamento foi agraciado com algo que nenhum dos dois esperava: um milagre. Como o filho de Joy, Douglas, lembrou-se mais tarde: "Minha mãe veio para casa, mas não morreu".[21] Muito lentamente no início, mas, depois, cada vez mais rápido, sua saúde começou a melhorar. Os médicos, que costumavam ser muito circunspectos profissionalmente, passaram a empregar, com cautela, a palavra *milagroso*. A descrição de Douglas Gresham de como tudo aconteceu é profundamente comovente. "Não houve rufos", escreveu ele,

> luzes de relâmpagos, estrondos de trovões, vozes do céu nem efeitos de Steven Spielberg: apenas um milagre simples, silencioso e incrivelmente belo. Uma mulher que estava à beira da morte, sendo arrancada daqueles que a amavam e precisavam dela, foi gentilmente restaurada a eles.[22]

Durante pouco menos de dois anos, Joy e "Jack" Lewis experimentaram uma felicidade muito grande e profunda. Em julho de 1958, eles tiveram uma lua de mel na Irlanda. Puderam viver em The Kilns como marido e mulher, fazendo caminhadas juntos, apaixonando-se cada vez mais e descobrindo que o riso também fazia parte. Deus havia concedido a eles um intervalo gracioso repleto de grandes e inesperadas bênçãos.

Infelizmente, isso não durou para sempre. Radiografias feitas em um exame de rotina em 13 de outubro de 1959 revelaram que manchas cancerígenas estavam mais uma vez presentes em muitos ossos de Joy. Apesar da crescente dor e da preocupação, ela e seu amado Jack conseguiram fazer uma viagem à Grécia, planejada há muito tempo, com Roger Lancelyn-Green e sua esposa. Eles visitaram Atenas, Micenas, Rodes, Heraclião e Cnossos, com uma parada de um dia em Pisa na volta.[23] A despeito da dor que Joy sentia, foram dias áureos e muito apreciados.

Joy Lewis faleceu em 13 de julho de 1960, com o dedicado marido ao lado. Seus anos juntos foram poucos, mas foram anos em que Deus se aproximou de uma forma que nenhum dos dois poderia esquecer. Após a morte de C.S. Lewis em 1963, a comovente história de seu amor e de sua vida juntos tornou-se conhecida por milhões de pessoas. Jack Lewis havia escrito, certa vez, um livro famoso sobre milagres. No entanto, nenhum relato em suas páginas significava mais para ele do que a história do milagre que ele mesmo presenciara: o milagre concedido a sua amada esposa, Joy — algo maior e melhor do que qualquer um dos dois poderia ter imaginado.

Capítulo 26

África: milagres no continente amado por Deus

Semper aliquid novi Africam afferre.
[Há sempre algo novo vindo da África.]

— Plínio, o Velho[1]

Um milagre de alcance crescente vem ocorrendo na África há anos. Não que fosse esperado. Na conferência ecumênica realizada em Edimburgo em 1910, ninguém menos do que o ganhador do Prêmio Nobel J.R. Mott disse aos demais conferencistas que ele acreditava que a África seria tomada pelo islamismo.[2]

A profecia de Mott demonstrou estar totalmente errada. Em 2002, a expansão cristã parecia ganhar força constantemente. As igrejas "estavam explodindo com o fluxo ininterrupto de novos membros".[3]

A história da Igreja moderna na África é realmente maravilhosa. Contudo, é importante observar que ela se estende desde o passado, a partir do advento do próprio cristianismo. No livro de Atos dos apóstolos, no Novo Testamento, temos a história de Filipe e o eunuco etíope, uma história que contém milagres. Em Atos 8:26-40, lemos:

> Um anjo do Senhor disse a Filipe: "Vá para o sul, para a estrada deserta que desce de Jerusalém a Gaza." Ele se levantou e partiu. No caminho encontrou um eunuco etíope, um oficial importante, encarregado de todos os tesouros de Candace, rainha dos etíopes. Esse homem viera a Jerusalém

para adorar a Deus e, de volta para casa, sentado em sua carruagem, lia o livro do profeta Isaías. E o Espírito disse a Filipe: "Aproxime-se dessa carruagem e acompanhe-a."

Então Filipe correu para a carruagem, ouviu o homem lendo o profeta Isaías e lhe perguntou: "O senhor entende o que está lendo?"

Ele respondeu: "Como posso entender se alguém não me explicar?" Assim, convidou Filipe para subir e sentar-se ao seu lado. O eunuco estava lendo esta passagem da Escritura:

Ele foi levado como ovelha para o matadouro,
e, como cordeiro mudo diante do tosquiador,
ele não abriu a sua boca.
Em sua humilhação foi privado de justiça.
Quem pode falar dos seus descendentes?
Pois a sua vida foi tirada da terra.

O eunuco perguntou a Filipe: "Diga-me, por favor: de quem o profeta está falando? De si próprio ou de outro?" Então Filipe, começando com aquela passagem da Escritura, anunciou-lhe as boas-novas de Jesus. Prosseguindo pela estrada, chegaram a um lugar onde havia água. O eunuco disse: "Olhe, aqui há água. Que me impede de ser batizado?"

Disse Filipe: "Você pode, se crê de todo o coração."

O eunuco respondeu: "Creio que Jesus Cristo é o Filho de Deus."

Assim, deu ordem para parar a carruagem. Então Filipe e o eunuco desceram à água, e Filipe o batizou. Quando saíram da água, o Espírito do Senhor arrebatou Filipe repentinamente. O eunuco não o viu mais e, cheio de alegria, seguiu o seu caminho. Filipe, porém, apareceu em Azoto e, indo para Cesareia, pregava o evangelho em todas as cidades pelas quais passava.

Um anúncio angelical, a direção sobrenatural do Espírito Santo e um arrebatamento de Gaza para Azoto ao estilo Elias. Três milagres poderosos, todos realizados para que o evangelho retornasse com o eunuco etíope para a corte de Candace, rainha dos etíopes. O cristianismo foi divinamente enviado à África. Ele encontrou solo fértil e tem se desenvolvido desde então.

Partindo da época de Filipe, chegamos à cidade de Hipona, a qual, durante os três primeiros séculos da era cristã, foi uma das cidades mais ricas da África romana. No entanto, "o principal motivo da fama da cidade", conforme nos diz a *Enciclopédia britânica*, "derivava de sua ligação com santo Agostinho (354-430 d.C.), que viveu ali como sacerdote e bispo durante 35 anos".[4]

Como o célebre historiador eclesiástico Gustav Krüger escreveu, a grande obra de Agostinho, "a mais elaborada e, em alguns aspectos, a mais importante", é *A cidade de Deus* (*De civitate Dei*). Kruger declarou:

> Ela se apresenta como um grande tratado apologético em defesa do cristianismo e da Igreja Cristã, sendo esta última concebida como o surgimento de uma nova ordem cívica sobre as ruínas do Império Romano. Contudo, esse livro também é, provavelmente, a contribuição mais antiga para a filosofia da história, uma vez que se trata de um repertório das estimadas opiniões teológicas de Agostinho.[5]

A Cidade de Deus costuma ser considerada "a expressão máxima" do pensamento de Agostinho, mas a outra obra que lhe concedeu imortalidade literária foi *Confissões*, considerada por muitos como "o melhor monumento de sua ardente piedade e experiência cristã". As *Confissões* foram escritas logo depois de ele se tornar bispo, em cerca de 397, e "fazem uma descrição vívida do início de sua carreira". Conforme Krüger observou: "Aos discursos religiosos e às aspirações de uma grande alma, elas adicionam o charme da revelação pessoal e nunca deixam de suscitar admiração."[6] Primeira autobiografia da literatura ocidental, ela ainda é considerada uma das melhores, compondo coleções conceituadas como os Clássicos de Harvard.

***

Durante a época medieval no nordeste da África, o cristianismo monástico, formado em grande parte pela doutrina monofisita ou copta, exercia ampla influência. Os cristãos usavam os livros canônicos do Antigo e do Novo Testamento, que tinham sido traduzidos do grego para o ge'ez — antiga linguagem etíope-semita das regiões montanhosas do norte — transmitindo assim, para a posteridade, o que permanece sendo a língua litúrgica da Igreja Ortodoxa Etíope.[7]

O cristianismo etíope, que teve início séculos antes com a conversão do eunuco etíope por intermédio do ministério de Filipe e sua direção sobrenatural, deixou um grande e duradouro legado para a África. Sua natureza monástica "inspirou um grande número de pessoas comuns a viverem com muita piedade."[8]

Hoje, a Igreja Ortodoxa Etíope é a maior das igrejas ortodoxas orientais ou não calcedonianas, com uma estimativa de 33 milhões de membros. A maioria dos ortodoxos etíopes vive na Etiópia, mas há também grandes comunidades de exilados nos Estados Unidos, no Canadá, na Austrália e em parte da Europa ocidental. Também é preciso fazer menção à Igreja Ortodoxa Eritreia, que historicamente fez parte da Igreja Ortodoxa Etíope, mas que se separou formalmente dela em 1993. Esta comunidade cristã tem cerca de 2 milhões de membros, e, nos últimos anos, tem se estendido para as Índias Ocidentais, onde uma estimativa de 90 mil pessoas foram convertidas.[9]

Assim, tais expressões do cristianismo africano moldaram o crescimento do cristianismo em nações do ocidente, sendo cada conversão um milagre que resultou em vidas transformadas. Elas são parte do belo efeito cascata da fé.

Além disso, talvez seja surpresa para muitos saber que a Igreja Ortodoxa Etíope é uma das igrejas nacionais mais antigas do mundo a serem adotadas oficialmente e que ainda florescem. No século IV d.C., o cristianismo foi adotado oficialmente como religião da corte etíope durante o patriarcado de Atanásio de Alexandria. A história de como o cristianismo foi aceito na Etiópia vem dos escritos de Rufino de Tiro (c. 345-410), o qual recebeu o relato de Edésio, uma testemunha ocular desse evento divisor de águas.[10]

A história se desenrolou da seguinte maneira. Dois irmãos, Frumêncio e Edésio, ambos cristãos nativos de Tiro, naufragaram na costa do mar Vermelho. Levados como escravos para a corte real etíope, Frumêncio tornou-se tutor do filho do rei, ao passo em que Edésio tornou-se copeiro do rei. Embora o sofrimento lhes tivesse levado àquele lugar, eles estavam em condições ideais para ensinar e incentivar a fé cristã. Deus operou milagres de conversão por intermédio deles, e uma pequena comunidade de cristãos logo se formou. Rufino também relatou que "mercadores romanos cristãos" beneficiaram-se igualmente do ensino de Frumêncio.[11]

Quando o filho do rei subiu ao trono, Edésio retornou a Tiro, mas Frumêncio foi para Alexandria buscar um bispo para a crescente comunidade cristã etíope. Ele mesmo acabou recebendo esta honra e voltou para a Etiópia, tornando-se o primeiro de uma longa sucessão de bispos nomeados pela sé de Alexandria.[12]

***

Partindo da Igreja Ortodoxa Etíope em direção ao sul — aos limites mais baixos do continente africano — e avançando no tempo, há comoventes relatos contemporâneos de conversões ocorridas na África do Sul e além. A "Missão África", criada em sociedade com o Third Lausanne Congress on Global Evangelization [Terceiro congresso Lausanne sobre evangelização global], iniciou-se na Cidade do Cabo em outubro de 2010. No entanto, a visão da Missão África tem sido, na verdade, continental em seu alcance. Evangelistas de todo o mundo foram associados a organizações ministeriais em um total de 21 localidades, desde o Sudão até a África do Sul, passando pela Libéria até a Tanzânia.[13]

Scott Lenning, que liderou a iniciativa Missão África com os colegas Songe Chibambo e Eliot Winks, ficou admirado com a resposta das pessoas em todo o continente. "[Deus] escolheu a África para levar um pouco do evangelho ao mundo", disse ele. De fato, se é que os números são realmente capazes de medir o que vem ocorrendo, Deus tem agido poderosamente. Os primeiros relatórios sobre a Missão África estima um público total de 488.394 pessoas em 890 reuniões, com 58.245 reações de "pessoas inquirindo acerca de um relacionamento com Cristo".[14]

A Missão África teve sua inspiração espiritual derivada de um precedente estabelecido por Billy Graham no Congresso Lausanne original, em 1974, em que uma cruzada foi realizada em Lausanne além do congresso. Então, na Missão África, os líderes locais "não quiseram limitar os possíveis eventos evangelísticos apenas à Cidade do Cabo ou mesmo à África do Sul, mas sim levá-los à maior parte possível da África".[15]

Lenning e Chibambo notam a mão de Deus em tudo o que tem acontecido até hoje na Missão África. Como Lenning disse: "Eu e Songe adotamos um lema: 'Procure fazer algo tão grande por Deus, que isso esteja fadado ao fracasso a menos que Deus esteja presente.' Nós definitivamente sentimos que Deus está na Missão África para produzir este nível de envolvimento e resposta."[16]

Lamin Sanneh, um célebre estudioso da história das missões e atualmente professor D. Willis James de missões e cristianismo mundial em Yale, escreveu extensamente sobre a propagação do cristianismo na África nos últimos quarenta anos. A África tem enfrentado uma mudança política sísmica, mas, em meio à violência terrível de genocídio e conflito político, o cristianismo permaneceu — na realidade, tem crescido em um ritmo incrível. Sanneh relatou:

Em 1985, havia ficado claro que uma grande expansão do cristianismo estava acontecendo na África, apesar do pessimismo prevalecente quanto ao colapso iminente de estados posteriores à independência e da confiança cada vez menor na Igreja na Europa. Apesar de estarem pouco preparadas para isso, as igrejas perceberam que eram as únicas estruturas viáveis remanescentes após o colapso das instituições estatais e, como tais, tinham de carregar uma carga desproporcional de problemas de suas sociedades. Ironicamente, os cristãos africanos vieram predominantemente dos pobres e marginalizados. Em 1985, havia mais de 16.500 conversões por dia, produzindo uma taxa anual de mais de 6 milhões. No mesmo período (ou seja, entre 1970 e 1985), cerca de 4.300 pessoas deixavam a Igreja diariamente na Europa e na América do Norte.[17]

Esta é uma notícia encorajadora, e, de acordo com Sanneh, não parece haver razão para pensar que tendências extraordinárias não continuarão. "A história do cristianismo ainda está se desenrolando", escreveu ele, "[e] ainda está sulcando novos canais na África. Nós ainda não sabemos como essa história vai terminar. Tudo o que sabemos é que muitos outros ainda estão para se juntar a ela."[18]

***

O que está acontecendo na África mexeu com muitos que, ao redor do mundo, veem o cristianismo como uma grande benção e conforto para um continente devastado pela guerra e pela doença. Em 27 de dezembro de 2008, Matthew Parris, um ateu conhecido, escreveu um artigo para o jornal *Times of London* dominical que chamou a atenção de muitos leitores. O título era: "As an Atheist, I Truly Believe Africa Needs God" [Como ateu, eu realmente acredito que a África precisa de Deus]. O extenso relato de Parris é profundamente comovente e ainda mais poderoso por ter sido escrito por alguém que não possui uma cosmovisão cristã.[19]

Antes do Natal de 2008, após ausentar-se por 45 anos, Parris retornou ao país que conhecera, na infância, como Niassalândia. "Hoje é Malawi", escreveu Parris, "e o *The Times Christmas Appeal* [Doações natalinas do jornal *The Times*] inclui uma pequena instituição de caridade britânica operando ali. A *Pump Aid* ajuda comunidades rurais a instalarem uma bomba simples de água, permitindo que as pessoas mantenham os poços da aldeia lacrados e limpos. Fui ver este trabalho."[20]

Parris inspirou-se com o que viu, sobretudo porque sua fé em instituições de caridade com foco no desenvolvimento, como aquela, havia diminuído ao longo dos anos. Contudo, havia outra coisa que ele não podia explicar. "Viajar para Malawi", disse ele,

> também renovou outra crença. Trata-se de uma crença que venho tentando banir ao longo de toda a vida, a qual também é uma observação que tenho sido incapaz de ignorar desde minha infância na África. Ela confunde minhas ideologias, recusa-se obstinadamente a se encaixar em minha cosmovisão e dificulta minha crença crescente na inexistência de Deus.[21]

Foi então que Parris, "um ateu convicto", fez uma declaração surpreendente.

> Fui convencido da enorme contribuição que o evangelismo cristão tem na África. Ele é totalmente diferente do trabalho de ONGs seculares, projetos governamentais e esforços de ajuda internacionais. Tais iniciativas isoladas não funcionam. Somente educação e formação não resolvem. Na África, o cristianismo muda o coração das pessoas. Ele ocasiona uma transformação espiritual. O renascimento é real. A mudança é boa.[22]

A honestidade surpreendente de Parris resultou em um relato absolutamente fascinante. Ele escreveu abertamente sobre como costumava se esforçar para evitar a questão da transformação espiritual, tanto no que tange sua própria realidade quanto, muito mais, a possibilidade de ela fazer algum bem — caso fosse, de fato, real. Ele escreveu:

> Eu costumava evitar esta verdade aplaudindo, como podia, o trabalho prático das igrejas missionárias na África. É uma pena, eu costumava dizer, que a salvação faça parte do pacote, mas os cristãos negros e brancos que trabalham na África realmente curam os doentes e ensinam as pessoas a ler e escrever. Só mesmo o mais severo secularista poderia olhar para um hospital ou uma escola missionária e dizer que o mundo seria melhor sem eles. Eu concordava que, caso a fé fosse necessária para motivar os missionários a ajudar, então, tudo bem; mas o que contava era a ajuda, não a fé.[23]

Ao lutar com tudo o que tinha testemunhado, Parris teve de mudar sua maneira de pensar. Valorizar o componente "ajuda", mas não o componente "fé" das coisas não fazia mais sentido. Conforme ele refletiu: "Isso não condiz com os fatos. A fé faz mais do que sustentar o missionário; ela também é transferida para o rebanho. Este é o efeito de imensa importância que não posso deixar de observar."[24]

Depois desta parte do artigo de Parris, suas palavras assumiram um tom de testemunho. Aquilo que vira nos cristãos na África, no passado e no presente, tocou-o de modo a permanecer na memória.

Primeiro, havia os missionários que Parris conhecera na infância. "Quando eu era pequeno, ficava muito com eles", lembrou.

> Eu também fiquei em uma aldeia africana tradicional com meu irmão. Na cidade, havia africanos convertidos que tinham se tornado cristãos firmes, os quais trabalhavam para nós. Os cristãos eram sempre diferentes. Longe de ter intimidado ou limitado os convertidos, a fé parecia tê-los libertado e tranquilizado. Havia uma disposição, uma curiosidade, um compromisso com o mundo — uma franqueza em suas condutas com os outros — que pareciam faltar na vida africana tradicional. Eles se destacavam.[25]

Ao refletir sobre sua recente viagem a Malawi, ele teve experiências bem parecidas.

> Não encontrei missionários. Não se encontra missionários em salões de hotéis caros discutindo documentos de estratégia de desenvolvimento, como se vê com grandes ONGs. Em vez disso, notei que alguns dos participantes africanos mais impressionantes do grupo *Pump Aid* (em grande parte do Zimbábue) eram, individualmente, cristãos firmes.
>
> "Individualmente" porque a instituição de caridade é inteiramente secular e nunca ouvi alguém da equipe mencionar sua religião enquanto trabalhava nas aldeias. Porém, percebi as referências cristãs em nossas conversas. Vi um deles estudando um livro de devocionais no carro. Outro foi à igreja em um domingo de manhã para um culto de duas horas de duração.[26]

Pequenas coisas que causaram uma grande impressão e que não eram fáceis de ignorar. "Eu seria condizente comigo mesmo", confessou Parris,

> se acreditasse que a honestidade, a diligência e o otimismo deles em seu trabalho não estava associado à sua fé pessoal. O trabalho deles era secular, mas certamente afetado por aquilo que eram. O que eram, por sua vez, era

influenciado por uma concepção do lugar do homem no universo, ensinada pelo cristianismo.[27]

O fim do artigo de Parris é surpreendente em suas implicações para a África e seu futuro, bem como para a própria perspectiva de Parris. "O cristianismo", escreveu ele,

> posterior à Reforma e a Lutero, com seu ensinamento de uma ligação direta, pessoal, bidirecional entre o indivíduo e Deus, sem mediação do coletivo e insubordinada a qualquer outro ser humano, vai diretamente de encontro à estrutura filosófica/espiritual do opressivo pensamento coletivo tribal.[28]

Esse pensamento coletivo, sustenta Parris, tem sido a ruína da África, causando muitos dos males e atrocidades que resultam em notícias terríveis ao Ocidente.

"Todo um sistema de crença deve ser suplantado primeiro", concluiu Parris, e temo que deva ser suplantado por outro. Remover o evangelismo cristão da equação africana pode deixar o continente à mercê de uma fusão maligna de Nike, curandeiros, celulares e facões.[29]

***

"Deus escolheu a África para levar um pouco do evangelho ao mundo", conforme citação de Scott Lenning no início deste capítulo. Talvez, em vista de tudo o que foi dito, Lenning esteja certo. Talvez a fé da África possa renovar a fé do Ocidente. Se a forma como essa fé tocou Matthew Parris for algum tipo de indicação, então esta renovação pode estar próxima. Se estiver, não seria este um milagre de belas proporções a ser desejado com fervor?

Capítulo 27
Clyde Kilby: alegria e o milagre da existência

Os céus declaram a glória de Deus.

— Salmos 19:1

[...] como estrelas derramando esplendor pelo céu.

— James Montgomery[1]

O estudioso literário Clyde Kilby deixou muitos legados para a posteridade, especialmente seu compromisso visionário de estabelecer o Marion E. Wade Center na faculdade Wheaton, um centro de pesquisas de nível internacional para livros e documentos de sete autores britânicos: Owen Barfield, G.K. Chesterton, C.S. Lewis, George MacDonald, Dorothy L. Sayers, J.R.R. Tolkien e Charles Williams.

Dr. Kilby, que morreu em 1986, também tocou a vida de muitos alunos durante os anos em que lecionou literatura na faculdade Wheaton. Um deles foi o pastor John Piper, que obteve o título de doutor em teologia pela Universidade de Munique. O dr. Piper é um professor prolífico, eloquente e autor de vários livros aclamados. Eles têm sido uma fonte de bênção para muitas pessoas. Porém, se fosse necessário escolher uma bênção pela qual o dr. Piper é mais grato, provavelmente estaria perto do topo da lista uma palestra de Clyde Kilby que ele ouviu em outubro de 1976. Piper escreveu:

> Foi uma aula inesquecível. Eu fui ouvi-lo naquela noite porque o amava. Ele havia sido um dos meus professores de literatura inglesa na faculdade Wheaton. Ele abriu meus olhos para aspectos da vida que eu não sabia que podiam ser vistos. Oh, que olhos ele tinha! Ele era como seu herói, C.S. Lewis, neste aspecto. Quando falou sobre a árvore que viu no caminho para a aula [...] nós nos perguntamos como pudemos ter sido tão cegos em toda a vida.[2]

Ler a recordação de Piper sobre este acontecimento especial é ser lembrado, mais uma vez, das dádivas que os grandes mestres podem conceder aos alunos, ou a um único aluno, de forma a mudar sua vida. "Naquela noite", lembrou Piper,

> "o dr. Kilby estava com coração de pastor e olhos de poeta."
>
> Ele rogou que parássemos de buscar saúde mental no espelho da autoanálise e que bebêssemos dos remédios de Deus na natureza. Ele não era ingênuo. Ele sabia da existência do pecado. Ele sabia da necessidade de redenção em Cristo. Mas ele dizia que Cristo adquiriu novos olhos para nós, bem como um novo coração. Seu apelo foi para que deixássemos de ser indiferentes à glória incomum das coisas comuns.[3]

Dr. Kilby concluiu sua palestra com uma lista de dez resoluções destinadas a nos lembrar de que, conforme o salmista escreveu, fomos feitos "de modo especial e admirável". Assim, também, foi feito o mundo em que vivemos, o "mundo de nosso Pai".[4] Nas palavras do poeta e autor de hinos Maltbie Babcock,

O mundo é de meu Deus, Senhor da Criação
A natureza o louva, cantando em gratidão
O mundo é de meu Deus, conforta assim pensar
Foi Deus quem fez a terra e céu
Foi Deus quem fez o mar.

Babcock era muito parecido com dr. Kilby. Atleta talentoso, ele havia sido um excelente arremessador no beisebol e nadador. A fim de manter a forma durante os anos de pastorado na Primeira Igreja Presbiteriana em Lockport, Nova York, ele caminhava bem cedo até o cume de um monte alto, a três quilômetros de distância, e contemplava o horizonte do lago

Ontário. Ele tinha o hábito de, antes de ir para lá a cada dia, dizer à equipe da igreja: "Vou sair para ver o mundo do meu Pai."[5]

As resoluções do dr. Kilby estão em harmonia com tais pensamentos. Elas celebram o milagre que Deus concede a cada um de nós, o dom da vida e o mundo em que vivemos. O dom da vida foi dado primeiro a Adão e Eva, mas, antes de tomarem o primeiro fôlego, Deus havia trazido o mundo à existência pela fala, do nada, por meio do poder absoluto de sua palavra.

Aqui há mistérios e milagres suficientes para uma vida inteira — algo que o dr. Kilby sabia bem. Assim sendo, ele escreveu, como resolução número um:

> Pelo menos uma vez por dia, olharei firmemente para o céu e me lembrarei de que eu, uma consciência com conhecimento, estou viajando no espaço sobre um planeta com coisas maravilhosamente misteriosas acima de mim e ao meu redor.[6]

Para este pensamento, um equivalente bíblico pode ser encontrado no livro de Jó 9:8-10: Só ele estende os céus e anda sobre as ondas do mar. Ele é o Criador da Ursa e do Órion, das Plêiades e das constelações do sul. Realiza maravilhas que não se pode perscrutar, milagres incontáveis.

Na resolução número dois, Kilby afirmou:

> Em vez da ideia habitual de uma mudança evolutiva insensata e infinita, à qual nada se pode acrescentar e da qual nada se pode subtrair, eu considerarei o universo como sendo guiado por uma inteligência que, como Aristóteles afirmou a respeito do drama grego, exige começo, meio e fim. Acredito que isso me salvará do cinismo expresso por Bertrand Russell antes de morrer: "Há escuridão lá fora e, quando eu morrer, haverá escuridão aqui dentro. Não há esplendor, não há vastidão em lugar algum; apenas trivialidade por um momento, e, depois, nada."[7]

O pensamento do dr. Kilby aqui tem um corolário bíblico emocionante em Apocalipse 21:5-6:

> Aquele que estava assentado no trono disse: "Estou fazendo novas todas as coisas!" E acrescentou: "Escreva isto, pois estas palavras são verdadeiras e dignas de confiança". Disse-me ainda: "Está feito. Eu sou o Alfa e o Ômega, o Princípio e o Fim. A quem tiver sede, darei de beber gratuitamente da fonte da água da vida."

Em sua terceira resolução, Dr. Kilby descreveu como cada dia em si é um dom de Deus, independentemente do que ele traga. Ele declarou:

> Não cairei no engano de acreditar que este dia, ou qualquer dia, é apenas mais um conjunto incerto e laborioso de 24 horas, mas sim um acontecimento único e repleto, se eu assim o desejar, de possibilidades valiosas. Não serei tolo a ponto de supor que problemas e dores são intervalos totalmente maus em minha existência, mas degraus promissores a serem escalados em direção à maturidade moral e espiritual.[8]

Aqui, as palavras de Salmos 84:10 são especialmente apropriadas: "Melhor é um dia nos teus átrios do que mil noutro lugar."

Na resolução número quatro, dr. Kilby revelou claramente seu ponto de vista, dizendo: "Não transformarei minha vida em uma linha fina, reta, que prefere abstrações à realidade. Saberei o que estiver fazendo quando abstrair, o que, naturalmente, terei de fazer muitas vezes."[9]

Esse é um pensamento que ressoa profundamente com Jó 11:13-15. "Se você lhe consagrar o coração", começa a passagem, "e estender as mãos para ele; se afastar das suas mãos o pecado e não permitir que a maldade habite em sua tenda, então você levantará o rosto sem envergonhar-se; será firme e destemido."

A resolução de ver que somos, cada um de nós, únicos graças às dádivas de Deus, constitui a quinta resolução do dr. Kilby. Ele escreveu:

> Não depreciarei minha singularidade por inveja dos outros. Deixarei de me sondar para descobrir em quais categorias psicológicas ou sociais eu poderia me encaixar. Mais do que isso: eu simplesmente esquecerei de mim mesmo e farei meu trabalho.[10]

Aqui, 1Tessalonicenses 5:5-6 é a passagem mais adequada como equivalente bíblico: "Vocês todos são filhos da luz, filhos do dia. Não somos da noite nem das trevas. Portanto, não durmamos como os demais, mas estejamos atentos e sejamos sóbrios."

"Abrirei meus olhos e meus ouvidos", declarou dr. Kilby na resolução número seis.

> Uma vez por dia, simplesmente contemplarei uma árvore, uma flor, uma nuvem ou uma pessoa. Não me preocuparei em perguntar o que estes elementos são, mas apenas ficarei feliz por existirem. Reconhecerei neles,

com alegria, o mistério do que Lewis chama de existência "divina, mágica, assustadora e extática".[11]

Não podemos deixar de ser atraídos para as palavras de Isaías 55:12: "Vocês sairão em júbilo e serão conduzidos em paz; os montes e colinas irromperão em canto diante de vocês, e todas as árvores do campo baterão palmas."

"Olharei para o passado às vezes", disse Kilby na resolução sete, "para o vigor de meu olhar infantil e tentarei, ao menos por um momento, ser, nas palavras de Lewis Carroll, a "criança de fronte pura e serena e de olhos sonhadores e admiradores".[12] É possível ouvir um eco inconfundível das palavras de nosso Senhor em Mateus 19:14: "Deixem vir a mim as crianças e não as impeçam; pois o Reino dos céus pertence aos que são semelhantes a elas."

Na resolução oito, Kilby ouviu o sábio conselho de uma fonte inesperada: Charles Darwin. Mas foi um bom conselho. Kilby declarou: "Seguirei o conselho de Darwin e me voltarei frequentemente para coisas criativas, como boa literatura e boa música. De preferência, como Lewis sugere, um livro antigo e uma música atemporal." Aqui, as palavras de Tiago 1:17 são um bom acompanhamento: "Toda boa dádiva e todo dom perfeito vêm do alto, descendo do Pai das luzes."

O fato de Deus conceder cada momento de nossa vida e dever receber graças por isso é o sentimento predominante na nona resolução de Kilby. "Não permitirei", escreveu, "que o curso diabólico deste século roube todas as minhas energias; em vez disso, como Charles Williams sugeriu, 'ocuparei o momento como um momento'. Tentarei viver bem somente agora, porque o único tempo que existe é o agora." Neste caso, as palavras de Eclesiastes 3:1 são bem apropriadas: "Para tudo há uma ocasião certa; há um tempo certo para cada propósito debaixo do céu."

Um tom de desafio santo marca a última resolução de Kilby, a décima. "Mesmo se eu estiver errado", declarou ele enfaticamente,

> aposto minha vida na suposição de que este mundo não é absurdo nem governado por um senhor ausente, mas que hoje, neste mesmo dia, uma pincelada está sendo acrescentada à tela cósmica — a qual, no devido tempo, eu entenderei, com alegria, como sendo uma pincelada do arquiteto que se autodenomina Alfa e Ômega.

Aqui temos um retorno proposital ao salmo 19, citado na epígrafe deste capítulo. Nos versículos 4-6, lemos: "Nos céus ele armou uma tenda para o sol, que é como um noivo que sai de seu aposento e se lança em sua carreira com a alegria de um herói. Sai de uma extremidade dos céus e faz o seu trajeto até a outra." Para a tela cósmica.

***

Em setembro de 2008, que teria sido o 106º aniversário de Clyde Kilby, John Piper fez mais uma homenagem a ele. Ao passo em que muitos tentavam ensinar literatura inglesa, lembrou Piper, Kilby parecia *vivê-la*. Ele parecia ter um "paladar extraordinariamente desperto e divinamente orientado para admirar a poesia e a natureza".[13]

Assistir a uma aula do dr. Kilby, prosseguiu Piper, era assistir a um homem que sabia o significado de "exultar diante de belezas e maravilhas". Ele nunca disse:

> este poema é maravilhoso. Ele *estava* maravilhado. Ele não se limitava a dizer que os últimos capítulos do livro de Jó são vislumbres fascinantes do poder e da sabedoria de Deus. Sua mente *estava* fascinada. Isso era irresistivelmente contagiante.[14]

Quem nos dera ter sido alunos de Kilby, pois, conforme Piper recorda:

> Nós nos sentávamos ali e, pela primeira vez na vida, *víamos* coisas. Nós *sentíamos*. Éramos atraídos para o dia radiante da vivacidade, deixando para trás o sono egoísta da adolescência.[15]

Kilby era um homem que tinha sorvido muito na fonte da literatura, aprendendo o que significa amar Deus com a mente. Ele também havia sorvido muito na fonte do humor, conforme revelado em um dia de aula. Nesta ocasião, declarou Piper, Dr. Kilby chegou à passagem de Jó que fala do avestruz. Esta situação é a que mais me recordo. Como ele riu por Deus ter feito o avestruz "tolo"! Era isto que sua tradução dizia, na passagem: "Isso porque Deus não lhe deu sabedoria nem parcela alguma de bom senso."

Nesse clássico seminal da literatura antiga, Deus estava confrontando Jó com maravilhas de tirar o fôlego. Então, Deus disse: "Eu fiz o avestruz tolo! Duvido que você consiga fazer igual, Jó." Isso, disse Piper, "não era um problema teológico para Kilby. Deus era Deus. Isso era simplesmente incrível. Ele nos deu um dos maiores presentes: admiração pelo que vemos."[16]

As palavras finais do texto de Kilby deixaram uma impressão que perdura há mais de quarenta anos. Ele disse, com seriedade, que "os Estados Unidos precisam é de um grande poeta. [...] Um poeta-profeta que consiga arrebatar o coração da nação e elevá-lo, para que tenha uma visão transformadora daquilo que é o mais Belo de tudo."[17]

O final dos anos 1960, quando Kilby proferiu tais palavras, foi uma época de grande agitação. O ano de 1968, especificamente, foi um momento em que muitos se perguntavam se a nação estava entrando em colapso. Muitos estavam em busca de respostas definitivas, tentando encontrar o verdadeiro, o bom e o belo. A eterna dívida de John Piper para com Clyde Kilby era o fato de seu professor tê-lo lembrado, e também lembrado seus colegas de classe, onde o verdadeiro, o bom e o belo deveriam ser encontrados: nos milagres que fazem parte do mundo ao nosso redor e do universo, sem mencionar o próprio milagre da vida. Dr. Kilby sabia o que era celebrar o milagre de nossa humanidade. Nós somos filhos de um Criador poderoso, incomparável. Devemos desfrutar de seus dons excelentes e deleitarmo-nos neles.

Capítulo 28

A graça de um sonho: milagres no meio acadêmico

Agora, peço a todos os que estejam escutando ou lendo este pequeno tratado [...] que, se houver qualquer coisa que lhes agrade aqui, agradeçam ao nosso Senhor Jesus Cristo, de quem procede todo o entendimento e toda a bondade.

— *Os contos de Canterbury*[1]

"Eu havia construído uma fortaleza de ateísmo, segura contra qualquer ataque de fé irracional. Eu vivia dentro dela, sozinha." Assim diz a última frase do segundo capítulo de *Not God's Type* [Não faço o tipo de Deus], uma moderna e comovente narrativa de conversão escrita pela drª. Holly Ordway. Sua história fala sobre como um milagre ocorreu dentro do recinto acadêmico. Como tantos nesse cenário, ela não estava procurando Deus. Pelo contrário. Contudo, ela viria a descobrir — como Agostinho, séculos antes — que Deus nos formou para si, e nosso coração permanecerá inquieto até que encontre descanso nele.

De maneiras que não poderia ter imaginado, Ordway descobriria a grande verdade apresentada ao mundo pelo poeta John Donne: que ninguém é uma ilha. Deus chamou-a de inúmeras formas — pela poesia, pelo presente de um sábio amigo cristão e, por último, pelo milagre de um sonho, que acabou sendo o fator definitivo para que ela abraçasse a fé.

Um dos aspectos mais consideráveis do livro de Ordway é sua honestidade inabalável. Ela não faz rodeios ao descrever seus anos como ateia e a maneira como considerava os cristãos na época. "Aos 31 anos de idade", escreveu ela,

> eu era uma professora universitária ateia e gostava de pensar em mim mesma dessa forma. Eu me divertia sendo cética. Era legal considerar-me superior às massas ignorantes e supersticiosas e fazer comentários sarcásticos sobre os cristãos.[2]

Ela prosseguiu: "Eu não sabia quase nada sobre o cristianismo, mas não dava a mínima. Comecei a zombar dos cristãos e menosprezar sua fé, sua inteligência e seu caráter."[3]

Todos esses comentários parecem ter sido feitos por alguém bastante confortável com sua própria cosmovisão. Todavia, conforme Ordway admitiu, havia um fragmento resistente de verdade que ela não conseguia descartar facilmente. Ela descobriu, com o tempo, que muitos ateus sentiam o peso esmagador de crer que a vida era, em última análise, sem sentido. Tomados pelo desespero, vários deles tragicamente tiravam a própria vida.

Ordway não tinha desejo de adotar a fé cristã em nenhum aspecto, mas não conseguia acreditar que a vida era desprovida de sentido. "Eu sentia que a vida devia valer a pena"[4], escreveu ela. Embora pouco soubesse na época, ou dificilmente considerasse assim, este pensamento seria a primeira das muitas indicações da imortalidade, uma percepção que começou a instigar uma peregrinação lenta, por vezes relutante, que levaria à porta da fé.

Outro dom que Deus lhe dera, embora ela não o tivesse considerado como tal, era a crença obstinada "de que existia algo chamado verdade". Mais do que isso, ela "valorizava a verdade como um bem absoluto". Isso acalentou dentro de si um grande desejo "de conhecer e viver a verdade, não importasse o que ela fosse".[5]

A partir de uma base de honestidade como essa dentro do coração humano, Deus pode fazer coisas poderosas, e ele começou a fazer exatamente isso na vida de Ordway. A poesia tornou-se o caminho por meio do qual ela passou a reconsiderar as alegações da verdade feitas pelo cristianismo. Nisto, sua jornada em direção à fé não seria diferente da de C.S. Lewis, o qual disse memoravelmente, certa vez, o seguinte acerca de sua própria jornada do ateísmo rumo à fé:

> Para um jovem que deseja permanecer firme no ateísmo, nunca é demais tomar cuidado com o que aprende. Há armadilhas em todo lugar: "Bíblias

deixadas abertas, *milhões de surpresas*", como [George] Herbert diz, "malhas finas e estratagemas". Deus é, se posso dizê-lo, muito inescrupuloso.[6]

Foram, na verdade, poetas como George Herbert que se mostraram cruciais para que Ordway abraçasse a fé. Herbert havia escrito sobre o "coração peregrino",[7] e tal era a condição do coração dela no momento.

O caminho rumo à fé via poesia começou, escreveu ela, com John Keats, cuja obra *Ode on a Grecian Urn* [Ode sobre uma urna grega] encerra com estes versos imortais: "A beleza é a verdade, a verdade é a beleza — isto é tudo o que sabeis na terra e tudo o que precisais saber."

É difícil minimizar tais versos com pensamentos do tipo: "É um bom sentimento esse", e parar por aí. Ordway viu-se atraída a estes versos de maneiras como nunca fora atraída antes. Ela escreveu que "sentiu um poder vibrando" na poesia que lia, cujos versos pareciam ter "um significado eletrizante".[8]

Outro poema que Deus colocou no caminho de Ordway foi *Holy Sonnet 14* [Soneto sacro 14], de John Donne. Trata-se de uma poderosa "malha fina e estratagema", empregando a expressão de C.S. Lewis. Quatro versos específicos do soneto de Donne falaram ao seu coração com claro poder:

Deus trino, para ti, prostra meu coração
Mas, além de abater, sopra, resplandece e procura reparar;
Para que eu me levante e fique em pé, abate-me e põe-te a direcionar
Tua força, para quebrantar, golpear, queimar e trazer-me renovação.[9]

Ao ler essas palavras, Ordway disse ter sido tocada como nunca antes.[10] O fim do soneto é absolutamente impressionante: "Eu, a menos que tu me subjugues, nunca serei livre." Aqui, Ordway fez uma confissão franca: "Essas palavras, que costumavam ser estranhas para mim exceto no aspecto de meu apreço pela sua precisão técnica, agora soavam vivas e poderosas."[11]

Mais ou menos na mesma época, ela iniciou uma leitura cuidadosa do clássico poema de T.S. Eliot *The Journey of the Magi* [A jornada dos magos]. A lembrança que Ordway tem dessa experiência continua viva e transformadora. Ela escreveu:

> Esse poema foi, juntamente com o de Donne, um dos primeiros poemas a tirar-me do desespero e despertar-me para a possibilidade de algo mais. O narrador do poema de Eliot poderia muito bem ser eu mesma nesta jor-

nada: eu estava quase totalmente convencida de que todo aquele esforço era loucura, mas continuava a viagem mesmo assim, atraída por algo fora de mim. Havia ainda em comum a compreensão crítica no fim de que este Nascimento também era Morte, e que nada, nada, jamais poderia continuar como antes. Quando entendi que Cristo é realmente quem alegava ser, não pude voltar para o antigo país do ateísmo inalterada, apegada a meus deuses antigos.[12]

A última influência poética que orientou Ordway foi, em alguns aspectos, a mais bem-vinda. A jovem estivera nutrindo esperança, desejando-a, indo contra uma onda de desespero que já havia cruzado o caminho de muitos ateus. "Eu mesma não havia estado mergulhada em desespero durante anos?",[13] perguntou-se. Ela temia que ele a dominasse. Ordway estava vivenciando o que chamou de "inverno da alma".[14]

Nesse cenário, Gerard Manley Hopkins falou-lhe com uma força diferente de todos os outros poetas. Ele também já havia sido levado ao desespero, tendo quase naufragado. No entanto, encontrou o caminho de volta para a esperança. Foi seu poema *Carrion Comfort* [Consolo do cadáver], um poema difícil e implacavelmente honesto, que mostrou o caminho a Ordway:

Mas ah! Mas tu, terrível, por que me abalarias rudemente
Com teu pé direito, que atormenta o mundo?
Pousarias uma pata de leão sobre mim? Esquadrinharias
Com olhos sombrios e perscrutadores meus ossos feridos? E soprarias
Oh, em séries de tormentas, comigo amontoado ali,
no frenesi de fugir de ti e evitar-te imediatamente?

Alguém já disse, com razão, que quando mais tentamos fugir de Deus é que acabamos alcançando-o. Durante todo o tempo, ele permanece esperando de braços abertos.

Ordway não conseguia admitir que estava à procura de Deus, mas podia admitir o mesmo que Hopkins, que escrevera, em outro poema, *The Windhover* [O peneireiro]: "Meu coração, ao esconder-se/Agitou-se." Algo além de sua experiência gesticulou, e a poesia quebrou o chão duro de seu coração. Uma vez que isto foi feito, outro guia para a fé aguardava-a. Um guia muito improvável, a propósito.

***

O guia seguinte de Ordway na jornada rumo à fé foi seu treinador de esgrima. Como esgrimista dedicada havia muitos anos, ela agora queria ser competidora de elite. Seu treinador ajudou-a a realizar seu objetivo, mas concedeu-lhe um presente muito além de qualquer domínio de técnica que poderia ter ensinado durante os anos de treinamento. Ele era um cristão comprometido, um homem capaz de transmitir a fé de forma cativante e convincente. Ele se aproximou e, demonstrando muita sabedoria, muito tato e muita paciência, encorajou-a, no momento em que julgou adequado, a considerar cuidadosamente os argumentos intelectuais a favor do cristianismo.

O treinador deu-lhe dois livros, que foram cruciais nas conversas que tiveram sobre questões da fé. O primeiro era o texto *Does God Exist?* [Deus existe?] para o qual o conhecido estudioso e apologista Peter Kreeft contribuíra com um ensaio introdutório. O segundo era *Questões cruciais do Novo Testamento*, de Craig Blomberg. Diz muito sobre a integridade e a honestidade de Ordway o fato de, embora ter sido muito cautelosa com esses presentes — como se tivesse acabado de receber um conjunto de explosivos — aceitar lê-los e até mesmo conversar sobre eles com seu treinador depois. Assim, tomando notas enquanto lia, Ordway começou com *Does God Exist?*

Imediatamente, ela notou o intelecto rigoroso e cauteloso de Peter Kreeft. Nas páginas iniciais de seu ensaio introdutório, Kreeft fez duas perguntas importantes: "Por que alguém quereria provar que Deus existe?" e, por outro lado, "Por que alguém quereria provar que Deus não existe?". A principal resposta dele a ambas as perguntas repercutiu instantaneamente em Ordway: "Simplesmente pelo bem da verdade."[15]

Kreeft continou seu fascinante ensaio descrevendo dois tipos de pensadores: os de mentalidade sensível e os de mentalidade inflexível. Tal distinção foi de grande interesse para Ordway, que lembrou: "Eu queria conhecer a verdade, mesmo que ela não me ajudasse a ser feliz."[16] Evidentemente, Ordway classificou-se no grupo dos pensadores de mentalidade inflexível, pois, conforme Kreeft escrevera, "os de mentalidade inflexível colocam a verdade acima até mesmo da felicidade".[17]

Ao presenteá-la com este livro, o treinador demonstrara muita sabedoria. Ele sabia que Ordway, como concorrente de elite, já era inflexível. O que ela precisava era de um livro que defendesse o cristianismo de forma rigorosamente fundamentada, mas, ao mesmo tempo, compassiva. Uma vez que ela nunca havia lido um livro que oferecesse uma argumentação como a de Kreeft, esse foi um presente muito bem-vindo.

O treinador de Ordway também era perito nos assuntos do coração. Ele dera um passo visível na transmissão da fé ao presenteá-la com os dois livros, mas, tendo feito isso, deu-lhe tempo e espaço para que considerasse o que eles tinham a dizer. "Tentei ficar fora do caminho", recordaria ele mais tarde, "e apenas deixar que Deus fizesse o trabalho."[18]

Isso demonstrou ser justamente o necessário. Com o tempo, Ordway chegou ao ponto de consentir intelectualmente com as alegações da verdade do cristianismo. Ela teve tempo e espaço para deixar que Deus falasse ao seu coração. Tal mostra de amizade e aconselhamento foi algo bom, raro e sábio.

Após a publicação de *Not God's Type*, a própria Ordway escreveu sobre como foi crucial este aspecto no processo de compartilhamento da fé de seu treinador e também sobre como o Espírito Santo, embora ela ainda conhecesse pouco a seu respeito, estava guiando seus passos de uma forma que ela desconhecia:

> Se eu fosse acrescentar, neste momento, alguma coisa ao que escrevi [no meu livro], seria uma ênfase muito maior no significado pessoal de sentir o Espírito na poesia e na prosa. Na época em que escrevi *Not God's Type*, eu enfatizei os argumentos apologéticos. [...] Agora vejo mais claramente que a experiência — de "provar e ver" — levou-me para muito mais perto de Cristo do que eu pensava antes de começar a pensar em argumentos. E eu acredito que o papel da comunhão cristã e do amor também foi muito mais importante do que eu achava.[19]

***

Depois de ler os livros que seu treinador lhe dera e após muitas conversas com ele sobre questões da fé, Ordway havia percorrido um longo caminho em sua compreensão do cristianismo. Ela descobriu muitas coisas a respeito dele e de sua história pelas quais se sentia atraída. Foi neste cenário que ela teve um sonho milagroso, que a levou, finalmente, ao limiar da fé.

Na noite anterior ao seu voo para Las Vegas, onde participaria de um campeonato regional, ela sabia que precisava descansar. Assim, deitou-se mais cedo e adormeceu quase instantaneamente.

Foi então que ela teve um sonho diferente de qualquer outro que já tivera. Caminhando ao lado de seu treinador, ela viu, para seu espanto, que estavam andando pelas ruas de Jerusalém. Enquanto avançavam, ele apontava para lugares famosos, lugares sagrados na tradição cristã. Ele era, recordou ela nas páginas de seu livro, "um Virgílio para meu Dante, meu guia e intérprete. No próprio sonho, eu reconhecia que, de uma forma estranha, eu estava encenando *A divina comédia*".[20]

Em determinado momento do sonho, Ordway e seu treinador sentaram-se por alguns instantes num banco em frente a um amontoado de construções de pedra. Ao apontar para elas, o treinador disse: "Este é o túmulo de Jesus." Durante vários minutos, eles observaram as aglomerações de turistas fazendo fila e aguardando o breve momento que cada um deles teria para prestar homenagem ao local sagrado.

Então, como às vezes acontece nos sonhos, houve um momento de lampejo. Ao assistir o desenrolar dessa cena, Ordway entendeu e teve profunda consciência "de que Jesus de Nazaré era o filho do Deus vivo".[21] Ela também concluiu que, se a Páscoa fosse tudo aquilo que deveria ser, se Cristo tivesse de fato ressuscitado dentre os mortos, então seu túmulo realmente nada mais era do que um lugar reverenciado pela curiosidade. "O que aconteceu naquele dia", sentiu ela, "foi tão grande, tão abalador, que ofuscou todo o resto. O túmulo era importante apenas por ter recebido o corpo de Jesus — e porque, no terceiro dia, estava *vazio*".[22]

Até no sonho, seu coração saltou. Ela acordou com um profundo sentimento de alegria e uma frase na mente: *Ele ressuscitou*. "Eu estava deitada ali", lembrou, "nas primeiras e silenciosas horas da manhã, mas abrupta e completamente desperta. Aquilo que descobri no sonho não se dissipou; em vez disso, permaneceu nítido e completo em minha mente e em meu coração."[23]

O presente desse entendimento, transmitido por meio de um sonho, ajudou Ordway a superar a última das grandes barreiras que a impediam de entregar seu coração a Cristo por completo. Até então, ela havia se recusado a dizer: "Seja feita a tua vontade, não a minha." Fazê-lo significava abrir mão do controle, entregar a vida a Deus.

Contudo, o sonho incutiu nela, de alguma forma, a força necessária para fazer aquilo que viria a ser a entrega final. Ela se sentiu liberta no sonho — livre para crer, livre para escolher. Ainda restava algum medo, é verdade. Porém, ela sabia, com certeza, que queria escolher Cristo.

***

Será que os sonhos, como um escritor observou friamente, "nada são além de ideias incoerentes, geradas pelo sono parcial ou incompleto"?[24]

Na economia divina, eles podem ser muito, muito mais do que ideias incoerentes. Eles podem ser, se Deus assim desejar, o meio para o livramento, como o sonho que ele deu a José para fugir da ira de Herodes; ou o meio pelo qual Deus concede um dom para o coração ou a mente humana, como fez ao outorgar o dom da sabedoria ao jovem Salomão, rei do antigo Israel.

O livro de Atos cita uma profecia do Antigo Testamento, registrada no livro de Joel, para descrever o que acontecerá na época seguinte à ascensão de Cristo ao céu: a era da Igreja. Essa profecia tem um impacto direto no dom dos sonhos.

> Nos últimos dias, diz Deus, derramarei do meu Espírito sobre todos os povos. Os seus filhos e as suas filhas profetizarão, os jovens terão visões, os velhos terão sonhos. Sobre os meus servos e as minhas servas derramarei do meu Espírito naqueles dias, e eles profetizarão. (2:17-18)

Deus deu o dom do sonho a Holly Ordway durante seu aprendizado sobre a fé cristã. Poderia haver um milagre mais encantador do que esse? Neste ponto, sua história traz à mente uma das melhores passagens dos escritos de G.K. Chesterton. "O local", escreveu Chesterton, "que os pastores encontraram não era uma universidade ou uma república abstrata; não era um lugar de mitos explicados ou revelados. Era um lugar onde os sonhos se tornam realidade."[25]

Capítulo 29

O Deus de toda a esperança: milagres no quebrantamento

Por causa da opressão do necessitado e do gemido do pobre, agora me levantarei, diz o SENHOR. *Eu lhes darei a segurança que tanto anseiam.*

— SALMOS 12:5

Permanece na primazia de seu amor, permanece na liberdade de seu amor, na grandeza de seu amor, na plenitude de seu amor, na imutabilidade de seu amor, na infinitude de seu amor e na atividade de seu amor. [...] Permanece naquilo que Deus te prometeu. Permanece no privilégio e nos dons valiosos que ele te concedeu; e permanece naquela glória e felicidade que ele preparou para ti.

— THOMAS BROOKS[1]

Conversar com o pastor Mark Rivera é conversar com alguém que sabe, por experiência própria, que Deus é “poderoso para salvar”.[2] Ele teve muitos momentos de dificuldade, mas também muitos momentos de bênçãos incríveis. Milagres têm surgido em seu caminho como dons de um Deus que guia graciosamente seus passos. Este pensamento nunca deixa a mente de Mark, e ele é o primeiro a dizer: “Sei que a bondade e a fidelidade me acompanharão todos os dias da minha vida” (Salmos 23:6).

“Acho que o propósito de Deus é revelar constantemente a natureza de seu caráter e seu poder em nossa vida”, disse ele. “Os milagres de Deus acontecem por toda a nossa volta.”[3] Mark compartilhou essas palavras em uma entrevista recente, e não poderia haver um resumo melhor daquilo que ele presenciou na vida ou da esperança que ele incentiva em todos os que encontra. "Deixe-me contar o que o Senhor tem feito por mim" é uma frase frequente dele. E foi este o contexto de uma conversa incrível, na qual Mark falou sobre a obra extraordinária de Deus em sua vida.

O primeiro milagre que experimentei foi a visita de Deus quando eu tinha 15 anos. Eu era um jovem muito corrompido. Lembro-me quando me afastei da fé aos nove anos de idade por não querer absolutamente nada com Deus.

Antes disso, eu havia sido uma criança evangelista. Viajava pelo país com meu pai, pregando em alguns dos maiores lugares que você poderia imaginar. E, para uma criança de oito anos, fazer isso é algo excepcional.

Lembro-me de, aos oito anos, saber ler e escrever tanto em inglês quanto em espanhol. Aprendi a ler e escrever em inglês e espanhol com a Bíblia. Eu me recordo de estar lendo passagens da Escritura, com a mente cheia de pensamentos, e meu pai dizer: "Nós vamos à Pensilvânia nesta semana, e você vai pregar."

Eu dizia: "Está bem."

Assim, eu me punha diante de grandes grupos, lia uma passagem das Escrituras, e o Espírito Santo iluminava minha pequena mente. Eu me levantava e como quem entrava em transe: começava a falar diante dessas pessoas. No final, eu estava tão dominado e subjugado pelo Espírito Santo, que começava a chorar. Meu pai sabia que era o momento de tomar a palavra e encerrar o culto. Nós vimos centenas de pessoas vindo a Jesus assim.

Ora, isso aconteceu quando eu tinha apenas oito anos. Aos nove, descobri que meu pai tinha um caso extraconjugal com uma mulher da nossa igreja, e isso devastou e dividiu nossa família. Lembro de quando fui até minha mãe e disse:

— Mãe, por favor, não me obrigue a voltar à igreja nunca mais. Não quero ter nada a ver com Deus, porque eu não entendo como um Deus bom permitiria que isso acontecesse com a nossa família.

Não sei se a atitude que minha mãe tomou foi a mais sábia de todas ou se foi uma atitude tola, mas foi, obviamente, a decisão que Deus quis que ela tomasse. Ela disse:

— Filho, eu não posso forçá-lo a aceitar minha fé; você precisa ter sua própria fé. Mas isto eu preciso lhe dizer: Deus nunca vai deixar ou desamparar você.

Eu respondi:

— Está bem, mãe, mas, por favor, nunca me obrigue a voltar para a igreja.

Assim, durante os seis anos seguintes, eu não pisei em uma igreja sequer.

Nesse tempo, meu melhor amigo — eu andava com más companhias e fazia muitas coisas horríveis no início de minha adolescência — foi assassinado violentamente. Ele foi baleado 16 vezes no peito por outra gangue, e eu me recordo de chamar minha mãe e dizer:

— Mãe, é provável que eu seja morto como meu amigo Larry. Preciso sair daqui. E, por mais que eu odeie meu pai, talvez precise morar com ele.

Ela disse:

— Bem, eu não quero te perder. Dê-me seis meses para nos mudarmos. Nossa família se mudará para onde for preciso.

Eu disse:

— Mãe, eu lhe dou seis meses. Mas se, em seis meses, nós não sairmos daqui, eu terei de ir embora.

Foi bastante ousado para um garoto de 14 anos dar um ultimato desse para a mãe. Mas que mulher piedosa! Ela deixou o emprego. Nós vendemos todos os nossos pertences e nos mudamos para a Flórida.

Bem, eu gostaria de dizer que minha vida mudou ali. Mas isso não aconteceu. Eu ainda estava envolvido em grande parte dos mesmos padrões e comportamentos de antes e não tinha uma vida muito feliz.

Guardo na memória uma certa manhã. Eu era um boxeador muito talentoso e havia adquirido o hábito de acordar bem cedo, muitas vezes até mesmo antes de o sol nascer. E, naquela manhã, não foi diferente. Era mais ou menos cinco horas, e eu tinha, no quarto, um colchão no chão sob uma grande janela. Eu não tinha cabeceira nem estrado; apenas um colchão sobre chão.

Bem, como eu disse, era cinco da manhã, e tudo o que me recordo é de uma forte luz entrando no meu quarto. A primeira coisa que pensei foi: "Ah, talvez a delegacia de Orange County tenha enviado um helicóptero ou alguma coisa por aqui para perseguir alguém."

Então, lembro-me de levantar e fechar as cortinas. Não pude ver nada, apenas luz. Eu sabia que não era um farol de carro ou qualquer coisa do tipo, porque havia um muro de quase três metros de altura que cercava o perímetro da propriedade em que morávamos. Lembro-me de deitar novamente e pensar: "Eu não sei explicar, mas algo santo está acontecendo neste momento." Afinal, eu não estava com medo.

Permaneci deitado ali, e, de repente, ouvi uma voz dizendo: "Eu nunca te deixarei nem te desampararei."

Eu não consigo contar esta história sem romper em prantos, porque fico maravilhado ao pensar em como Deus empregou exatamente as mesmas palavras que havia colocado nos lábios de minha mãe seis anos antes, quando eu não queria nada com ele — as mesmas palavras e os mesmos pensamentos — e também fico fascinado com a maneira como suas palavras na Escritura se tornaram vivas para mim naquela manhã em que ele se revelou a mim. Esta foi a única vez que ouvi Deus falar comigo de forma audível.

O que aconteceu depois disso foi uma sensação de despertamento interior, e eu me recordo de, de repente, ouvir o Espírito Santo falar comigo como costumava fazer quando eu tinha oito anos de idade.

Então, Deus me deu um pequeno projeto de três itens para minha vida naquele momento. Ele disse: "Quero que você seja o melhor filho que puder à sua mãe. Quero que você restabeleça seu relacionamento comigo e que se dedique aos estudos."

Apenas essas três coisas simples ele disse àquele garoto de quinze anos de idade em Orlando, na Flórida. Foi assim que ele se revelou a mim.

Fui radicalmente salvo naquele dia, mais uma vez. Envolvi-me intimamente com o ministério de nossa igreja local e descobri uma igreja maravilhosa que temia a Deus.

***

O pastor Rivera tinha outra história incrível para compartilhar:

Tenho um meio-irmão cuja jornada tem sido muito conturbada. Ele nunca entregou a vida ao Senhor de verdade. Certa manhã, eu e minha esposa estávamos indo para o trabalho de carro quando recebi um telefonema dizendo: "Javier tomou três tiros na barriga. Ele foi levado às pressas para Boston, e acredita-se que não sobreviverá."

Então, como você pode imaginar, meu coração ficou dilacerado. Por causa de todos os anos que eu poderia ter passado com ele, senti um desejo urgente de compartilhar o evangelho com Javier, embora nunca tivesse obtido sucesso em persuadi-lo a tomar uma decisão por Cristo.

Pensei imediatamente: "Se ele morrer, eu sei o que o espera." Lembro-me de olhar para minha esposa e dizer: "Temos de ir para Boston. Agora."

Então, parti com pressa para lá. Estacionamos o carro e subimos a escada correndo. Peguei minha Bíblia e entrei na sala do hospital. Enquanto eu entrava, o médico se aproximou de mim e disse:

— Olhe, eu preciso prepará-lo para o que vai acontecer. Preciso pedir-lhe que, na próxima vez que eu entrar nesta sala, esteja preparado para ouvir a notícia de que você perdeu seu irmão. Há uma hemorragia descontrolada, e ele inchou literalmente o dobro do tamanho normal do corpo por causa das bactérias todas e dos efeitos adversos do ferimento causado pelas balas. Todos os órgãos vitais de sua caixa torácica foram rompidos, e nós não conseguimos interromper o sangramento. Lamento por ter de informá-lo disso."

Ele prosseguiu, dizendo:

— Não podemos sequer suturá-lo por causa do inchaço.

Assim, o médico pintou o quadro mais horrível que eu poderia imaginar. Olhei para minha esposa.

— Não pode ser assim que Deus vai terminar esta história.

Lembro-me de dizer:

— Gente, eu quero orar. Eu quero orar. Porque eu não acredito que Javier vá morrer.

Eu disse:

— Eles estão nos pedindo para ficarmos preparados para a morte, mas eu oro agora porque quero me preparar para a vida.

Então, nós nos reunimos e oramos como você nem imagina. No momento em que unimos as mãos e começamos a orar — lembro-me vividamente dessa oração — eu disse:

— Senhor, onde a medicina moderna e a sabedoria humana terminam, eu quero que a tua glória comece. Eles estão dizendo "acabou", mas eu digo que este é apenas o começo de tua maior obra na vida dele neste momento.

Prossegui:

— Interrompa esse sangramento, em nome de Jesus.

A enfermeira entrou na sala enquanto nós ainda estávamos orando, e eu me lembro de ela dizer: "Uau, há uma energia aqui que eu não consigo explicar." Então, saiu.

Terminamos a oração. Dois minutos depois, o médico entrou e disse: "Gente, eu não sei explicar o que acabou de acontecer naquela sala de cirurgia, mas a hemorragia parou. O inchaço diminuiu, e Javier está estável agora." Ele fez uma pausa e disse: "Mas ele provavelmente nunca voltará a andar."

Pois eu lhe digo que Javier não somente sobreviveu sem qualquer sequela das balas, como também anda normalmente. Ele ainda tem fragmentos da coluna quebrada dentro de si, e a medicina moderna não sabe explicar como ele consegue andar.

Eu só gostaria de dizer que, depois que tudo acabou naquela noite terrível e que os médicos e enfermeiros haviam se certificado de que Javier estava estável, a enfermeira entrou e disse: "Vocês oraram para que o sangramento parasse, e, quando entrei na sala de cirurgia, todos os médicos se entreolharam e disseram: 'A hemorragia parou.' Então, começaram a se parabenizar *como se eles tivessem feito alguma coisa*. Porém, não sabiam explicar *como* a hemorragia havia parado."

***

Às vezes, a misericórdia corre ao nosso encontro no momento de maior necessidade. E, às vezes, ela vem em forma de milagre, como o pai que corre ao encontro do filho pródigo e abraça-o, dizendo: "Este é meu filho que estava perdido, mas agora foi achado."

Foi Jesus quem contou essa história no Evangelho de Lucas, e é de Jesus a misericórdia que corre ao encontro de todos os filhos pródigos perdidos. Alguém já disse muito bem, certa vez, que evangelho significa encontrar o caminho para casa, encontrar o caminho para Cristo. Milagres servem para apontar o caminho para ele. Mark Rivera descobriu que isso é verdade, e de maneiras que nunca esquecerá.

Epílogo

Seus nomes de bondade, sabedoria, poder e amor

Deus age de forma misteriosa,
Para suas maravilhas realizar;
Ele imprime suas pegadas no mar,
E sobre a tempestade é capaz de cavalgar.

Nas profundezas de mananciais imperscrutáveis
De infalíveis habilidades;
Ele entesoura seus desígnios admiráveis
E opera sua soberana vontade.

— William Cowper[1]

Têm havido tantos milagres ao longo dos anos — eu os chamo de "divincidências".

— Lady Davson, terceira bisneta de William Wilberforce[2]

Eu a vejo sempre que subo as escadas de nossa casa e entro no quarto do terceiro andar, que chamamos de "pequena biblioteca". Ali, em uma viga de madeira seca perto da cumeeira, está a marca escura de queimadura lembrando-nos constantemente de que a casa foi salva de um incêndio de forma milagrosa.

Eu e minha esposa não estávamos em casa quando o raio caiu. Ele destruiu parte de uma árvore de vinte metros de altura por perto e propagou-

-se até nosso telhado. No local atingido, várias telhas explodiram e se espalharam pelo chão. Porém, o mais extraordinário foi a marca de queimadura que ficou na viga da cumeeira. O perito, taciturno, resumiu bem: "Eu não uso a palavra *milagre* com frequência", disse ele, "mas não consigo entender como sua casa não pegou fogo."

Esta não foi a única vez que nós e nossa casa fomos poupados de ferimentos graves ou danos catastróficos. Certa noite, no fim do verão e após duas semanas de chuva constante e preocupante, um vendaval passou pelo vilarejo litorâneo em que moramos. Era mais ou menos nove horas da noite quando, de repente, ouvimos um grande estrondo e sentimos a casa tremer.

Um bordo imenso fora arrancado pelas raízes no quintal e em cima da casa. Na queda, por pouco não atingiu a extensão em que meus pais moram, em cima da nossa casa. A parte principal da construção também não foi atingida, onde eu e minha esposa moramos. Em vez disso, a árvore caiu sobre uma passagem coberta e o alpendre.

Ao abrir a porta da frente, vi galhos frondosos pendurados no telhado. Enquanto voltava para o alpendre, lugar que havia recebido o maior peso da queda, eu já esperava ver pontas de galhos atravessando o telhado. Meu pensamento era somente este: "Estou muito grato por todos estarem bem, mas rapaz... teremos uma bela limpeza e vários consertos pela frente."

Mas eu estava enganado. Não havia galho algum atravessando o telhado do alpendre ou da passagem coberta. Quando fui para o lado de fora, pude ver o grande bordo. Ele parecia ter decidido simplesmente encostar-se na casa para descansar um pouco.

No dia seguinte, a empresa de remoção de árvores veio para retirar o bordo caído, e deu um trabalho e tanto. A árvore era grande e teve de ser cuidadosamente cortada, uma parte de cada vez. Assim que a parte superior da árvore foi retirada do telhado, o que restou do tronco foi colocado em pé, por assim dizer, no local de costume no jardim. A partir dali, foi apenas questão de terminar o trabalho de demolição.

Quando a árvore foi cortada do telhado, o rapaz nos chamou lá de cima e disse: "Ei, vocês não vão acreditar, mas nenhuma telha aqui em cima precisa ser substituída. Nenhuma."

Em nossa coleção de fotos antigas, temos uma foto da enorme árvore caída sobre o telhado. Caso eu queira me lembrar que milagres realmente acontecem ou que estão mais perto do que imaginamos, só preciso procurar essa foto ou simplesmente subir à pequena biblioteca. Ali está, e sempre estará, a marca de queimadura de um raio que nunca provocou uma chama sequer.

***

Há momentos em que os milagres nos encontram de maneiras que não podemos esquecer. Creio que este livro explorou um pouco desta verdade. Espero que sim. Espero também que aqueles que o leram possam entender melhor o fato de que vivemos em meio a milagres. Eles são parte de nossa história. Eles agraciam o presente e são a esperança do futuro. Não sabemos precisamente como eles se apresentarão a nós, mas sabemos que, quando buscamos a Deus, eles não estão longe. É certo que Deus nunca está longe de nossa situação de maior necessidade.

Para mim, Deus se aproximou de uma forma inconfundível.

Durante anos, eu e minha esposa tentamos ter filhos, mas não conseguimos. A dor dos abortos causava-nos uma tristeza profunda. Durante um bom tempo, foi muito difícil falar sobre os bebês que havíamos perdido. Ainda é. Às vezes, a ferida é muito sensível ao toque.

Encontrei consolo ao lembrar que Deus sabe o que é perder um filho. Ele entende.

Apesar disso, entretanto, eu não sei por que ele reuniu nossos pequeninos consigo. Um primo idoso e sábio, já falecido, disse-me certa vez que algumas coisas têm de ser deixadas com Deus. Acho que ele tinha razão.

No entanto, foi de grande ajuda um pensamento que li nos escritos de D.L. Moody, um santo a quem sou muito grato. Ele amava a Deus profunda e fervorosamente, e eu aprendi muitas coisas com ele.

Uma das minhas maiores dívidas para com ele surgiu na primeira vez em que li a seguinte história:

> Um pai enlutado perguntou-me outro dia se eu acreditava que seu pequenino estava com Jesus. A única coisa que pude lhe dizer foi o que Davi disse quando perdeu o filho: "Eu irei até ela [a criança], mas ela não voltará para mim."
>
> É um pensamento bem doce para mim — e também deve ser para você que perdeu filhos — que o Rei pode cuidar deles melhor do que nós. Se pudéssemos olhar para a cidade eterna, veríamos o Pastor conduzindo-os pelos pastos verdes e pelas águas tranquilas.

"O que fará com que o céu seja o nosso lar?", perguntou Moody em outra ocasião.

Não será tanto as vestes brancas, a coroa dourada ou as harpas feitas de ouro; mas a sociedade que encontraremos lá fará com que o céu seja nosso lar. Quem, então, está lá? Que companhias teremos quando chegarmos lá? Jesus está lá, o Pai Santo está lá, o Espírito está lá — nosso Pai, nosso Irmão mais velho, nosso Consolador. Quem mais está lá? Os anjos estão lá, queridos amigos falecidos estão lá. E os pequeninos. Ah! Eles também estão lá.[3]

Que esperança bendita.

Porém, quando eu achava que não havia mais chance alguma de ter filhos, Deus interferiu em nossa vida. Minha esposa deu à luz um filho. Nós o chamamos Samuel, aquele belo e antigo nome hebraico que significa "Deus ouve". Ele tinha ouvido, e nos abençoou com o maior presente que já recebi.

Nós rimos e prometemos a nós mesmos não colocar muita pressão em Sam dizendo-lhe que ele é um milagre vivo. Contudo, por trás do riso, sabemos que é verdade.

Sam não é perfeito; longe disso. Agora com cinco anos de idade, há momentos em que ele testa nossa paciência. Até mesmo milagres vivos não querem ir para a cama em determinadas horas. Ele fica com os joelhos ralados de vez em quando e retruca às vezes. No entanto, ele também assiste o pôr do sol conosco, acha que as ondas do mar brincam de pega-pega e segura minha mão quando caminho com ele. Ele faz gol quando jogamos futebol e está ficando bom com o taco de beisebol.

Eu digo a ele que sorrio por dentro quando o vejo. Por um momento, ele parece ser inteligente demais para a idade e entender o que quero dizer.

Outros com quem compartilhamos a história de Sam também encontraram nele uma fonte de bênção. Fico bastante comovido com esse pensamento. Mas acho que os milagres são assim. Parte da razão de serem sagrados é por serem compartilhados.

Uma amiga nos disse, certa vez, que ver a foto de Sam fez com que a bondade de Deus se tornasse real para ela. Por isso, eu e Kelly não podemos deixar de sentir uma gratidão maior do que as palavras podem expressar. O que podemos dizer? Sam é um lembrete vivo, diário, para nós de que milagres acontecem.

Algum dia, quando ele for mais velho, nós lhe diremos por que o consideramos um filho prodígio. Não sei bem como faremos, mas, no tempo de Deus, eu sei que ele nos mostrará.

Notas

Epígrafes

1. BRIDGES, Robert (Org.). *Poems of Gerard Manley Hopkins* [Poemas de Gerard Manley Hopkins]. Londres: Humphrey Milford, 1918, p. 14.

2. TAYLOR, Jeremy. *The Rule and Exercises of Holy Living* [Regra e exercício do viver santo]. Nova York: E.P. Dutton and Company, 1876, p. 414.

3. SHAKESPEARE, William. *Tudo está bem quando termina bem*. Ato 2, cena 1, palavras proferidas por Helena.

Prefácio

1. CHESTERTON, G.K. *The Innocence of Father Brown* [A inocência do padre Brown]. Londres: Cassell & Company, 1911, p. 6.

2. ELWELL, Walter A. (Org.). *Evangelical Dictionary of Theology* [Dicionário evangélico de teologia]. Grand Rapids, MI: Baker Academic, 2001, p. 420. O Dr. Elwell (doutor pela Universidade de Edimburgo) é professor emérito de estudos bíblicos e teológicos na faculdade Wheaton. Ele frequentou a Universidade de Chicago e a Universidade de Tübingen antes de obter seu título de doutor e editou várias obras de referência bíblica, incluindo *The Baker Theological Dictionary of the Bible* [Dicionário bíblico teológico Baker].

3. GRAHAM, Billy. *The Holy Spirit* [O Espírito Santo]. Nashville: Thomas Nelson, 2000, p. 215.

4. HALLEY, Henry H. *Halley's Bible Handbook with the New International Version* [Manual bíblico de Halley com a Nova Versão Internacional]. Grand Rapids, MI: Zondervan, 2007, p. 164.

5. MCKIM, Donald K. *The Westminster Dictionary of Theological Terms* [Dicionário de termos teológicos Westminster]. Louisville: Westminster/John Knox Press, 1996, p. 175. Aqui, McKim descreve os milagres de Jesus da seguinte forma: "As diversas ações sobrenaturais de Jesus conforme registradas nos Evangelhos. Teologicamente, elas são consideradas sinais de sua divindade e de seu poder sobre as forças naturais e cósmicas e revelam a natureza e os propósitos de Deus (ver Mateus 8-9)."

6. Aqui, eu misturei duas declarações diferentes de Martinho Lutero citadas em: GREIDANUS, Sidney. *Preaching Christ from the Old Testament: A Contemporary Hermeneutical Method* [Pregando Cristo a partir do Antigo Testamento: Um método hermenêutico contemporâneo]. Grand Rapids, MI: William B. Eerdmans, 1999, p. 120.

7. LUTZER, Erwin. *Seven Reasons Why You Can Trust the Bible* [Sete razões por que se pode confiar na Bíblia]. Chicago: Moody Publishers, 2008, p. 42.

8. GREIDANUS. *Preaching Christ from the Old Testament* [Pregando Cristo a partir do Antigo Testamento], p. 120.

Parte I: Milagres da palavra antiga

Capítulo 1 | No começo: o milagre do nosso mundo

1. São João Crisóstomo, conforme citado em: WARE, Kallistos. *The Orthodox Way* [O caminho ortodoxo]. Crestwood, NY: St. Vladimir's Seminary Press, 1995, p. 44.

2. COWPER, William. "The Winter Morning Walk" [Caminhada matinal no inverno]. In: MILFORD, H. S. (Org.). *The Complete Poetical Works of William Cowper* [Obras poéticas completas de William Cowper]. Edição de Oxford. Londres: Henry Frowde, 1905, livro 5, versos 686-687. Ênfase acrescentada.

3. ELWELL, Walter A. (Org.). *Evangelical Dictionary of Theology* [Dicionário evangélico de teologia]. Grand Rapids, MI: Baker Academic, 2001, p. 420.

4. COWPER, William. "The Winter Morning Walk" [Caminhada matinal no inverno]. In: *The Poetical Works of William Cowper* [Obras poéticas de William Cowper], livro 5, *The Task* [A tarefa]. Londres: Oxford University Press, 1926, versos 810-812. Para haver clareza, parafraseei um pouco os versos de Cowper.

5. WARE, Kallistos. *The Orthodox Way* [O caminho ortodoxo]. Crestwood, NY: St. Vladimir's Seminary Press, 1979, p. 44.

6. As informações apresentadas neste parágrafo e a citação nele contida são de: KEE, Howard Clark. "Miracles" [Milagres]. In: METZGER, Bruce M.; COOGAN, David Michael (Orgs.). *The Oxford Companion to the Bible* [Guia Oxford para a Bíblia]. Nova York: Oxford University Press, 1993, p. 519.

7. Ibid.

8. Ibid.

9. Ibid.

10. Ibid.

Capítulo 2 | Criação: o milagre da humanidade

1. COLERIDGE, Samuel Taylor. *On the Constitution of the Church and State* [Sobre a constituição da Igreja e do Estado]. v. 6. In: SHEDD, W.G.T. (Org.). *The Complete Works of Samuel Taylor Coleridge* [Obras completas de Samuel Taylor Coleridge]. Nova York: Harper & Brothers, 1884, p. 54.

2. MILTON, John. *Paradise Lost* [Paraíso perdido]. In: *Cowper's Milton, in Four Volumes* [Milton de Cowper, em quatro volumes]. v. 2. Chichester: W. Mason, 1810, livro 4, versos 362-363.

3. HENRY, Matthew. *An Exposition on the Old and New Testament* [Exposição do Antigo e Novo Testamento]. Londres: Joseph Robinson, 1828, p. 1:6.

4. Ibid.

5. Ibid. Ênfase acrescentada.

6. Ibid., p. 13. Ênfase acrescentada.

7. GRAHAM, Billy. *The Secret of Happiness* [O segredo da felicidade]. Nashville: Thomas Nelson, 2002, p. 18.

8. Ibid.

9. MOODY, D.L. *Eleven Sermons Never Before Published* [Onze sermões inéditos]. Nova York: Christian Herald, 1911, p. 138.

10. GRAHAM. *The Secret of Happiness* [O segredo da felicidade], p. 18.

11. LENNOX, John C. *Seven Days That Divide the World* [Sete dias que dividem o mundo]. Grand Rapids, MI: Zondervan, 2011, p. 72.

12. Ibid.

13. Ibid.

Capítulo 3 | Declaração de Deus: o milagre da nossa redenção prometida

1. C.S. Lewis citado em: KILBY, Clyde (Org.). *A Mind Awake: An Anthology of C.S. Lewis* [Mente desperta: Uma antologia de C.S. Lewis]. Nova York: Macmillan, 1968, p. 21.

2. STOTT, John. *The Radical Disciple* [O discípulo radical]. Downers Grove, IL: IVP, 2010, p. 49-50.

3. HARTILL, J. Edwin. *Principles of Biblical Hermeneutics* [Princípios da hermenêutica bíblica]. Grand Rapids, MI: Zondervan, 1960, p. 111.

4. STOTT. *The Radical Disciple* [O discípulo radical], p. 49-50. O autor acrescentou as palavras entre parênteses.

5. HENRY, Matthew. *An Exposition on the Old and New Testament* [Exposição do Antigo e do Novo Testamento]. Londres: Joseph Robinson, 1828, p. 1:15.

6. Ibid., p. 16.

7. Ibid.

8. DOUGLAS, J.D.; TENNEY, Merrill C.; SILVA, Moises. *The Zondervan Illustrated Bible Dictionary* [Dicionário bíblico ilustrado Zondervan]. Grand Rapids, MI: Zondervan, 2011, p. 1195.

9. HENRY, Matthew. *An Exposition of the Old and New Testament* [Exposição do Antigo e Novo Testamento]. Filadélfia: Haswell, Barrington & Haswell, 1838, p. 1:43-44.

10. NEWTON, John. *The Works of the Rev. John Newton: Complete in One Volume* [Obras do rev. John Newton: Completas em um único volume]. Londres: T. Nelson and Sons, 1853, p. 525.

Capítulo 4 | Noé e o Dilúvio: milagres de livramento

1. SPURGEON, C.H. *Evening by Evening* [Noite após noite]. Nova York: Sheldon and Company, 1869, p. 346.

2. Matthew Henry citado em: *The Christian Treasury* [O tesouro cristão]. Edinburgh: Johnstone, Hunter & Co., 1883, p. 287.

3. HENRY, Matthew. *An Exposition on the Old and New Testament* [Exposição do Antigo e Novo Testamento]. Londres: Joseph Robinson, 1828, p. 1:40.

4. Ibid., p. 1:65.

5. Todas as citações são de: KAISER, Walter. *Toward an Old Testament Theology* [Rumo a uma teologia do Antigo Testamento]. Grand Rapids, MI: Zondervan, 1991, p. 80.

6. Ibid., p. 81.

7. Ibid., p. 80-81.

8. As informações apresentadas neste parágrafo e a citação nele contida são de: KEE, Howard Clark. "Miracles" [Milagres]. In: METZGER, Bruce M.; COOGAN, David Michael (Orgs.). *The Oxford Companion to the Bible* [Guia Oxford para a Bíblia]. Nova York: Oxford University Press, 1993, p. 519.

9. Ibid.

10. Ibid.

11. Ibid.

12. Ibid.

13. NEWTON, John. *The Works of John Newton* [Obras de John Newton]. Filadélfia: Uriah Hunt, 1839, p. 2:175.

Capítulo 5 | Abraão: o amigo de Deus e os milagres

1. GRAHAM, Billy. *Angels* [Anjos]. Nashville: Thomas Nelson, 1995, p. 98.

2. STUART, Douglas K. *The New American Commentary* [Novo comentário norte-americano]. Nashville: B&H Publishing Group, 2006, p. 2:113-114. Eu gostaria de agradecer aqui as muitas gentilezas dispensadas a mim pelo Dr. Stuart durante meus estudos de pós-graduação no seminário Gordon-Conwell. O Dr. Stuart foi meu orientador e uma fonte de muita inteligência e sabedoria. Tenho boas recordações do tempo em que passei em sua companhia.

3. GRAHAM. *Angels* [Anjos], p. 99.

4. Ibid.

5. Ibid.

6. Ibid., p. 98-100.

7. WIERSBE, Warren W. *The Bible Exposition Commentary: New Testament* [Comentário de exposição da Bíblia: Novo Testamento]. Colorado Springs, CO: Victor/Cook Communications, 2001, p. 2:300.

8. Ibid.

9. Ibid.

10. BARTON, Bruce D.; VEERMAN, David R.; TAYLOR, Linda K. *Hebrews* [Hebreus]. Organizadores: GALVIN, James; BEERS, Ronald; COMFORT, Philip. Carol Stream, IL: Tyndale Publishers, 1997, p. 92.

11. Ibid.

12. WIERSBE, Warren W. *The Wiersbe Bible Commentary: The Complete Old Testament* [Comentário bíblico Wiersbe: Antigo Testamento completo]. Colorado Springs, CO: David C. Cook, 2007, p. 77.

13. Ibid.

14. Ibid.

15. Ibid., p. 77-78.

Capítulo 6 | Moisés: milagres do Êxodo

1. WILBERFORCE, Samuel. *Heroes of Hebrew History* [Heróis da história hebraica]. Londres: W.H. Allen and Co., 1890, p. 92-130.

2. DUNNAM, M.D. *The Preacher's Commentary* [Comentário do pregador]. Nashville: Thomas Nelson, 2002, p. 2:23.

3. STUART, Douglas K. *The New American Commentary* [Novo comentário norte-americano]. Nashville: B&H Publishing Group, 2006, p. 2:109.

4. DUNNAM. *The Preacher's Commentary* [Comentário do pregador], p. 2:59.

5. Ibid.

6. Ibid., p. 64.

7. Ibid., p. 59.

8. STUART. *The New American Commentary* [Novo comentário norte-americano], p. 2:113-114.

9. WILBERFORCE. *Heroes of Hebrew History* [Heróis da história hebraica], p. 110-111.

10. Ibid.

11. KEE, Howard Clark. "Miracles" [Milagres]. In: METZGER, Bruce M.; COOGAN, Michael David (Orgs.). *The Oxford Companion to The Bible* [Guia Oxford para a Bíblia]. Nova Iorque: Oxford University Press, 1993, p. 519.

12. Ibid.

13. Ibid.

14. WILBERFORCE. *Heroes of Hebrew History* [Heróis da história hebraica], p. 118.

15. PIPER, John. *The Pleasures of God: Meditations on God's Delight in Being God* [Os prazeres de Deus: Meditações sobre o deleite de Deus em ser Deus]. Sisters, OR: Multnomah Publishers, Inc., 2000, p. 103.

16. Ibid.

17. Ibid.

18. ENNS, Peter. *Exodus: The NIV Application Commentary* [Êxodo: Comentário com aplicação da NVI]. Grand Rapids, MI: Zondervan/HarperCollins, 2000, p. 131. Peter Enns, acadêmico ilustre, é doutor em Línguas e Civilizações do Oriente Próximo pela Universidade de Harvard.

19. SCROGGIE, W. G. *The Unfolding Drama of Redemption* [O drama da redenção em andamento]. Grand Rapids, MI: Kregel Publications, 1995, p. 153.

20. Ibid., p. 154.

21. Ibid.

22. Ibid., p. 156.

Capítulo 7 | Eliseu: milagres na época dos profetas

1. Carta de John Newton a Hanna More em 7 de setembro de 1791. Consulte a página 375 de: ROBERTS, William (Org.). *Memoirs of the Life and Correspondence of Hannah More* [Memórias da vida e correspondências de Hannah More]. v. 1. Nova York: Harper & Brothers, 1834.

2. LOCKYER, Herbert. *All the Miracles of the Bible* [Todos os milagres da Bíblia]. Grand Rapids, MI: Zondervan, 1988, p. 116.

3. Ibid.

4. Ibid.

5. Ibid.

6. Ibid.

7. SIMEON, Charles. *Horae Homileticae.* Londres: Richard Watts, 1819, p. 3:108.

8. Ibid., p. 108-109.

9. Ibid., p. 109.

10. Ibid.

11. Ibid.

12. Ibid.

13. LOCKYER. *All the Miracles of the Bible* [Todos os milagres da Bíblia], p. 116.

14. Ibid.

15. Ibid., p. 119.

16. HENRY, Matthew. *An Exposition on the Old and New Testament* [Exposição do Antigo e Novo Testamento]. Londres: Joseph Robinson, 1828, p. 1:936.

17. Ibid.

18. SIMEON. *Horae Homileticae,* p. 5:49.

19. Ibid.

20. Ibid.

21. Ibid.

22. LOCKYER. *All the Miracles of the Bible* [Todos os milagres da Bíblia], p. 126.

23. Ibid.

Capítulo 8 | A promessa da vinda de Cristo: o milagre da Encarnação

1. MORE, Hannah. *The Complete Works of Hannah More* [Obras completas de Hannah More]. Nova York: Harper & Brothers, 1835, p. 1:376.

2. LEWIS, C.S. *Miracles* [Milagres]. Nova York: HarperCollins, 2001, p. 173.

3. CHESTERTON, G.K. *Poems* [Poemas]. Nova York: Dodd, Mead and Company, 1922, p. 64.

4. Palavras finais de Apocalipse 22:16.

5. Para uma excelente discussão sobre encarnação, leia os artigos postados online por David Mathis em desiringgod.org, site do ministério de John Piper. A expressão empregada aqui foi retirada de: MATHIS, David. "Advent and the Incarnation" [Advento e Encarnação]. In: *Desiring God*. 7 de dezembro de 2007. Disponível em: *http://www.desiringgod.org/blog/posts/adventand-the-incarnation*. Acesso em: 15 de março de 2012.

6. GEORGE, Timothy. "The Blessed Evangelical Mary" [A bendita Maria do evangelho]. *Christianity Today*. 1 de dezembro de 2003. Disponível em: *http://www.christianitytoday.com/ct/2003/december/1.34.html?start=2*. Acesso em: 15 de março de 2012.

7. Ibid.

8. MACDOWELL, Josh. *Josh MacDowell's Handbook on Counseling Youth* [Manual de John MacDowell para aconselhamento de jovens]. Nashville: Thomas Nelson, 1996, p. 221.

9. WIERSBE, Warren W. *The Wiersbe Bible Commentary: The Complete Old Testament* [Comentário bíblico Wiersbe: Novo Testamento completo]. Colorado Springs, CO: David C. Cook, 2007, p. 140.

10. Isto, bem como as citações e informações contidas nos parágrafos seguintes foram retiradas de: GEORGE. "The Blessed Evangelical Mary" [A bendita Maria do evangelho].

11. Ibid.

12. Ibid.

13. Ibid.

14. Ibid.

15. Ibid.

16. Ibid.

17. CHESTERTON, G.K. "The God in the Cave" [O Deus na caverna]. In: *The Everlasting Man* [O homem eterno]. Nova York: Dodd, Mead and Company, 1925, p. 209.

18. A discussão de Packer sobre o que é encarnação aparece em: PACKER, J.I. "Good Question: Incarnate Forever" [Boa pergunta: Encarnado para sempre]. In: *Christianity Today*. 1 de março de 2004. Disponível em: *http://www.christianitytoday.com/ct/2004/march/25.72.html*. Acesso em: 15 de março de 2012.

19. MATHIS, David. "Jesus Is Fully Human" [Jesus é totalmente humano]. In: *Desiring God*. 13 de dezembro de 2007. Disponível em: *http://www.desiringgod.org/blog/posts/jesus-is-fully-human*. Acesso em: 15 de março de 2012.

20. PACKER. "Good Question: Incarnate Forever" [Boa pergunta: Encarnado para sempre].

21. TAYLOR, Jeremy. *The Great Exemplar of Sanctity and Holy Life According to the Christian Institution: Described in the History of the Life and Death of the Ever-Blessed Jesus Christ, the Saviour of the World* [O grande exemplar de santidade e vida santa de acordo com a instituição cristã: Descrito na história da vida e da morte do bendito Jesus Cristo, Salvador do mundo]. Londres: Longman, Brown, Green, and Longmans, 1850, p. 55.

22. Ibid., p. 51.

23. Ibid., p. 52.

24. Tomás de Aquino em: RICKABY, Joseph (Org.). *Of God and His Creatures: An Annotated Translation (with Some Abridgement) of the Summa Contra Gentiles of Saint Thos Aquinas* [Sobre Deus e suas criaturas: Uma tradução comentada (um pouco resumida) de *Summa Contra Gentiles*, de São Tomás de Aquino]. Londres: Burns & Oates, 1905, p. 359.

25. STOTT, John. *The Cross of Christ* [A cruz de Cristo]. Downers Grove, IL: InterVarsity Press, 2006, p. 159.

26. Ibid., p. 176.

27. Ibid., p. 260-261.

28. Ibid., p. 284.

29. CHESTERTON, G.K. *Poems* [Poemas]. Nova York: Dodd, Mead and Company, 1922, p. 64.

Capítulo 9 | Sinais e maravilhas: os milagres de Jesus

1. TAYLOR, Jeremy. *The Whole Works of Jeremy Taylor* [Obras completas de Jeremy Taylor]. Londres: Ogle, Duncan and Co., 1822, p. 15:21-22. Alterei um pouco a redação e a pontuação do texto de Taylor.

2. ELIOT, T.S. *Four Quartets* [Quatro quartetos]. Nova York: Mariner Books, 1968, p. 18.

3. LOCKYER, Herbert. *All the Miracles of the Bible* [Todos os milagres da Bíblia]. Grand Rapids, MI: Zondervan, 1988, p. 152.

4. Ibid., p. 152.

5. Lucas 4:17-19, onde se encontra história de quando Jesus leu os rolos de Isaías na sinagoga.

6. STOTT, John. *Basic Christianity* [Cristianismo básico]. Grand Rapids, MI: Eerdmans, 2008, p. 42.

7. Ibid.

8. Ibid.

9. Ibid.

10. As duas citações deste parágrafo: Ibid., 42-43.

11. ALCORN, Randy (Org.). *We Shall See God: Charles Spurgeon's Classic Devotional Thoughts on Heaven* [Veremos Deus: Pensamentos devocionais clássicos de Charles Spurgeon sobre o céu]. Carol Stream, IL: Tyndale House Publishers, Inc., 2011, 119-120.

12. Albert Wolters, conforme citado em: ALCORN, Randy. *Heaven* [Céu]. Carol Stream, IL: Tyndale House Publishers, Inc., 2004, p. 89.

13. SPURGEON, Charles H. *Sermons Preached and Revised* [Sermões pregados e revisados]. Londres: Passmore & Alabaster, 1877, p. 22:637.

14. Ibid.

15. Estas palavras gregas para *milagre* são exploradas detalhadamente em: LOCKYER. *All the Miracles of the Bible* [Todos os milagres da Bíblia], p. 15-16.

16. Ibid., p. 15.

17. Ibid.

18. Ibid.

19. GODET, Frédéric Louis. *Commentary on the Gospel of St. John* [Comentário sobre o Evangelho de São João]. Edinburgh: T. & T. Clark, 1881, p. 13.

20. LOCKYER. *All the Miracles of the Bible* [Todos os milagres da Bíblia], p. 16.

21. Ibid.

22. LOCKYER, Herbert. *All the Miracles of the Bible* [Todos os milagres da Bíblia]. Grand Rapids, MI: Zondervan, 1988, p. 16.

23. LAIDLAW, John. *The Miracles of Our Lord: Expository and Homiletic* [Os milagres de nosso Senhor: Exposição e homilética]. Nova York: Funk & Wagnalls, 1892, p. 11-12. John Laidlaw, doutor em Divindade, foi professor de teologia em New College, Universidade de Edimburgo.

24. Ibid.

25. Ibid.

26. Ibid.

27. Ibid.

Capítulo 10 | Crucificação e ressurreição: os milagres da nossa redenção

1. BUNYAN, John. *The Pilgrim's Progress* [O peregrino]. Hartford: Silas Andrus, 1827, p. 56.

2. CHESTERTON, G. K. *The Ball and the Cross* [A esfera e a cruz]. Nova York: John Lane Company, 1909, p. 206-207.

3. STOTT, John. *What Christ Thinks of the Church* [O que Cristo pensa da Igreja]. Grand Rapids, MI: Eerdmans, 1972, p. 47.

4. OSBECK, Kenneth W. *Hallelujah, What a Savior: 25 Hymn Stories Celebrating Christ Our Redeemer* [Aleluia, que Salvador: 25 histórias de hinos que celebram Cristo, nosso Remidor]. Grand Rapids, MI: Kregel Publications, 2000, p. 25. Ali está escrito que este hino, de domínio público, foi composto por Robert Lowry em 1874.

5. Mesclei uma série de declarações presentes em: MORE, Hannah. *The Works of Hannah More: Including Several Pieces Never Before Published* [Obras de Hannah More: Incluindo várias composições inéditas]. Filadélfia: Edward Earle, 1818, p. 8:258, 260.

6. "O Cristo ressurreto, nossa esperança" é uma expressão utilizada como cabeçalho na versão New King James de 1Coríntios 15:12-19.

7. The Episcopal Church. *The Book of Common Prayer* [Livro de oração comum]. Oxford: W. Baxter, 1825, p. 180.

8. MORE, Hannah. *An Essay on the Character... of Saint Paul* [Um ensaio sobre a pessoa... de São Paulo]. Londres: T. Cadell, 1815, p. 2:216-217.

9. Billy Graham e C.S. Lewis, conforme citados em: GIBBS, Nancy et al. "The Message of Miracles" [A mensagem dos milagres]. In: *Time*. 24 de junho de 2001. O artigo da revista *Time* foi publicado em: *http://www.time.com/time/magazine/article/0, 9171,133993,00.html*. Acesso em: 15 de março de 2012.

10. FAUSSET, A.R. *The Critical and Expository Bible Cyclopaedia* [Enciclopédia crítica e expositiva da Bíblia]. Londres: Hodder and Stoughton, 1893, p. 478.

11. MCGRATH, Alister. *What Was God Doing on the Cross?* [O que Deus estava fazendo na cruz?]. Eugene, OR: Wipf & Stock Publishers, 2002, p. 14.

12. A citação e as informações deste parágrafo foram retiradas de: STOTT, John. *Basic Christianity* [Cristianismo básico]. Grand Rapids, MI: William B. Eerdmans, 1971, p. 46.

13. Ibid.

14. MACDONALD, George. *The Miracles of Our Lord* [Os milagres de nosso Senhor]. Londres: Strahan & Co., Publishers, 1870, p. 226. Ênfase acrescentada.

15. Ibid., p. 268.

16. SPURGEON, C.H. *The Metropolitan Tabernacle Pulpit* [O púlpito do Tabernáculo Metropolitano]. Londres: Passmore & Alabaster, 1860, p. 36:452.

Capítulo 11 | Uma luz do céu: o milagre da conversão de Paulo

1. Retirado do prelúdio recitado de Keith Green, em apresentação vocal de "Altar Call" [Chamada ao altar] gravada em 1983 no álbum *I Only Want To See You There*, por Sparrow Records.

2. STOTT, John. *Why I Am A Christian* [Por que sou cristão]. Downers Grove, IL: InterVarsity Press, 2003, p. 18-23.

3. Ibid., p. 19.

4. Ibid.

5. Ibid., p. 20.

6. Ibid., p. 21.

7. Ibid.

8. LEWIS, C.S. *Surprised by Joy* [Surpreendido pela alegria]. Nova York: Harcourt, Brace, 1955, p. 226. Conforme citado em Stott.

9. Stott.

10. Ibid., p. 23.

11. Ibid.

12. WILBERFORCE, Robert; WILBERFORCE, Samuel. *The Life of William Wilberforce* [A vida de William Wilberforce]. Londres: John Murray, 1838, p. 1:381.

13. Veja 2Pedro 3:15-16, onde o apóstolo declara: "nosso amado irmão Paulo escreveu a vocês, com a sabedoria que Deus lhe deu. Ele escreve da mesma forma em todas as suas cartas, falando nelas destes assuntos. Suas cartas contêm algumas coisas difíceis de entender [...]."

Parte II: Milagres na vida do povo de Deus

1. *The Psalms, Hymns and Spiritual Songs of the Rev. Isaac Watts* [Salmos, hinos e cânticos espirituais do Rev. Isaac Watts]. Boston: Crocker & Brewster, 1858, p. 186.

Capítulo 12 | Perpétua: milagres na vida e na morte de uma mártir

1. De um endosso de Leighton Ford contido em: SITTSER, Gerald L. *Water from a Deep Well: Christian Spirituality from Early Martyrs to Modern Missionaries* [Água de um poço profundo: A espiritualidade cristã desde os mártires primitivos até os missionários modernos]. Downers Grove, IL: Inter-Varsity Press, 2010, prefácio.

2. Tertuliano, citado em: ELIOT, Samuel. *The History of Liberty: The Early Christians* [A história da liberdade: Os cristãos primitivos]. Boston: Little, Brown and Company, 1853, p. 1:246.

3. Ibid.

4. Ibid., p. 246-247.

5. Ibid., p. 247.

6. BINDLEY, T. Herbert (Trad.). *The Epistle of the Gallican Churches* [A epístola das igrejas galicanas]. Londres: The Society for Promoting Christian Knowledge, 1900, p. 62-63.

7. O texto que aparece acima da biografia de Perpétua na prisão foi retirado de: BINDLEY. *The Epistle of the Gallican Churches* [A epístola das igrejas galicanas], p. 62-76.

Capítulo 13 | Agostinho: milagres na vida de um filósofo

1. AGOSTINHO. *Confessions* [Confissões]. Traduzido por Garry Wills. Nova York: Penguin Classics, 2008, introdução.

2. ELIOT, Charles W. "Introduction" [Introdução]. In: AGOSTINHO. *The Confessions of St. Augustine* [Confissões de Santo Agostinho]. Harvard Classics. Nova York: P.F. Collier & Son, Company, 1909, p. 4.

3. *The Catholic Encyclopedia* [Enciclopédia católica]. "St. Augstine of Hippo" [Santo Agostinho de Hipona]. Disponível em: *http://www.newadvent.org/cathen/02084a.htm*.

4. AGOSTINHO. *The Confessions of St. Augustine* [Confissões de Santo Agostinho]. Tradução de E.B. Pusey. Nova York: P.F. Collier & Son Company, 1909, p. 7:141-143. Para haver clareza, fiz uma paráfrase da tradução de Pusey.

5. BROWN, Peter. *Augustine of Hippo: A Biography* [Agostinho de Hipona: Uma biografia]. Berkeley: University of California Press, 2000, p. 421.

6. Ibid.

7. AGOSTINHO. *Essential Sermons* [Sermões essenciais]. Traduzido por Edmund Hill. Hyde Park, NY: New City Press, 2007, p. 338.

8. Ibid., p. 256.

9. Ibid., p. 148.

10. AGOSTINHO. *Sermons* [Sermões]. Hyde Park, NY: New City Press, 1992, p. 3:44.

11. AGOSTINHO. *Supra.*

12. AGOSTINHO. *The City of God* [Cidade de Deus]. Traduzido e editado por Marcus Dods. Edinburgh: T & T Clark, 1888, p. 1:401.

13. Ibid.

14. Ibid.

15. Ibid., p. 408.

16. Ibid., p. 409.

17. Ibid.

18. Ibid. Ênfase acrescentada.

19. AGOSTINHO. *The City of God* [Cidade de Deus]. Edinburgh: T & T Clark, 1888, p. 1:392.

20. Ibid., p. 393.

21. Ibid., p. 392-394.

22. Ibid., p. 394.

23. Ibid.

Capítulo 14 | Juliana de Norwich: milagres no âmbito visionário

1. *An Essay Towards a Topographical History of the County of Norfolk*, [Ensaio sobre a história topográfica da região de Norfolk]. Londres: William Miller, 1806, p. 81.

2. PEARSON, Hugh. *Memorials of the Church and Parish of Sonning* [Lembranças da igreja e da paróquia de Sonning]. Reading: Edward J. Blackwell, 1890, p. xli.

3. NORWICH, Juliana de. *Revelations of Divine Love* [Revelações do amor divino]. Editado por Warrack, p. xviii-xix. Veja também o breve esboço

biográfico de Juliana contido em: NORWICH, Juliana de. *Revelations of Divine Love* [Revelações do amor divino]. Traduzido por Elizabeth Spearing. Londres: Penguin Classics, 1999.

4. NORWICH, Juliana de. *Revelations of Divine Love* [Revelações do amor divino]. Traduzido por Spearing.

5. A dívida de T.S. Eliot para com *Revelations*, de Juliana, é expressa no breve esboço biográfico contido em: NORWICH, Juliana de. *Revelations of Divine Love* [Revelações do amor divino]. Traduzido por Spearing.

6. ELIOT, T.S. *The Four Quartets* [Quatro quartetos]. Nova York: Mariner Books, 1968, p. 45.

7. NORWICH, Juliana de. *Revelations of Divine Love* [Revelações do amor divino]. Warrack, p. 62, 84.

8. BUNYAN, John. *The Pilgrim's Progress* [O peregrino]. Londres: Nathaniel Ponder, 1678, p. 1.

9. NORWICH, Juliana de. *Revelations of Divine Love* [Revelações do amor divino]. Warrack, p. 5.

10. Ibid., p. 8.

11. Ibid., p. 10.

12. Ibid., p. 11.

13. Ibid.

14. AGOSTINHO. *Confessions* [Confissões]. Traduzido por J.G. Pilkington. Edinburgh: T & T Clark: 1876, p. 1.

15. NORWICH, Juliana de. *Revelations of Divine Love* [Revelações do amor divino]. Traduzido por Spearing, esboço biográfico.

16. NORWICH, Juliana de. *Revelations of Divine Love* [Revelações do amor divino]. Editado por Warrack, p. 5.

17. Ibid.

18. Ibid., p. 22.

19. Ibid., p. 23.

20. Ibid., p. 54.

21. Ibid., p. 54-55.

22. Ibid., p. 63.

23. Ibid., p. 69-70.

24. Ibid., p. 71.

25. Ibid., p. 72.

26. Ibid.

27. Ibid., p. 74. Ênfase acrescentada.

Capítulo 15 | Martinho Lutero: o surgimento da Reforma e os milagres

1. MUELLER, E. (Trad.); ANSTADT, P. (Org.). *Luther's Explanatory Notes on the Gospels* [Notas explicativas de Lutero sobre os evangelhos]. York, PA: P. Anstadt & Sons, 1899, p. 93.

2. *The Encyclopaedia Britannica* [Enciclopédia britânica]. v. 17. 11 ed. "Martin Luther" [Martinho Lutero]. Nova York: The Encyclopaedia Britannica Company, 1911, p. 17:133-140. Este ensaio foi escrito pelo renomado historiador eclesiástico Thomas Martin Lindsey, doutor em Direito e em Divindade, diretor da United Free Church College, de Glasgow, e, por vezes, assistente do professor de Lógica e Metafísica na Universidade de Edimburgo, ex-professor de História Eclesiástica na F.C. College, em Glasgow. Entre suas obras, Lindsey é autor de dois textos acadêmicos conceituados: *A History of the Reformation* [História da Reforma]. Nova York: Charles Scribner's Sons, 1906; e *Luther and the German Reformation* [Lutero e a Reforma alemã]. Edinburgh: T & T Clark, 1900.

3. Ibid.

4. Ibid.

5. Ibid.

6. Ibid.

7. Ibid.

8. OBERMAN, Heiko. *Luther: Between God and the Devil* [Lutero: Entre Deus e o diabo]. New Haven: Yale University Press, 2006, p. 180.

9. Ibid., p. 182.

10. *The Encyclopaedia Britannica* [Enciclopédia britânica]. "Martin Luther" [Martinho Lutero].

11. "Bernard of Clairvaux: Medieval Reformer and Mystic" [Bernardo de Claraval: Reformador e místico medieval]. In: *Christian History* [História cristã]. Disponível em: *http://www.christianitytoday.com/ch/131christians/moversandshakers/bernardclairvaux.html*. Acesso em: 15 de março de 2012. Veja também: MCGUIRE, Brian Patrick (Org.). *Jean Gerson: Early Works* [Jean Gerson: Primeiras obras]. Mahwah, Nova Jersey: Paulist Press, 1998, p. ix, xiv.

12. *The Encyclopaedia Britannica* [Enciclopédia britânica]. "Martin Luther" [Martinho Lutero].

13. Ibid.

14. Ibid.

15. BAINTON, Roland. *Here I Stand: A Life of Martin Luther* [Aqui estou: Vida de Martinho Lutero]. Nova York: Penguin Books/Meridian, 1995, p. 63.

16. Ibid., p. 60.

17. MUELLER (Trad.); MUELLER (Org.). *Luther's Explanatory Notes on the Gospels* [Notas explicativas de Lutero sobre os evangelhos], p. 49-50.

18. Ibid., p. 47.

19. Ibid.

20. Ibid., p. 48.

21. Ibid. Ênfase acrescentada.

22. Ibid. Ênfase acrescentada.

23. Ibid., p. 93-94.

24. Ibid.

25. Ibid.

26. Ibid., p. 65.

27. Ibid.

28. Ibid.

29. Ibid., p. 347.

30. Ibid.

31. Ibid.

32. Ibid.

Capítulo 16 | Gilbert Burnet: a Igreja Anglicana e os milagres

1. BURNET, Gilbert. *An Exposition of the Thirty-Nine Articles of the Church of England* [Uma exposição dos 39 artigos da Igreja Anglicana]. Oxford: Oxford University Press, 1845, p. 24.

2. Descrição feita pelo acadêmico e escritor afro-americano David Bradley no documentário da PBS sobre U.S. Grant para a série *The American Experience* [A experiência norte-americana]. A transcrição deste documentário, onde consta a descrição de Grant feita por Bradley, está disponível em: *http://www.pbs.org/wgbh/americanexperience/features/transcript/usgrant-transcript/*.

3. CHISOLM, Hugh (Org.). *The Encyclopaedia Britannica* [Enciclopédia britânica]. 11 ed. Nova York: The Encyclopaedia Britannica Company, 1910, p. 4:851.

4. Ibid., p. 852.

5. CLARKE, T.E.S.; FOXCROFT, H.C. *A Life of Gilbert Burnet: Bishop of Salisbury* [Vida de Gilbert Burnet: Bispo de Salisbury]. Cambridge: At the University Press, 1907, p. 328.

6. BURNET. *An Exposition of the Thirty-Nine Articles of the Church of England* [Uma exposição dos 39 artigos da Igreja da Inglaterra], p. 28.

7. Ibid., p. 23.

8. Ibid., p. 46.

9. Ibid.

10. O resumo do argumento de Lewis feito por Lennox em comparação à rejeição dos milagres por David Hume aparece em: LAZO, Andrew; PHEMISTER, Mary Anne. *Mere Christians: Inspiring Stories of Encounters with C.S. Lewis* [Meros cristãos: Histórias inspiradoras de encontros com C.S. Lewis]. Grand Rapids, MI: Baker Books, 2009, p. 163.

11. BURNET. *An Exposition of the Thirty-Nine Articles of the Church of England* [Uma exposição dos 39 artigos da Igreja da Inglaterra], p. 46.

12. G.K. Chesterton, conforme citado em: KENNER, Hugh. *Paradox in Chesterton* [Paradoxo em Chesterton]. Londres: Sheed & Ward, 1947, p. 104.

13. BURNET. *An Exposition of the Thirty-Nine Articles of the Church of England* [Uma exposição dos 39 artigos da Igreja da Inglaterra], p. 65. Ênfase acrescentada.

14. Ibid., p. 66. Ênfase acrescentada.

15. Ibid.

16. Ibid.

17. Ibid., p. 76.

18. Ibid., p. 75.

19. Ibid., p. 77-78.

Capítulo 17 | Jonathan Edwards: o Grande Despertamento e os milagres

1. MARSDEN, George. *Jonathan Edwards: A Life* [Jonathan Edwards: Uma vida]. New Haven: Yale University Press, 2004, p. 236.

2. MANGALWADI, Vishal. *The Book That Made Your World: How the Bible Created the Soul of Western Civilization* [O livro que construiu seu mundo: Como a Bíblia criou a alma da civilização ocidental. Nashville: Thomas Nelson, 2011, p. 378.

3. MARSDEN. *Jonathan Edwards: A Life* [Jonathan Edwards: Uma vida], p. 227.

4. Devo muito ao excelente resumo de Jeff Lacine sobre as ações divisoras de Davenport, que faz parte do artigo: "The Pastoral Touch of Jonathan Edwards: Three Examples" [O toque pastoral de Jonathan Edwards: Três exemplos]. In: *Desiring God*. 11 de setembro de 2010. Disponível em:

http://www.desiringgod.org/blog/posts/the-pastoral-touch-of-jonathan-edwards--threeexamples. Acesso em: 15 de março de 2012.

5. As informações e o resumo presentes neste parágrafo foram retirados de: MARSDEN. *Jonathan Edwards: A Life* [Jonathan Edwards: Uma vida], p. 233.

6. Ibid.

7. EDWARDS, Jonathan. *The Works of President Edwards* [Obras do presidente Edwards]. Nova York: Leavitt & Allen, 1858, p. 1:525.

8. Ibid.

9. Ibid.

10. Ibid., p. 526.

11. Ibid., p. 527.

12. Ibid.

13. Ibid.

14. Ibid.

15. Ibid., p. 528.

16. Ibid.

17. Ibid., p. 528-529.

18. Ibid.

19. Ibid., p. 531.

20. Ibid.

21. Ibid. Alterei um pouco a ordem das palavras nesta citação em prol da clareza.

22. Ibid.

23. Ibid., p. 539.

24. Ibid., p. 541.

25. Ibid., p. 543.

26. Ibid., p. 544.

27. Ibid.

Capítulo 18 | David Hume: o argumento contra os milagres e as razões para a fé

1. MACDONALD, George. *The Miracles of Our Lord* [Os milagres de nosso Senhor]. Londres: Strahan & Co. Publishers, 1870, p. 5.

2. Uma descrição dos dons de Hume como polemista é feita em: *A Encyclopaedia Britannica* [Enciclopédia britânica]. 11 ed. Nova York: The Encyclopaedia Britannica Company, 1910, p. 13:883.

3. LOCKE, John; ELIOT, Charles W. *English Philosophers of the Seventeenth and Eighteenth Centuries: Locke, Berkeley and Hume* [Filósofos ingleses do século 17 e 18: Locke, Berkeley e Hume]. Nova York: P.F. Collier & Son, 1910, p. 401.

4. HUME, David. *Essays and Treatises on Several Subjects* [Ensaios e tratados sobre assuntos diversos]. 3 ed. Londres: A. Millar, 1756, p. 2:175. Ênfase acrescentada.

5. Ibid.

6. *The Dictionary of National Biography* [Dicionário de biografia nacional]. "Garvie". Londres: Oxford University Press, 1959.

7. *The Encyclopaedia Britannica* [Enciclopédia britânica], p. 18:572.

8. Ibid. Ênfase no original.

9. O célebre teólogo Dr. Gordon Fee escreveu que é possível afirmar, com segurança, que 1Coríntios foi redigido na primavera, entre os anos 53 e 55 d.C. Consulte: FEE, Gordon. *The First Epistle to the Corinthians: New International Commentary on the New Testament* [A primeira epístola aos coríntios: Novo comentário internacional sobre o Novo Testamento]. Grand Rapids, MI: Eerdmans, 1987, p. 15.

10. *The Encyclopaedia Britannica* [Enciclopédia britânica], p. 18:572.

11. Ibid., p. 20:629.

12. PALEY, William. *Archdeacon Paley's View of the Evidences of Christianity* [Visão do bispo Paley sobre as evidências do cristianismo]. Filadélfia: James Kay, 1843, p. 15.

13. Ibid.

14. Ibid., p. 18.

15. Ibid.

16. Ibid.

17. CHESTERTON, G.K.; CLIPPER, Lawrence J. (Org.). *The Collected Works of G.K. Chesterton: The Illustrated London News, 1932-1934* [Obras compiladas de G.K. Chesterton: *The Illustrated London News*, 1932-1934]. São Francisco: Ignatius, 2011, p. 36:561.

18. LEWIS, C.S. *The Chronicles of Narnia* [As crônicas de Nárnia]. Nova York: HarperCollins Publishers, 2001, p. 131-132.

19. Ibid.

20. Ibid.

21. CHESTERTON. *The Collected Works of G.K. Chesterton* [Obras compiladas de G.K. Chesterton], p. 36:561-562.

22. CHESTERTON, G.K. "On Believing in Miracles" [Sobre a crença em milagres]. In: *Illustrated London News*; cf. CHESTERTON, p. 36:563-564.

23. PALEY, William. *The Works of William Paley, Complete in One Volume* [Obras de William Paley completas em volume único]. Filadélfia: J.J. Woodward, 1831, p. 387-391.

24. LENNOX, John C. *God's Undertaker* [Coveiro de Deus]. Oxford: Lion Books, 2007, p. 82.

25. HUME, David. *A Treatise of Human Nature [Tratado sobre a natureza humana]*. Londres: Longmans, Green, and Co., 1909, p. 2:393.

26. LENNOX. *God's Undertaker* [Coveiro de Deus], p. 82.

27. SOBER, Elliott. *Philosophy of Biology* [Filosofia da biologia]. Boulder CO: Westview Press, 1993, p. 34.

28. LENNOX. God's Undertaker [Coveiro de Deus], p. 83.

29. Ibid.

30. Ibid.

31. Ibid.

32. Ibid.

33. Ibid.

34. Ibid., p. 83-84.

35. Ibid., p. 84.

36. Ibid.

37. Ibid. Ênfase acrescentada.

38. Sir John Polkinghorne, conforme citado: LENNOX. *God's Undertaker* [Coveiro de Deus], p. 84.

Capítulo 19 | George Washington: milagres no meio da batalha

1. HAMILTON, Charles (Org.). *Braddock's Defeat: The Journal of Captain Robert Cholmley's Batman, The Journal of a British Officer, Halkett's Orderly Book, with an Introduction and Notes by Charles Hamilton* [A derrota de Braddock: O diário do assistente do capitão Robert Cholmley, o diário de um oficial britânico, o livro do servente de Halkett, com introdução e notas de Charles Hamilton]. Norman: University of Oklahoma Press, 1959, p. 30.

2. CRAIK, James. In: KOPPERMAN, Paul E. (Org.). *Braddock at the Monongahela* [Braddock em Monongahela]. Pittsburgh: U. of Pittsburgh Press, 1992, p. 302.

3. George Washington, conforme citado em: MORRISON, Jeffry H. *The Political Philosophy of George Washington* [A filosofia política de George Washington]. Baltimore: Johns Hopkins University Press, 2009, p. 144.

4. MORRISON, Jeffry H. *The Political Philosophy of George Washington* [A filosofia política de George Washington]. Baltimore: Johns Hopkins Univer-

sity Press, 2009, p. 137. Aqui, Morrison escreveu que Washington "foi anglicano desde o berço até o túmulo". Além disso, como Morrison observou, Washington "assinou o juramento de conformidade à igreja estabelecida em 1756 e foi colaborador e curador da Pohick Church e da Christ Chuch em Alexandria [Virgínia], na paróquia Truro".

5. Ibid., p. 143. Aqui, Morrison observou que Washington fez a declaração sobre "o sapientíssimo senhor dos acontecimentos" em uma carta ao procurador-geral dos Estados Unidos durante o período em que "estava considerando a possibilidade de se candidatar ao segundo mandato da presidência".

6. Expressão proveniente do título do clássico estudo de James Thomas Flexner: *Washington: The Indispensable Man* [Washington: O homem indispensável]. Boston: Little, Brown and Company, 1969.

7. WASHINGTON, George. "The Braddock Campaign" [A campanha de Braddock]. In: *Scribner's Magazine*. Nova York: Charles Scribner's Sons, 1893, p. 13:530-537. A fim de haver precisão na pontuação e ortografia, comparei o texto de Scribner com o texto mais fidedigno, presente na edição *The Library of America*, de *Writings* [Escritos] de Washington.

8. Atualizei a ortografia da carta de Washington, a qual foi publicada em meio eletrônico pela *Library of Congress* em: *http://memory.loc.gov/cgi-bin/query/r?ammem/mgw:@field(DOCID+@lit(gw010115))*.

9. "George Washington's Boyhood Home" [Casa da infância de George Washington]. In: *Stafford Virginia Website*. Disponível em: *http://www.tourstaffordva.com/George-Washingtons-Boyhood-Home.cfm*.

10. Texto recitado no trailer do documentário produzido pelo *National Geographic Channel*, de nome *George Washington Revealed* [George Washington revelado]. Disponível em: *http://video.nationalgeographic.com/video/national-geographic-channel/specials-1/history-events/ngc-george-washington-revealed/*.

11. MORRISON. *The Political Philosophy of George Washington* [A filosofia política de George Washington], p. 140.

12. Esta expressão, bem como o texto da carta que a contém, podem ser encontrados em: "George Washington Papers at the Library of Congress, 1741-1799". In: *Library of Congress Website*. Disponível em: *http://www.loc.gov/teachers/classroommaterials/connections/georgewashington/history.html*.

13. DOUGLAS, J.D.; TENNEY, Merrill C. *The Zondervan Illustrated Bible Dictionary* [Dicionário bíblico ilustrado Zondervan]. Revisado por Moises Silva. Grand Rapids, MI: Zondervan, 2011, p. 1185.

14. Ibid.

15. Como o Dr. Jeffry Morrison escreveu: "Durante a vida, Washington foi um membro ativo na comunhão anglicana." In: MORRISON. *The Political Philosophy of George Washington* [A filosofia política de George Washington], p. 137.

16. Ibid.

Capítulo 20 | Graça transformadora: milagres na vida de William Wilberforce

1.WILBERFORCE, Robert; WILBERFORCE, Samuel. The Life of William Wilberforce [A vida de William Wilberforce]. 5 v. Londres: John Murray, 1838. Outras citações foram retiradas de: HARFORD, John. Recollections of William Wilberforce [Memórias de William Wilberforce]. Londres: Longman, Green, Longman, Roberts, & Green, 1865. Algumas citações também foram retiradas de livros do autor sobre William Wilberforce: William Wilberforce: A Hero for Humanity [William Wilberforce: um herói da humanidade]. Grand Rapids, MI: Zondervan, 2007; A Journey Through the Life of William Wilberforce [Uma viagem pela vida de William Wilberforce]. Green Forest, AR: New Leaf, 2007.

2. TRAHERNE, Thomas. *The Works of Thomas Traherne* [Obras de Thomas Traherne]. Editado por Bertram Dobell. Cambridge: D.S. Brewer, 2005, p. 1:76.

3. WIERSBE, Warren W. *The Wiersbe Bible Commentary: The Complete New Testament* [Comentário bíblico Wiersbe: Novo Testamento completo]. Colorado Springs, CO: David C. Cook, 2007, p. 339.

4. WILBERFORCE, Robert; WILBERFORCE, Samuel. *The Life of William Wilberforce* [A vida de William Wilberforce]. Londres: John Murray, 1838, p. 3:341. Veja também p. 4:344.

5. Ibid., p. 3:489.

Capítulo 21 | O leão de Northfield: a história de D.L. Moody e os milagres

1. FITT, A. P.; MOODY, Paul Dwight. *The Shorter Life of D.L. Moody* [A vida de D.L. Moody mais resumida]. Chicago: The Bible Institute Colportage Association, 1900, p. 1:20.

2. Ibid., p. 99-100.

3. Ibid., p. 100.

4. Ibid.

5. Ibid.

6. Ibid., p. 100-101.

7. Ibid., p. 101.

8. Ibid.

9. Ibid.

10. Ibid., p. 101-102.

11. Ibid., p. 102.

12. Ibid.

13. Ibid.

14. Ibid.

15. Ibid.

16. Ibid., p. 102-103.

17. Ibid.

18. Ibid., p. 103.

19. Esta história foi adaptada do relato de Will Moody sobre a Feira Mundial de Chicago de 1893, conforme registrado em: MOODY, William R. *The Life of Dwight L. Moody* [A vida de Dwight L. Moody]. Chicago: Fleming H. Revell, 1900, p. 409-418.

20. Ibid.

21. Ibid.

22. Ibid.

23. MOODY. *The Life of Dwight L. Moody* [A vida de Dwight L. Moody], p. 413.

24. Ibid., p. 413-418.

25. Este valor foi determinado a partir de dados do *Consumer Price Index* [Índice de preços do consumidor] no site: *http://www.measuringworth.com/uscompare/result.php?use%5B%5D=DOLLAR&use%5B%5D=GDPDEFLATION&use%5B%5D=VCB&use%5B%5D=UNSKILLED&use%5B%5D=MANCOMP&use%5B%5D=NOMGDPCP&use%5B%5D=NOMINALGDP&year_source=1893&amount=800&year_result=2009*. Acesso em: 16 de março de 2012.

26. POLLOCK, John. *Moody*. Grand Rapids, MI: Zondervan, 1967, p. 284.

27. As informações e a citação presentes neste parágrafo e nos parágrafos adjacentes foram retiradas de: BELMONTE, Kevin. *D.L. Moody*. Nashville: Thomas Nelson, 2010, p. 153. Veja também: MOODY. *The Life of Dwight L. Moody* [A vida de Dwight L. Moody], p. 415.

28. MOODY. *The Life of Dwight L. Moody* [A vida de Dwight L. Moody], p. 415.

29. Ibid., p. 416.

30. Ibid.

31. Os parágrafos anteriores foram baseados em informações e textos encontrados em: MOODY. *The Life of Dwight L. Moody* [A vida de Dwight L. Moody], p. 416-417.

32. Ibid., p. 417.

33. Ibid., p. 417-418.

34. Esta história foi adaptada do relato de Will Moody sobre a Feira Mundial de Chicago de 1893, conforme registrado em: MOODY. *The Life of Dwight L. Moody* [A vida de Dwight L. Moody], p. 409-418.

Capítulo 22 | Ortodoxia oriental: milagres de majestade e mistério

1. WARE, Kallistos. *The Orthodox Way* [O caminho ortodoxo]. Crestwood, NY: St. Vladimir's Seminary Press, 1979, p. 7.

2. PENTUIC, Eugen; NAJIM, Michael et al. *The Orthodox Study Bible* [Bíblia de estudos ortodoxa]. Nashville: Thomas Nelson, 2008, p. 1783.

3. CHRYSSAVGIS, John. *In the Heart of the Desert: The Spirituality of the Desert Fathers and Mothers* [No coração do deserto: A espiritualidade dos pais e das mães do deserto]. Bloomington, IN: World Wisdom, Inc., 2008, p. 95.

4. Ibid., p. 93. Ênfase acrescentada.

5. Ibid.

6. Ibid., p. 94.

7. CHESTERTON, G.K. *Orthodoxy* [Ortodoxia]. Nova York: John Lane Company, 1909, p. 82-83.

8. PENTUIC, Eugen; NAJIM, Michael et al. "Marriage" [Casamento]. In: *The Orthodox Study Bible* [Bíblia de estudos ortodoxa]. Nashville: Thomas Nelson, 2008, p. 1607.

9. Ibid.

10. Ibid.

11. Ibid.

12. BAYNES, Pauline. "About the Nicene Creed" [Sobre o Credo Niceno]. In: *I Believe: The Nicene Creed* [Eu creio: O Credo Niceno]. Grand Rapids, MI: William B. Eerdmans Publishing Co., 2003, páginas iniciais.

13. PENTUIC, Eugen; NAJIM, Michael et al. *The Orthodox Study Bible* [Bíblia de estudos ortodoxa]. Nashville: Thomas Nelson, 2008, p. 1791.

14. BURN, Andrew Ewbank. *The Nicene Creed* [O Credo Niceno]. Nova York: Edwin S. Gorham, 1909, p. 62-63.

15. WARE. *The Orthodox Way* [O caminho ortodoxo], p. 94.

16. Ibid.

17. Ibid., p. 93.
18. Ibid., p. 93-94.
19. Ibid., p. 8.

Capítulo 23 | Mulher do sorriso radiante: a vida de Corrie Ten Boom e os milagres

1. Transcrição de lembranças compartilhadas por Corrie Ten Boom durante entrevista ao canal CBN, gravada em 1974 e disponível no YouTube em: *http://www.youtube.com/watch?v=038cuYe3Nis.*

2. Ibid.

3. Ibid. Ênfase acrescentada.

4. Esta citação, bem como os parágrafos imediatamente precedentes, são um resumo de: TEN BOOM, Corrie. "I'm Still Learning to Forgive" [Eu ainda estou aprendendo a perdoar]. In: *Guideposts*. Disponível em: *http://www.pbs.org/wgbh/questionofgod/voices/boom.html*. Acesso em: 16 de março de 2012.

Capítulo 24 | *O rei dos reis*: milagres na idade de ouro do cinema

1. TERTULIANO. *The Epistle of the Gallican Churches, Lugdunum and Vienna* [A epístola das igrejas galicanas, Lugduno e Viena]. Traduzido por T. Herbert Bindley. Londres: The Society for Promoting Christian Knowledge, 1900, p. 61.

2. De cópia promocional escrita para o lançamento da *Criterion Collection* de *O rei dos reis*. Disponível em: *http://www.criterion.com/films/949-the-king-of-kings*.

3. MURRAY, John A. "The Gospel According to Hollywood" [O evangelho segundo Hollywood]. In: *Wall Street Journal*. Disponível em: *http://online.wsj.com/article/SB10001424052748703916004576270452682016860.html*. Acesso em: 16 de março de 2011.

4. Ibid.

5. HAYNE, Donald (Org.). *The Autobiography of Cecil B. DeMille* [Autobiografia de Cecil B. DeMille]. Englewood Cliffs, CA: Prentice-Hall, 1959, p. 283.

6. MURRAY. "The Gospel According to Hollywood" [O evangelho segundo Hollywood].

7. HAYNE (Org.). *The Autobiography of Cecil B. DeMille* [Autobiografia de Cecil B. DeMille], p. 283-284.

8. Ibid., p. 284. Ênfase no original.

9. MURRAY. "The Gospel According to Hollywood" [O evangelho segundo Hollywood].

Capítulo 25 | Joy Lewis: o milagre da cura

1. MATHESON, George. *The Christian Work and the Evangelist* [A obra cristã e o evangelista]. Nova York: Bible House, 1910, p. 88:562.

2. BENÉT, Stephen Vincent. "Foreword" [Prefácio]. In: DAVIDMAN, Joy. *Letter to a Comrade* [Carta a um colega]. New Haven: Yale University Press, 1938.

3. Ibid.

4. Ibid., p. 40.

5. Joy Davidman Gresham, conforme citada em: HOOPER, Walter. *C.S. Lewis: A Complete Guide to His Life & Works* [C.S. Lewis: Guia completo de sua vida e suas obras]. Nova York: HarperCollins Publishers, 1996, p. 59.

6. GRESHAM, Douglas. *Lenten Lands* [Terras da quaresma]. Nova York: Macmillan, 1988, p. 45.

7. O divórcio foi concretizado em 5 de agosto de 1954. HOOPER, Walter (Org.). *The Collected Letters of C.S. Lewis: Narnia, Cambridge and Joy, 1950-1963* [Coletânea de cartas de C.S. Lewis: Nárnia, Cambridge e Joy, 1950-1963]. Nova York: HarperCollins, 2007, p. 1675.

8. GRESHAM, Douglas. *Jack's Life* [A vida de Jack]. Nashville: Broadman & Holman Publishers, 2005, p. 146.

9. HOOPER. *C.S. Lewis: A Companion and Guide* [C.S. Lewis: Manual e guia], p. 77-78.

10. Ibid., p. 78.

11. Ibid.

12. Ibid., p. 79.

13. Ibid.

14. Ibid.

15. Ibid.

16. Ibid.

17. Ibid., p. 79-80.

18. SAYER, George. *Jack: C.S. Lewis and His Times* [C.S. Lewis e sua época]. São Francisco: Harper & Row, 1988, p. 222.

19. HOOPER. *C.S. Lewis: A Companion and Guide* [C.S. Lewis: Manual e guia], p. 80. Veja também: SAYER. *Jack: C. S. Lewis and His Times* [C.S. Lewis e sua época], p. 222. Lyle W. Dorsett está entre os estudiosos que afir-

mam que Lewis tinha sentimentos românticos em relação a Joy Gresham Davidman nessa época.

20. HOOPER. *C.S. Lewis: A Companion and Guide* [C.S. Lewis: Manual e guia], p. 80.

21. GRESHAM. *Lenten Lands* [Terras da quaresma], p. 76.

22. Ibid.

23. HOOPER. *C.S. Lewis: A Companion and Guide* [C.S. Lewis: Manual e guia], p. 697.

Capítulo 26 | África: milagres no continente amado por Deus

1. HARBOTTLE, Thomas Benfield. *A Dictionary of Classical Quotations* [Dicionário de citações clássicas]. Nova York: Macmillan, 1906, p. 262.

2. SANNEH, Lamin. *Whose Religion Is Christianity? The Gospel Beyond the West* [Cristianismo é religião de quem? O evangelho além do Ocidente]. Grand Rapids, MI: William B. Eerdmans Company, 2003, p. 14.

3. Ibid.

4. FOWLER, William Wade. "Bona Dea". In: *The Encyclopaedia Britannica,* [Enciclopédia britânica]. 11 ed. Nova York: The Encyclopaedia Britannica Company, 1910, p. 4:191.

5. Ibid., p. 2:909.

6. Ibid.

7. OLIVER, R. A.; ATMORE, Anthony. *Medieval Africa: 1250-1800* [África medieval: 1250-1800]. Cambridge: Cambridge University Press, 2001, p. 14.

8. Ibid.

9. PERRY, Ken (Org.). *The Blackwell Companion to Eastern Christianity* [Manual Blackwell para o cristianismo oriental]. Oxford: Blackwell Publishing, Ltd., 2010, p. 117.

10. Ibid., p. 118.

11. Ibid.

12. Ibid.

13. PERSAUD, Trevor. "This Time for Africa" [Desta vez para a África]. In: *Christianity Today.* Disponível em: *http://www.christianitytoday.com/ct/2010/octoberweb-only/51-11.0.html.*

14. Ibid.

15. Ibid.

16. Ibid.

17. SANNEH, Lamin. *Whose Religion Is Christianity? The Gospel Beyond the West* [Cristianismo é religião de quem? O evangelho além do ocidente], p. 15.

18. Ibid., p. 39.

19. PARRIS, Matthew. "As an Atheist, I Truly Believe Africa Needs God" [Como ateu, eu realmente acredito que a África precisa de Deus]. In: *Times of London*. 27 de dezembro de 2008. Disponível em: *http://www.timesonline.co.uk/tol/comment/columnists/matthew_parris/article5400568.ece*.

20. Ibid.

21. Ibid.

22. Ibid.

23. Ibid.

24. Ibid.

25. Ibid.

26. Ibid.

27. Ibid.

28. Ibid.

29. Ibid.

Capítulo 27 | Clyde Kilby: alegria e o milagre da existência

1. MONTGOMERY, James. *The Poetical Works of James Montgomery* [Obras poéticas de James Montgomery]. Londres: Longman, Rees, Orme, Brown, Green & Longman, 1836, p. 1:234.

2. PIPER, John. "10 Resolutions for Mental Health" [Dez resoluções para a saúde mental]. In: *Desiring God*. 31 de dezembro de 2007. Disponível em: *http://www.desiringgod.org/blog/posts/10-resolutions-for-mental-health*.

3. Ibid.

4. Veja Salmos 139:14 e a letra do hino "O mundo é de meu Deus", de Maltbie Babcock.

5. PETERSEN, William; PETERSEN, Ardythe. *The Complete Book of Hymns* [Hinário completo]. Carol Stream, IL: Tyndale, 2006, p. 84.

6. PIPER, John. "10 Resolutions for Mental Health" [Dez resoluções para a saúde mental].

7. Ibid.

8. Ibid.

9. Ibid.

10. Ibid.

11. Clyde Kilby, conforme citado em: PIPER, John. "Clyde Kilby's Resolutions for Mental Health and for Staying Alive to God in Nature" [Resoluções de Clyde Kilby para a saúde mental e para permanecer vivo para Deus na natureza]. In: *Desiring God.* Disponível em: *http://www.desiringgod.org/resource-library/taste-see-articles/clyde-kilbys-resolutions-formental-health-and-for-staying-alive-to-god-in-nature*. Acesso em: 15 de março de 2012.

12. CARROLL, Lewis. *Through the Looking Glass and What Alice Found There* [Alice através do espelho e o que ela encontrou por lá]. Filadélfia: Henry Altemus Company, 1897, p. 11.

13. PIPER, John. "Happy Birthday, Clyde Kilby" [Feliz aniversário, Clyde Kilby]. In: *Desiring God.* 25 de setembro de 2008. Disponível em: *http://www.desiringgod.org/blog/posts/happy-birthday-clyde-kilby/print*.

14. Ibid.

15. Ibid.

16. Ibid.

17. Ibid.

Capítulo 28 | A graça de um sonho: milagres no meio acadêmico

1. CHAUCER, Geoffrey. *The Canterbury Tales* [Os contos de Canterbury]. Traduzido por Neville Coghill. Londres: Penguin Books, 2003, p. 489.

2. ORDWAY, Holly. *Not God's Type* [Não faço o tipo de Deus]. Chicago: Moody Publishers, 2010, p. 15-16.

3. Ibid.

4. Ibid., p. 25.

5. Ibid., p. 28.

6. LEWIS, C.S. *Surprised by Joy* [Surpreendido pela alegria]. Nova York: Harcourt, Brace Jovanovich, 1955, p. 191. Ênfase no original.

7. HERBERT, George. *The Complete Works in Verse and Prose of George Herbert* [Obras completas em verso e prosa de George Herbert]. Editado pelo Rev. Alexander B. Grosart (impresso para circulação privada, 1874), p. 2:lxxxi. Esta expressão aparece no terceiro verso do poema "Prayer" [Oração], de Herbert.

8. ORDWAY. *Not God's Type* [Não faço o tipo de Deus], p. 31.

9. GRIERSON, Herbert J.C. (Org.). *Metaphysical Lyrics & Poems of the Seventeenth Century, Donne to Butler* [Versos e poemas metafísicos do século XVII, de Donne a Butler]. Oxford: At the Clarendon Press, 1921, p. 88.

10. ORDWAY. *Not God's Type* [Não faço o tipo de Deus], p. 31.

11. Ibid.

12. E-mail de Holly Ordway para Kevin Belmonte em 9 de setembro de 2011.

13. ORDWAY. *Not God's Type* [Não faço o tipo de Deus], p. 32.

14. Ibid.

15. MORELAND, J. P.; NIELSEN, Kai (Orgs.). *Does God Exist?* [Deus existe?] Amherst, NY: Prometheus Books, 1993, p. 16. Cf.: ORDWAY. *Not God's Type* [Não faço o tipo de Deus], p. 58.

16. ORDWAY. *Not God's Type* [Não faço o tipo de Deus], p. 58.

17. MORELAND; NIELSEN (Orgs.). *Does God Exist?* [Deus existe?], p. 18.

18. ORDWAY. *Not God's Type* [Não faço o tipo de Deus], p. 60.

19. E-mail de Holly Ordway para Kevin Belmonte em 5 de setembro de 2011.

20. ORDWAY. *Not God's Type* [Não faço o tipo de Deus], p. 133.

21. Ibid.

22. Ibid.

23. Ibid.

24. RUSH, Benjamin. *An Oration, Delivered Before the American Philosophical Society: An Enquiry into the Influence of Physical Causes Upon the Moral Faculty* [Um discurso para a sociedade filosófica norte-americana: Investigação sobre a influência das causas físicas na faculdade mental]. Filadélfia: Charles Cist, 1786, p. 10.

25. CHESTERTON, G.K. "The God in the Cave" [O Deus na caverna]. In: *The Everlasting Man* [O homem eterno]. Nova York: Dodd, Mead and Company, 1925, p. 209.

Capítulo 29 | O Deus de toda a esperança: milagres no quebrantamento

1. BROOKS, Thomas. *The Complete Works of Thomas Brooks* [Obras completas de Thomas Brooks]. Edinburgh: James Nichol, 1866, p. 3:37.

2. Sofonias 3:17: "O SENHOR, o seu Deus, está em seu meio, poderoso para salvar."

3. Esta citação e todas as que a seguem são provenientes da transcrição de uma entrevista conduzida por Kevin Belmonte com o pastor Mark Rivera em Bethany Church [Igreja Betânia], Greenland, New Hampshire, em 15 setembro de 2011, quinta-feira.

1. COWPER, William. "Light Shining Out of Darkness" [Luz brilhando das trevas]. In: *The Olney Hymns, The Complete Poetical Works of William Cowper* [Hinos Olney, obras poéticas completas de William Cowper]. Editado por H.S. Milford. Londres: Henry Frowde, 1905, p. 455, versos 1-8.

2. Citação de Lady Davson, presidente da *International Ecumenical Fellowship* [Sociedade Ecumênica Internacional] e terceira bisneta de William Wilberforce, proferida em conversa telefônica com o autor em 23 de setembro de 2011.

3. MOODY, D.L. Life Words [Palavras de vida]. Londres: John Snow & Co., 1875, p. 92.

Referências bibliográficas

ALCORN, Randy. *Heaven* [Céu]. Carol Stream, IL: Tyndale House Publishers, Inc., 2004.

AQUINO, Tomás de. *Of God and His Creatures: An Annotated Translation (with Some Abridgement) of the Summa Contra Gentiles of Saint Thomas Aquinas* [Sobre Deus e suas criaturas: Uma tradução comentada (um pouco resumida) de *Summa Contra Gentiles*, de São Tomás de Aquino]. Editado por Joseph Rickaby. Londres: Burns & Oates, 1905.

______. *The Summa Contra Gentiles*. Traduzida pelos padres dominicanos ingleses. Londres: Burns, Oates & Washbourne, Ltd., 1924.

______. *The Summa Theologica, Part I* [Suma teológica, parte 1]. Traduzido literalmente pelos padres da província dominicana inglesa. Londres: R & T. Washbourne, Ltd., 1912.

AGOSTINHO. *Confessions* [Confissões]. Traduzido por Garry Wills. Nova York: Penguin Classics, 2008.

______. *Essential Sermons* [Sermões essenciais]. Traduzido por Edmund Hill. Hyde Park, NY: New City Press, 2007.

______. *The City of God*, vol. 1 [Cidade de Deus, v. 1]. Editado pelo Rev. Marcus Dods. Edinburgh: T & T Clark, 1888.

______. *The Confessions* [Confissões]. Traduzido por J.G. Pilkington. Edinburgh: T & T Clark: 1876.

______. *The Confessions of St. Augustine, with an Introduction by Charles W. Eliot* [Confissões de Santo Agostinho com introdução de Charles W. Eliot]. Nova York: P. F. Collier & Son, Company, 1909.

BAINTON, Roland. *Here I Stand: A Life of Martin Luther* [Aqui estou: Vida de Martinho Lutero]. Nova York: Penguin Books/Meridian, 1995.

BARTON, Bruce D.; VEERMAN, David R.; TAYLOR, Linda K. *Hebrews* [Hebreus]. Editado por James Galvin, Ronald Beers e Philip Comfort. Carol Stream, IL: Tyndale Publishers, 1997.

BAYNES, Pauline. *I Believe: The Nicene Creed* [Eu creio: O Credo Niceno]. Grand Rapids, MI: William B. Eerdmans Publishing Co., 2003.

BROWN, Peter. *Augustine of Hippo: A Biography* [Agostinho de Hipona: Uma biografia]. Berkeley: University of California Press, 2000.

BRUCE, F.F. *The New Testament Documents: Are They Reliable?* [Documentos do Novo Testamento: São confiáveis?] Grand Rapids, MI: William B. Eerdmans Publishing Company, 1981.

BUNYAN, John. *The Pilgrim's Progress* [O peregrino]. Londres: Nathaniel Ponder, 1678.

BURN, A.E. *The Nicene Creed* [O Credo Niceno]. Nova York: Edwin S. Gorham, 1909.

BURNET, Gilbert. *An Exposition of the Thirty-Nine Articles of the Church of England* [Uma exposição dos 39 artigos da Igreja da Inglaterra]. Oxford: Oxford University Press, 1845.

CARD, Michael. *The Name of the Promise Is Jesus* [O nome da promessa é Jesus]. Nashville: Thomas Nelson, 1993.

CHARBONNIER, Jean-Pierre. *Christians in China: A.D. 600 to 2000* [Cristãos na China: 600 a 2000 d.C.]. São Francisco: Ignatius Press, 2007.

CHESTERTON, G.K. *Collected Works of G.K. Chesterton: The Illustrated London News, 1932-1934* [Obras compiladas de G.K. Chesterton: *The Illustrated London News*, 1932-1934]. v. 36. São Francisco: Ignatius: 2011.

______. *Gloria in Profundis*. Londres: Faber and Gwyer, 1927.

______. *Orthodoxy* [Ortodoxia]. Nova York: John Lane, 1909.

______. *Poems* [Poemas]. Nova York: Dodd, Mead and Company, 1922.

______. *St. Thomas Aquinas: The Dumb Ox* [São Tomás de Aquino: O boi mudo]. Nova York: Random House, 1974.

______. *The Ball and the Cross* [A esfera e a cruz]. Nova York: John Lane Company, 1909.

______. *The Everlasting Man* [O homem eterno]. Nova York: Dodd, Mead and Company, 1925.

______. *The Innocence of Father Brown* [A inocência do padre Brown]. Londres: Cassell & Company, Ltd., 1911.

CHRYSSAVGIS, John. *In the Heart of the Desert: The Spirituality of the Desert Fathers and Mothers* [No coração do deserto: A espiritualidade dos pais e das mães do deserto]. Bloomington, IN: World Wisdom, Inc., 2008.

CLARKE, T.E.S.; FOXCROFT, H.C. *A Life of Gilbert Burnet: Bishop of Salisbury* [Vida de Gilbert Burnet: Bispo de Salisbury]. Cambridge: Cambridge University Press, 1907.

DANIELS, William Haven. *D.L. Moody and His Work* [D.L. Moody e sua obra]. Londres: Hodder & Stoughton, 1875.

DAVIDMAN, Joy. *Letter to a Comrade* [Carta a um colega]. New Haven: Yale University Press, 1938.

DOSTOEVSKY, Fyodor. *The Brothers Karamazov* [Os irmãos Karamazov]. Traduzido do russo por Constance Garnett. Nova York: The Macmillan Company, 1922.

DUNNAM, Maxie D. *Exodus* [Êxodo]. *The Preacher's Commentary* [Comentário do pregador]. v. 2. Nashville: Thomas Nelson, 2002.

EDWARDS, Jonathan. *The Works of President Edwards* [Realizações do presidente Edwards]. v. 1. Nova York: Leavitt & Allen, 1858.

ELIOT, T.S. *The Four Quartets* [Quatro quartetos]. Nova York: Mariner Books, 1968.

ELWELL, Walter A. (Org.). *The Evangelical Dictionary of Theology* [Dicionário evangélico de teologia]. Grand Rapids, MI: Baker Academic, 2001.

ENNS, Peter. *Exodus: The NIV Application Commentary* [Êxodo: Comentário com aplicação da NVI]. Grand Rapids, MI: Zondervan/HarperCollins, 2000.

FARRANT, Jean. *Mashonaland Martyr: Bernard Mizeki and the Pioneer Church* [Mártir de Mashonaland: Bernard Mizeki e a igreja pioneira]. Cidade do Cabo: Oxford University Press, 1966.

FAUSSET, A.R. *The Critical and Expository Bible Cyclopaedia* [Enciclopédia crítica e expositiva da Bíblia]. Londres: Hodder and Stoughton, 1893.

FITT, A.P.; MOODY, Paul Dwight. *The Shorter Life of D.L. Moody* [A vida de D.L. Moody mais resumida]. v. 1. Chicago: The Bible Institute Colportage Association, 1900.

FLEXNER, Thomas. *Washington: The Indispensable Man* [Washington: O homem indispensável]. Boston: Little, Brown and Company, 1969.

GODET, Frédéric Louis. *Commentary on the Gospel of St. John* [Comentário sobre o evangelho de São João]. Edinburgh: T & T Clark, 1881.

GRAHAM, Billy. *Angels* [Anjos]. Nashville: Thomas Nelson, 1995.

______. *The Holy Spirit* [O Espírito Santo]. Nashville: Thomas Nelson, 2000.

______. *The Secret of Happiness* [O segredo da felicidade]. Nashville: Thomas Nelson, 2002.

GRANT, Michael. *Myths of the Greeks and Romans* [Mitos dos gregos e romanos]. Nova York: Penguin Books USA Inc., 1962.

GREENE, William Chase. *Moira: Fate, Good and Evil in Greek Thought* [*Moira*: Destino, bem e mal no pensamento grego]. Cambridge: Harvard University Press, 1948.

GREIDANUS, Sidney. *Preaching Christ from the Old Testament: A Contemporary Hermeneutical Method* [Pregando Cristo a partir do Antigo Testamento: Um método hermenêutico contemporâneo]. Grand Rapids, MI: William B. Eerdmans, 1999.

GRESHAM, Douglas. *Jack's Life* [A vida de Jack]. Nashville: Broadman & Holman Publishers, 2005.

______. *Lenten Lands* [Terras da quaresma]. Nova York: Macmillan, 1988.

HALLEY, Henry H. *Halley's Bible Handbook with the New International Version* [Manual bíblico de Halley com a Nova Versão Internacional]. Grand Rapids, MI: Zondervan, 2007.

HAMILTON, Charles (Org.). *Braddock's Defeat: The Journal of Captain Robert Cholmley's Batman, The Journal of a British Officer, Halkett's Orderly Book* [A derrota de Braddock: O diário do assistente do capitão Robert Cholmley, o diário de um oficial britânico, o livro do servente de Halkett]. Norman: University of Oklahoma Press, 1959.

HARTILL, Edwin J. *Principles of Biblical Hermeneutics* [Princípios da hermenêutica bíblica]. Grand Rapids, MI: Zondervan, 1960.

HAYNE, Donald (Org.). *The Autobiography of Cecil B. DeMille* [Autobiografia de Cecil B. DeMille]. Englewood Cliffs, CA: Prentice-Hall, 1959.

HENRY, Matthew. *An Exposition on the Old and New Testament* [Exposição do Antigo e Novo Testamento]. v. 1. Londres: Joseph Robinson, 1828.

HOOPER, Walter. *C.S. Lewis: A Complete Guide to His Life & Works* [C.S. Lewis: Guia completo de sua vida e suas obras]. Nova York: HarperCollins Publishers, 1996.

HOPKINS, Gerard Manley. *The Poems of Gerard Manley Hopkins* [Os poemas de Gerard Manley Hopkins]. Editado por Robert Bridges. Londres: Humphrey Milford, 1918.

HUME, David. *Essays and Treatises on Several Subjects* [Ensaios e tratados sobre assuntos diversos]. v. 2. 3 ed. Londres: A. Millar, 1756.

JULIANA DE NORWICH. *Revelations of Divine Love: A Version from the MS in the British Museum* [Revelações do amor divino: Versão do MS no Museu Britânico]. Editado por Grace Warrack. Londres: Methuen, 1901.

______. *Revelations of Divine Love* [Revelações do amor divino]. Tradução de Elizabeth Spearing e introdução de A.C. Spearing. Londres: Penguin Classics, 1999.

KAISER, Walter. *Toward an Old Testament Theology* [Rumo a uma teologia do Antigo Testamento]. Grand Rapids, MI: Zondervan, 1991.

KEBLE, John (Org.). *The Works of that Learned and Judicious Divine, Mr. Richard Hooker* [Obras do versado e sábio teólogo Sr. Richard Hooker]. Parte 2. v. 3. Oxford: At the University Press, 1836.

KILBY, Clyde S. (Org.). *A Mind Awake: An Anthology of C. S. Lewis* [Mente desperta: Uma antologia de C.S. Lewis]. Nova York: Macmillan, 1968.

KING, Don W. *Out of My Bone: The Letters of Joy Davidman* [Dos meus ossos: Cartas de Joy Davidman]. Grand Rapids, MI: William B. Eerdmans Publishing Co., 2009.

KOPPERMAN, Paul E. *Braddock at the Monongahela* [Braddock em Monongahela]. Pittsburgh: University of Pittsburgh Press, 1992.

LAIDLAW, John. *The Miracles of Our Lord: Expository and Homiletic* [Os milagres de nosso Senhor: Exposição e homilética]. Nova York: Funk & Wagnalls Company, 1892.

LAZO, Andrew; PHEMISTER, Mary Ann (Orgs.). *Mere Christians: Inspiring Stories of Encounters with C.S. Lewis* [Meros cristãos: Histórias inspiradoras de encontros com C.S. Lewis]. Grand Rapids, MI: Baker Books, 2009.

LENNOX, John C. *God's Undertaker* [Coveiro de Deus]. Oxford: Lion Books, 2007.

______. *Seven Days That Divide the World: The Beginning According to Genesis and Science* [Sete dias que dividem o mundo: O começo de acordo com Gênesis e a ciência]. Grand Rapids, MI: Zondervan, 2011.

LEWIS, C.S. *Miracles* [Milagres]. Nova York: HarperCollins, 2001.

______. *Surprised by Joy* [Surpreendido pela alegria]. Nova York: Harcourt, Brace, 1955.

LOCKYER, Herbert. *All the Miracles of the Bible* [Todos os milagres da Bíblia]. Grand Rapids, MI: Zondervan, 1988.

LUTERO, Martinho. *Luther's Explanatory Notes on the Gospels* [Notas explicativas de Lutero sobre os evangelhos]. Compilado pelo Rev. E. Mueller e traduzido pelo Rev. P. Anstadt. York, PA: P. Anstadt & Sons, 1899.

LUTZER, Erwin. *Seven Reasons Why You Can Trust the Bible* [Sete razões por que se pode confiar na Bíblia] Chicago: Moody Publishers, 2008.

MACDONALD, George. *The Miracles of Our Lord* [Os milagres de nosso Senhor]. Londres: Strahan & Co. Publishers, 1870.

______. *The Miracles of Our Lord* [Os milagres de nosso Senhor]. Editado por Rolland Hein. Wheaton, IL: Harold Shaw Publishers, 1980.

MACDOWELL, Josh. *Handbook on Counseling Youth: A Comprehensive Guide* [Manual para aconselhamento de jovens: Um guia abrangente]. Nashville: Thomas Nelson, 1996.

MANGALWADI, Vishal. *The Book That Made Your World: How the Bible Created the Soul of Western Civilization* [O livro que construiu seu mundo: Como a Bíblia criou a alma da civilização ocidental]. Nashville: Thomas Nelson, 2011.

MARSDEN, George. *Jonathan Edwards: A Life* [Jonathan Edwards: Uma vida]. New Haven: Yale University Press, 2004.

MCBRIEN, Richard P. *Catholicism: A New Study Edition* [Catolicismo: Nova edição de estudo]. Nova York: HarperOne, 1994.

MCCLURE, J.B. (Org.). *D.L. Moody's Child Stories* [Histórias infantis de D. L. Moody]. Chicago: Rhodes & McClure, 1877.

MCGRATH, Alister. *What Was God Doing on the Cross?* [O que Deus estava fazendo na cruz?]. Eugene, OR: Wipf & Stock Publishers, 2002.

MCGUIRE, Brian Patrick (Org.). *Jean Gerson: Early Works* [Jean Gerson: Primeiras obras]. Mahwah, NJ: Paulist Press, 1998.

MCKIM, Donald K. *The Westminster Dictionary of Theological Terms* [Dicionário de termos teológicos Westminster]. Louisville: Westminster/John Knox Press, 1996.

METZGER, Bruce, M.; COOGAN, Michael David (Orgs.). *The Oxford Companion to the Bible* [Guia Oxford para a Bíblia]. Nova York: Oxford University Press, 1993.

MILFORD, H.S. *The Complete Poetical Works of William Cowper* [Obras poéticas completas de William Cowper]. Edição de Oxford. Londres: Henry Frowde, 1905.

MONTGOMERY, James. *The Poetical Works of James Montgomery* [Obras poéticas de James Montgomery]. v. 1. Londres: Longman, Rees, Orme, Brown, Green & Longman, 1836.

MOODY, D.L. *Eleven Sermons Never Before Published* [Onze sermões inéditos]. Nova York: Christian Herald, 1911.

______. *Twelve Select Sermons* [Doze sermões selecionados]. Chicago: Fleming H. Revell, 1884.

MOODY, W.R. *The Life of D.L. Moody* [A vida de D. L. Moody]. Chicago: Fleming H. Revell, 1900.

MORE, Hannah. *The Complete Works of Hannah More* [Obras completas de Hannah More]. v. 1. Nova York: Harper & Brothers, 1835.

MORRISON, Jeffry H. *The Political Philosophy of George Washington* [A filosofia política de George Washington]. Baltimore: Johns Hopkins University Press, 2009.

NEWTON, John. *The Works of the Rev. John Newton: Complete in One Volume* [Obras do rev. John Newton: Completas em volume único]. Londres: T. Nelson and Sons, 1853.

NOLL, Mark A.; NYSTROM, Carolyn. *Clouds of Witnesses: Christian Voices from Africa and Asia* [Nuvem de testemunhas: Vozes cristãs da África e Ásia]. Downers Grove, IL: InterVarsity Press, 2011.

OBERMAN, Heiko. *Luther: Between God and the Devil* [Lutero: Entre Deus e o diabo]. New Haven: Yale University Press, 2006.

OLIVER, R.A.; ATMORE, Anthony. *Medieval Africa: 1250-1800* [África medieval: 1250-1800]. Cambridge: Cambridge University Press, 2001.

OSBECK, Kenneth W. *Hallelujah, What a Savior: 25 Hymn Stories Celebrating Christ Our Redeemer* [Aleluia, que Salvador: 25 histórias de hinos que celebram Cristo, nosso Remidor]. Grand Rapids, MI: Kregel Publications, 2000.

PALEY, William. *Archdeacon Paley's View of the Evidences of Christianity* [Visão do bispo Paley sobre as evidências do cristianismo]. Filadélfia: James Kay, 1843.

______. *The Works of William Paley* [Obras de William Paley]. Filadélfia: J.J. Woodward, 1831.

PEARSON, Hugh. *Memorials of the Church and Parish of Sonning* [Lembranças da igreja e da paróquia de Sonning]. Reading: Edward J. Blackwell, 1890.

PERRY, Ken (Org.). *The Blackwell Companion to Eastern Christianity* [Manual Blackwell para o cristianismo oriental]. Oxford: Blackwell Publishing, Ltd., 2010.

PIPER, John. *The Pleasures of God: Meditations on God's Delight in Being God* [Os prazeres de Deus: Meditações sobre o deleite de Deus em ser Deus]. Sisters, OR: Multnomah Publishers, Inc., 2000.

REIMANN, Jim (Org.). *Look Unto Me: The Devotions of Charles Spurgeon* [Olhai para mim: Orações de Charles Spurgeon]. Grand Rapids: MI: Zondervan, 2008.

RICKABY, Joseph (Org.). *Of God and His Creatures: An Annotated Translation (with Some Abridgement) of the Summa Contra Gentiles of Saint Thomas Aquinas* [Sobre Deus e suas criaturas: Uma tradução comentada (um pouco resumida) de *Summa Contra Gentiles*, de São Tomás de Aquino]. Londres: Burns & Oates, 1905.

Nadejda Gorodetzky. *St. Tikhon of Zadonsk* [São Tikhon de Zadonsk]. Crestwood, NY: St. Vladimir's Seminary Press, 1976.

SANNEH, Lamin. *Whose Religion Is Christianity? The Gospel Beyond the West* [Cristianismo é religião de quem? O evangelho além do ocidente]. Grand Rapids, MI: William B. Eerdmans Company, 2003.

SAYER, George. *Jack: C.S. Lewis and His Times* [C.S. Lewis e sua época]. São Francisco: Harper & Row, 1988.

SCROGGIE, W. Graham. *The Unfolding Drama of Redemption* [O drama em andamento da redenção]. Grand Rapids, MI: Kregel Publications, 1995.

SHEDD, W.G.T. *The Complete Works of Samuel Taylor Coleridge* [Obras completas de Samuel Taylor Coleridge]. v. 6. Nova York: Harper & Brothers, 1884.

SIMEON, Charles. *Horae Homileticae: Discourses Upon the Whole Scriptures* [*Horae Homileticae*: Discursos sobre toda a Escritura]. v. 3. Londres: Richard Watts, 1819.

SITTSER, Gerald L. *Water from a Deep Well: Christian Spirituality from Early Martyrs to Modern Missionaries* [Água de um poço profundo: A espiritualidade cristã desde os mártires primitivos até os missionários modernos]. Downers Grove, IL: Inter-Varsity Press, 2010.

______. *Horae Homileticae: Discourses Upon the Whole Scriptures* [*Horae Homileticae*: Discursos sobre toda a Escritura]. v. 5. Londres: Henry G. Bohn, 1855.

SOBER, Elliott. *Philosophy of Biology* [Filosofia da biologia]. Boulder, CO: Westview Press, 1993.

SPURGEON, C.H. *Evening by Evening* [Noite após noite]. Nova York: Sheldon and Company, 1869.

______. *Sermons Preached and Revised* [Sermões pregados e revisados]. v. 22. Londres: Passmore & Alabaster, 1877.

______. *The Metropolitan Tabernacle Pulpit* [O púlpito do Tabernáculo Metropolitano]. v. 36. Londres: Passmore & Alabaster, 1860.

STOTT, John. *Basic Christianity* [Cristianismo básico]. Grand Rapids, MI: Wm. B. Eerdmans Publishing Co., 2008.

______. *The Cross of Christ* [A cruz de Cristo]. Downers Grove, IL: InterVarsity Press, 2006.

______. *The Radical Disciple* [O discípulo radical]. Downers Grove, IL: InterVarsity Press, 2010.

______. *Understanding the Bible* [Entendendo a Bíblia]. Grand Rapids, MI: Zondervan, 1999.

______. *Why I Am a Christian* [Por que sou cristão]. Downers Grove, IL: InterVarsity Press, 2003.

______. *What Christ Thinks of the Church* [O que Cristo pensa da Igreja]. Grand Rapids, MI: Eerdmans, 1972.

STUART, Douglas K. *Exodus* [Êxodo]. *The New American Commentary* [Novo comentário norte-americano]. v. 2. Nashville: B&H Publishing Group, 2006.

TAYLOR, Jeremy. *The Rule and Exercises of Holy Living* [Regra e exercício do viver santo]. Nova York: E. P. Dutton and Company, 1876.

TEN BOOM, Corrie. *Messages of God's Abundance* [Mensagens da abundância de Deus]. Grand Rapids, MI: Zondervan, 2002.

TENNEY, Merrill C. *The Zondervan Illustrated Bible Dictionary* [Dicionário bíblico ilustrado Zondervan]. Revisado por Moises Silva. Grand Rapids, MI: Zondervan, 2011.

TERRAS, Victor. *A Karamazov Companion: Commentary on the Genesis, Language and Style of Dostoevsky's Novel* [Guia Karamazov: Comentário sobre a formação, a linguagem e o estilo do romance de Dostoievsky]. Madison, WI: The University of Wisconsin Press, 2002.

TERTULIANO. *The Epistle of the Gallican Churches, Lugdunum and Vienna* [A epístola das igrejas galicanas, Lugduno e Viena]. Traduzido por T. Herbert Bindley, Merton College, Oxford. Londres: The Society for Promoting Christian Knowledge, 1900.

Eugen Pentiuc, Michael Najim, etat,. *The Orthodox Study Bible* [Bíblia de estudo ortodoxa]. Nashville: Thomas Nelson, 2008.

TRAHERNE, Thomas. *The Poetical Works of Thomas Traherne* [Obras poéticas de Thomas Traherne]. Londres: Bertram Dobell, 1903.

______. *The Works of Thomas Traherne* [Obras de Thomas Traherne]. v. 1. Cambridge: D. S. Brewer, 2005.

WARE, Kallistos. *The Inner Kingdom* [O reino interior]. Crestwood, NY: St. Vladimir's Seminary Press, 2000.

______. *The Orthodox Way* [O caminho ortodoxo]. Crestwood, NY: St. Vladimir's Seminary Press, 1979.

WIERSBE, Warren W. *The Bible Exposition Commentary: New Testament* [Comentário de exposição da Bíblia: Novo Testamento]. v. 2. Colorado Springs, CO: Victor/Cook Communications, 2001.

______. *The Wiersbe Bible Commentary: The Complete Old Testament* [Comentário bíblico Wiersbe: Antigo Testamento completo]. Colorado Springs, CO: David C. Cook, 2007.

WILBERFORCE, Robert; WILBERFORCE, Samuel. *The Life of William Wilberforce* [A vida de William Wilberforce]. v. 1. Londres: John Murray, 1838.

WILBERFORCE, Samuel. *Heroes of Hebrew History* [Heróis da história hebraica]. Londres: W.H. Allen and Co., 1890.

Agradecimentos

Eu não poderia ter escrito este livro se não fosse a visão e o empenho de Joel Miller, vice-presidente do setor editorial de aquisições da Thomas Nelson Publishers. A inspiração original para este projeto foi dele, bem como a direção em todas as facetas do processo de publicação. Devo-lhe muito por isso e também pelo presente de sua amizade. O mesmo vale para meu agente literário, Bucky Rosenbaum, cujos sábios conselhos, bondade inesgotável e profissionalismo foram indispensáveis.

A todos da equipe Thomas Nelson que tiveram alguma participação na criação deste livro, especialmente minha editora, Kristen Parrish, meus sinceros e contínuos agradecimentos. Seus diferentes talentos fizeram toda a diferença.

Eu gostaria de prestar uma homenagem à memória do dr. John R.W. Stott, cujos livros têm sido uma fonte permanente de inspiração e enriquecimento em minha vida. Recordo-me, com carinho, de tê-lo conhecido quando ainda estava na faculdade, e nunca me esquecerei do calor de seu sorriso nem de suas palavras amáveis de saudação e encorajamento. Assim como tantos outros ao redor do mundo, minha dívida para com sua sabedoria e seu testemunho vibrante é enorme.

Eu gostaria de agradecer Os e Jenny Guinness por tantas lembranças agradáveis e pela série de visitas maravilhosas no último verão em Oxford. Que Deus abençoe ambos.

Lady Davson, uma amiga querida de muitos anos, presenteou-me com sua descrição de milagres e disse-me, com um brilho no olhar: "Você pode usá-la!" É uma honra fazê-lo aqui, bem como ter sua amizade. Até a próxima, Kate, em Rye.

Ranald Macaulay e Jonathan Aitken também foram muito bondosos comigo durante Oxbridge em 2011, bem como Joseph Pearce, Malcolm Guite, Randy Alcorn, Vishal Mangalwadi, Colin Duriez e Mary Poplin. Ser um dos "três mosqueteiros" com Steve Bell e Holly Ordway foi um presente muito bem-vindo, assim como o tempo que passei na companhia de Andrew Lazo e DeAnn Barta, ex-alunos de Oxbridge. Também devo dizer que conhecer Walter Hooper e Michael Ward na época de Oxbridge foi um privilégio.

Entre meus amigos do Reino Unido, sou especialmente grato a David Isherwood, Brian Edwards, Bill e Gill Aldred e Marylynn Rouse. A amável hospitalidade de vocês marcou minhas visitas ao outro lado do oceano.

Charlie e Suzanne Olcott e Eric e Margie Donaldson, nunca conseguirei agradecer o suficiente pelas visitas maravilhosas que recebi enquanto estive na escola Northfield, de D.L. Moody. Dave Powell (bisneto do sr. Moody) e sua adorável esposa, Lucia: o presente de sua amizade é muito valioso, principalmente o tempo que passamos juntos em Round Top, na escola Northfield Mount Hermon e nas visitas a Rustic Ridge. Alex e Hilda Stewart também foram muito bondosos comigo e com minha família, e, por isso, agradeço-lhes muito. Todos os outros amigos de Northfield: o espaço não me permite agradecê-los de modo tão completo como eu gostaria, mas cada momento com vocês é lembrado com carinho.

Holly Ordway e Mark Rivera permitiram graciosamente que eu compartilhasse a maneira como os milagres aconteceram na vida deles. Por essa honra, eu sinceramente lhes agradeço.

Uma citação de Keith Green aparece como epígrafe de um capítulo deste livro, e eu gostaria de reconhecer a influência profunda e contínua que sua música tem em mim, desde minha adolescência. Logo após o falecimento de Keith, recebi uma carta da *Last Days Ministries* [Missão Últimos Dias] perguntando-me se eu estaria disposto a servir como consultor de uma apresentação que Keith fora escalado para fazer na faculdade de Dartmouth em outubro de 1982. Esta apresentação nunca aconteceu, e eu nunca tive a chance de conhecê-lo. Porém, cada vez que ouço suas músicas, lembro-me novamente do desejo que ele despertou em mim de querer viver para Deus. Esse sentimento nunca me deixou, e, por isso, eu louvo a memória desse homem.

Na mesma linha, tendo em vista a correspondência de aspecto, eu gostaria de agradecer Michael Nachtigal, produtor de *Classic Petra*. O lançamento do álbum *Back to the Rock* [De volta para a Rocha], do grupo *Classic Petra*, foi um reencontro feliz de músicas já conhecidas. Muito obrigado aos integrantes da banda por todas as bênçãos, músicas e memórias. Meu filho, Sam, também é fã agora. Ele está com cinco anos de idade, mas já pode dizer: "Esses caras são demais!" Nós cantamos todas as músicas — "Second Wind", "Godpleaser", "Adonai" e todas as outras.

E, quanto a Sam, ele e minha esposa, Kelly, têm sido modelos de paciência e incentivo, como sempre. Eles me deram tempo para escrever e ofereceram-me seu amor. Essas coisas, bem como seu apoio constante, ajudaram-me a ir até o final. Sam alegra o coração do pai por ser fã de esportes, torcer pelo *Red Sox* e o *New England Patriots* e chamar-me para assistir a vários jogos bons de futebol, futebol americano e beisebol. Nunca um homem teve uma esposa e um filho tão excelentes. Tenho consciência de como sou abençoado e agradeço a Deus por isso.

Sobre o autor

Autor premiado e historiador, Kevin Belmonte trabalhou, durante seis anos, como principal consultor de história e roteiro para o grande filme *Jornada pela liberdade*. Sua biografia de William Wilberforce também tem sido ensinada como parte de um curso sobre liderança e formação de caráter na *Kennedy School of Government* da Universidade de Harvard. Ele também é autor de *Defiant Joy* [Alegria ousada], uma biografia literária de G.K. Chesterton aclamada pela crítica. Em diversas ocasiões, atuou como consultor de roteiro para a BBC e também para a PBS. Ele mora em Nova Inglaterra com a esposa, Kelly, e o filho de cinco anos, Sam.

Este livro foi impresso em 2015, pela Edigráfica, para a Thomas Nelson Brasil. A fonte usada no miolo é IowanOld corpo 10.5/14.5. O papel do miolo é Chambril Avena $80g/m^2$, e o da capa é cartão $250g/m^2$.